新能源汽车技术培训系列丛书

电动汽车充电技术
——建站、运行、维护

张立强　李练兵　主编

天津大学出版社
TIANJIN UNIVERSITY PRESS

内容简介

本书结合新能源汽车发展，介绍了电动汽车和动力电池的基础知识，重点讲述了电动汽车的充电系统、充电桩及充电站组成、功能和建设，突出了知识核心和职业能力的应用性。本书主要内容包括：电动汽车基础知识、动力电池与能源管理系统、电动汽车充电系统基础、充电桩原理及安装维护、充电站与充电运营管理系统。本书内容系统、完整，讲解深入浅出，重点突出知识的传授和操作能力的培养，结合职业岗位需求、企业典型案例、职业技能大赛素材、行业标准等诸多元素进行编写，同时提供教学配套媒体资源、网络化教学资源，为学生和老师提供最佳的学习和授课平台。

本书可以作为高职院校新能源充电技术相关专业的教材，也可作为充电站设计、充电桩运营维护等相关技术人员的参考用书。

图书在版编目(CIP)数据

电动汽车充电技术：建站、动行、维护/张立强，李练兵主编. —天津：天津大学出版社，2019.4
（新能源汽车技术培训系列丛书）
ISBN 978-7-5618-6063-2

Ⅰ.①电…　Ⅱ.①张…　②李…　Ⅲ.①电动汽车－充电－技术培训－教材　Ⅳ.①U469.72

中国版本图书馆CIP数据核字(2018)第178166号

出版发行　天津大学出版社
地　　址　天津市卫津路92号天津大学内(邮编:300072)
电　　话　发行部:022-27403647
网　　址　publish.tju.edu.cn
印　　刷　天津泰宇印务有限公司
经　　销　全国各地新华书店
开　　本　185mm×260mm
印　　张　15.5
字　　数　387千
版　　次　2019年4月第1版
印　　次　2019年4月第1次
定　　价　39.80元

前　言

为落实国家加快新能源汽车推广应用的战略部署，2015年11月，国家发改委颁布了《电动汽车充电基础设施发展指南（2015—2020年）》（以下简称《指南》），《指南》明确指出按照适度超前原则明确充电基础设施建设目标。到2020年，新增集中式充换电站超过1.2万座，分散式充电桩超过480万个，以满足全国500万辆电动汽车充电需求。

充电基础设施主要包括各类集中式充换电站和分散式充电桩，完善的充电基础设施体系是电动汽车普及的重要保障。进一步大力推进充电基础设施建设，是当前加快电动汽车推广应用的紧迫任务，也是推进能源消费革命的一项重要战略举措。

伴随着新能源汽车产业的飞速发展，电动汽车充电基础设施的产量问题、安全问题、售后维修问题等都成为社会关注的焦点，从而专业从事电动汽车充电基础设施的设计开发、制造调试、维护检修、运营管理等岗位的人才缺口越来越大，行业人才需求将持续走高。各高等院校、职业院校先后开设新能源汽车专业，培养专业人才。新能源汽车充电技术和建站、运行、维护是其中非常重要的组成部分。

电动汽车充电时发生的安全事故时有发生，比如居民小区一辆电动汽车在充电时突然起火，所幸消防人员及时赶到，才没有造成人员伤亡，但车辆被完全烧毁；A10纯电动大巴在深圳湾加电站充电后，发生火灾，车辆被严重烧毁；挪威耶尔斯塔的一家超级充电站，特斯拉Model S在充电的过程中突然燃烧起来，整部车几乎被烧毁。究其原因是管理人员和操作人员缺乏专业知识和专业防范措施手段，检修人员须经过专业培训才能胜任电动车充电设施的检修、维护工作。

教育服务于市场，领先于市场，为此我们组织编写此电动汽车充电技术教材，希望高校和职业院校的学生及行业工作者，通过学习掌握电动汽车的结构原理、动力电池技术、充电技术以及充电桩、充电基础设施的设计与建站标准等理论知识，掌握典型纯电动汽车充电过程中常见的充电系统、充电设施的故障及排除作业的技能。本书的编写重点突出知识的核心性和职业能力的应用性，图文并茂，简洁易懂。引入行业、企业新技术、新工艺，结合网络教学提供开放的学习和研究平台，以职业能力培养为主线，突出知识和能力综合培养。

本书由天津圣纳科技有限公司总工程师张立强、河北工业大学教授李练兵担任主编，参编者有天津圣纳科技有限公司王文安、河北工业大学谢朋朋。编写中得到了很多专家、同事和业界朋友的鼎力支持，在此表示衷心的感谢。

由于编者水平有限，书中难免存在疏漏和不足之处，恳请专家和广大读者给予批评指正。

编者

2019年4月

目　　录

第 1 章　电动汽车基础知识

1.1　电动汽车的现状和发展趋势

汽车是现代社会重要的交通工具，随着国民经济的快速发展，我国的汽车市场迅速扩大，2017 年汽车产销量均分别为 2 901.54 万辆和 2 887.89 万辆，截至 2018 年 6 月底，全国机动车保有量达 3.19 亿辆。汽车的大量使用引发了巨大的能源消耗、资源短缺和环境污染等一系列问题，汽车二氧化碳排放也是全球温室气体排放的主要途径之一。随着各国环保意识的加强，针对汽车排放的标准越来越严格，排放标准的不断提高，使传统内燃机汽车无法满足严格的环保要求，交通能源动力系统的变革已是大势所趋，大力发展新能源汽车已经成为国际社会的共识。电动汽车以电能为能源，通过电动机将电能转化为机械能，而电能可以来自可再生能源发电，这完全符合研制零污染环保汽车的理念。

新能源汽车是采用非常规动力源驱动的新型汽车，包括纯电动汽车、增程式电动汽车、混合动力汽车（主要是插电式混合动力汽车）、燃料电池汽车等。本书所讲的电动汽车是指以电能为主要驱动能源，通过电动机将电能转化为机械能的汽车，主要包括纯电动汽车和插电式混合动力汽车，但其他种类的新能源汽车也都存在电力驱动环节，因此电动汽车的概念也往往推广至所有新能源汽车。

世界各国纷纷制定了传统汽车禁售时间表：法国声明将在 2040 年全面禁售燃油汽车；德国将在 2030 年禁售传统内燃机汽车；英国将从 2040 年开始全面禁售传统柴油汽车；印度 2030 年将禁售燃油汽车；挪威和荷兰也将在 2025 年禁售燃油汽车。因此目前国外各大汽车制造商纷纷投入大量的资金和人力进行电动汽车的研究和开发，并且取得了一定程度的进展和突破，多种电动汽车频频涌现，有的已达到较高的产业化规模。日本以丰田、本田为代表的汽车企业拥有全球最先进的深度混合动力轿车技术。丰田混合动力轿车 Prius 于 1997 年在日本开始销售，广受顾客青睐，截至 2017 年 1 月全球销量突破 1 000 万辆。美国电动汽车公司特斯拉自 2008 年 10 月发布首款电动汽车 Tesla Roadster 以来，先后开发了 Model S 系列、Model X 系列、Model 3 等多款电动汽车，2016 年 Model S 和 Model X 的总产量达 8.39 万辆。除特斯拉外，其他比较著名的电动汽车还有日产的 Leaf、宝马的 i3、大众的 e-Golf 等。

在我国，电动汽车技术研发工作也被摆在突出的位置，“十五”期间，国家从维护我国能源安全、改善大气环境、提高汽车工业竞争力、实现我国汽车工业的跨越式发展的战略高度考虑，设立“电动汽车重大科技专项”，通过组织企业、高等院校和科研机构，集中国家、地方、企业、高校、科研院所等方面的力量进行联合攻关。2014 年被称为我国的“新能源汽车元年”，2014 年至今，政府出台了一系列鼓励电动汽车行业发展的政策，这些政策为我国企业研发和生产新能源汽车指明了发展方向，表明了我国政府发展新能源汽车的决心和思路。2017 年 Model S 和 Model X 的总产量达 10.13 万辆。2017 年我国新能源汽车产销分别为 79.4 万辆和 77.7 万辆，比上年同期分别增长 53.8% 和 53.3%。其中，纯电动汽车销售 46.8 万辆，占据 84%，比上年同期增长 82.1%。图 1-1 是近几年我国纯电动乘用车产销量统计状况。

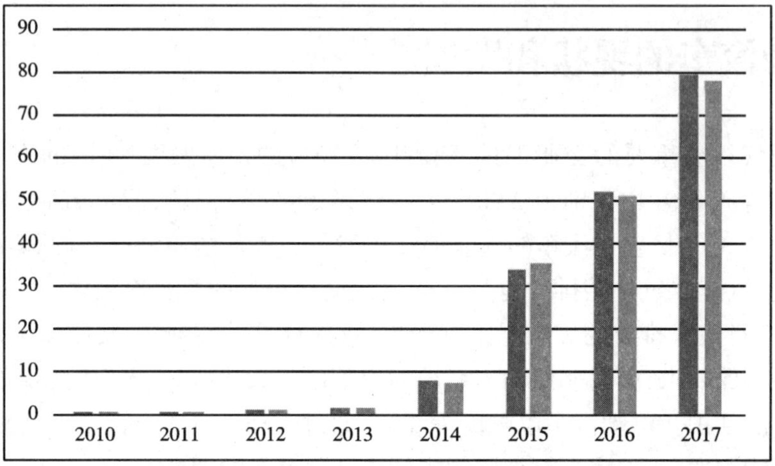

年份	2010	2011	2012	2013	2014	2015	2016	2017
新能源汽车产量（万辆）	0.72	0.84	1.26	1.75	7.85	34.05	51.7	79.4
新能源汽车销量（万辆）	0.71	0.82	1.28	1.76	7.48	35.11	50.7	77.7

图 1-1　2010—2017 年我国新能源汽车产销量

1.2　电动汽车的组成

1.2.1　电动汽车的主要组成部分

电动汽车主要由电力驱动系统、电源系统、车身底盘及辅助系统构成，如图 1-2 所示。

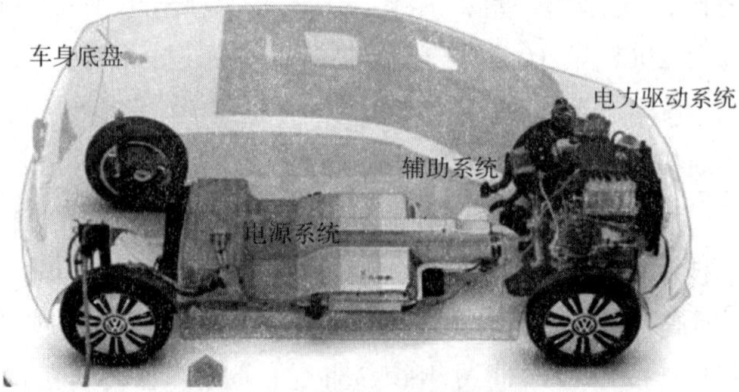

图 1-2　电动汽车构成

电力驱动系统包括电机控制器、功率转换器、电动机、传动装置和车轮。驱动系统将存储在蓄电池中的电能高效地转化为驱动车体的机械能，并能够在汽车减速制动时，将车辆的动能转化为电能充入蓄电池。

电源系统包括电源、能量管理系统和充电机，其作用主要是向电动机提供驱动电能、监测电源使用情况以及控制充电机向蓄电池充电。

车身底盘包含行驶装置、转向装置、制动装置等，电机动力经传动装置向传动轴传输，而后通过行驶装置实现车辆行走，转向装置主要实现汽车的转向控制，而制动装置主要以实现汽车减速或停车而设计。

辅助系统包括辅助动力源、转向装置、导航系统、空调器、照明及除霜装置、刮水器、车载多媒体等。

1.2.2　电动汽车组成的主要部分功能

1. 电源（动力电池）

电源（图 1-3）是为驱动汽车提供能量的储能装置，也是制约电动汽车发展的关键因素。目前用于电动汽车上的电源主要是蓄电池，也有少量燃料电池。蓄电池包括铅酸蓄电池、镍氢电池和锂离子电池等多种类型，而燃料电池则被认为是最清洁、最有发展前途的电动汽车动力源。

图 1-3　电动汽车电源

2. 驱动电机

电动汽车的驱动电机早期主要采用直流电机，它具有启动加速时驱动力大、调速控制简单、技术成熟等优点。但是直流电机的电枢电流由电刷和换向器引入，换向时产生电火花，换向器容易烧蚀，电刷容易磨损，因此逐渐被无换向器的直流无刷电机所取代。笼型异步电机具有结构简单、坚固耐用、价格低、工作可靠等优点，采用变频调速控制的异步电机具有平滑稳定的驱动性能，因此在电动汽车上也广为应用。永磁同步电机（图 1-4）具有更高的效率、更大的启动转矩和更轻的重量，因此目前高性能的驱动场合往往采用永磁同步电机。

3. 电机控制器

电机控制器(电动汽车电机调速控制系统)用于电动汽车的变速和变向控制,其作用是控制电动机的电压或电流,实现电动机的驱动转矩和旋转方向的控制。对于直流电机多采用大功率 MOSFET 斩波器来实现调速控制;对于永磁同步电机和交流异步电机(图 1-5)则采用带速度、位置传感器的空间矢量变频调速系统进行控制(图 1-6 和图 1-7)。

图 1-4 永磁同步电机

图 1-5 交流异步电机

图 1-6 永磁同步电机控制器

图 1-7 交流异步电机控制器

4. 传动装置

电动汽车的传动装置(图 1-8)的作用是将电动机的驱动转矩传给汽车的驱动轴。由于电动机可以带负载启动,所以电动汽车无须配备传统内燃机汽车的离合器。因为电动汽车驱动控制器采用无级调速控制,同时电动机的旋转方向可以通过驱动控制器来实现变换,电动汽车无须配备传统的变速器。集中驱动的电动汽车仍然采用差速器驱动车轮,分散驱动的电动汽车甚至无须配备差速器和传动轴直接驱动车轮旋转。

图 1-8 电动汽车传动装置

5. 行驶装置

电动汽车的行驶装置(图 1-9)的作用是将电动机的驱动力矩通过车轮变成对地面的作用力,驱动车轮行走。它与普通汽车行驶装置的构成是相同的,由车轮、轮胎和悬架等组成。

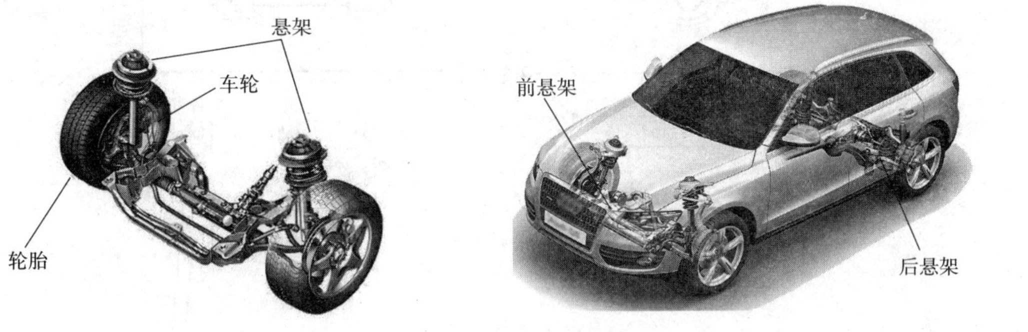

图 1-9　行驶装置

6. 转向装置

电动汽车的转向装置(图 1-10)能够实现汽车的转向控制,由方向盘、转向机构和转向轮等组成。作用在方向盘上的控制力,通过转向机和转向机构使转向轮偏转一定的角度,实现汽车的转向。多数电动汽车为前轮转向,工业中用的电动叉车常采用后轮转向。电动汽车的转向装置有机械转向、液压转向、液压助力转向和电动助力转向等类型。

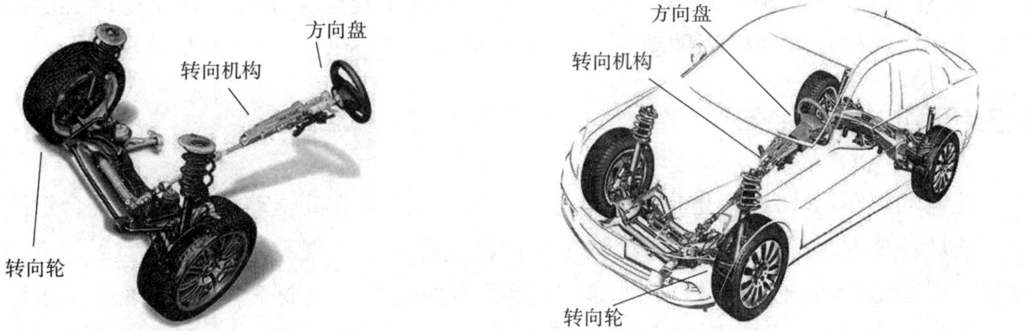

图 1-10　电动助力转向装置

7. 制动装置

电动汽车的制动装置(图 1-11)同其他汽车一样,是为汽车减速或停车而设置的,通常由制动器及其操纵装置组成。在电动汽车上,一般还有电磁制动装置,它可以利用驱动电动机的控制电路实现电动机的发电运行,使减速制动时的能量转换成对蓄电池充电的电流,从而得到再生利用。

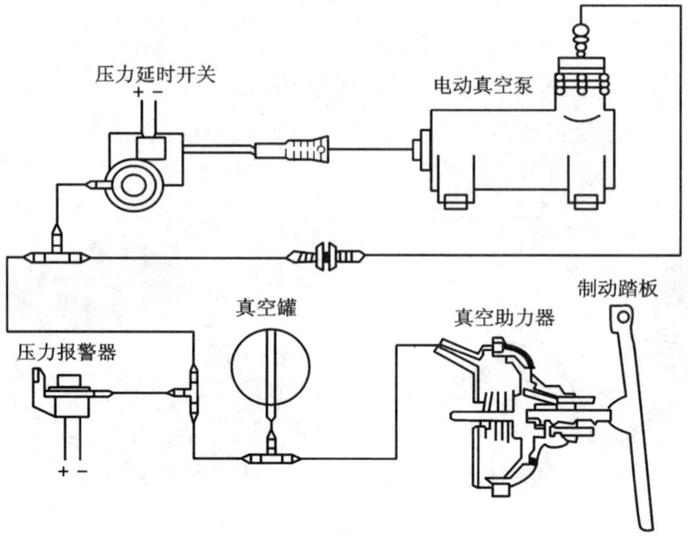

图 1-11 真空助力制动装置

1.3 电动汽车的分类

国内外电动汽车按照动力技术的发展进程主要分为三种类型：纯电动汽车（Battery EV，BEV）、燃料电池汽车（Fuel-cell EV，FEV）和混合动力汽车（Hybrid EV，HEV）。纯电动汽车完全由二次电池提供动力；燃料电池汽车以燃料电池（一般指氢燃料电池）作为动力源，利用燃料（氢）和氧化剂（氧）在催化剂作用下直接经电化学反应产生电能；混合动力汽车则采用内燃机和电动机两种动力，通过先进的控制系统使两种动力相结合。

1.3.1 纯电动汽车

纯电动汽车（图 1-12）是指以车载蓄电池为动力，用电机驱动车轮行驶，符合道路交通、安全法规各项要求的车辆。纯电动汽车在行驶过程中能实现零排放，对环境无污染；其行驶过程中所需电能可由煤炭、核能、水能、风能等多种能源转化而来，从而实现能源多样化；停车时不需要怠速，制动过程中可实现能量回馈，提高能量利用率。与普通燃油汽车相比，纯电动汽车的结构具有高度的灵活性。纯电动汽车的能量传输主要是通过柔性的电线而不是通过刚性的机械转动轴，因此，纯电动汽车各部件的空间布置具有很大的灵活性。纯电动汽车驱动系统的布置分为集中驱动和分散驱动两类，两者的系统结构有很大区别；采用不同类型的电机，如直流电机和交流电机，会影响纯电动汽车的重量、尺寸和形状；不同类型的储能装置，如蓄电池、燃料电池、超级电容和飞轮动能电池等，也会影响纯电动汽车的重量、尺寸及形状。另外，不同的能源补充装置具有不同的硬件和机构，例如，蓄电池可通过接触式或非接触式充电机充电，或者采用更换蓄电池的方式，将替换下来的蓄电池进行集中充电。

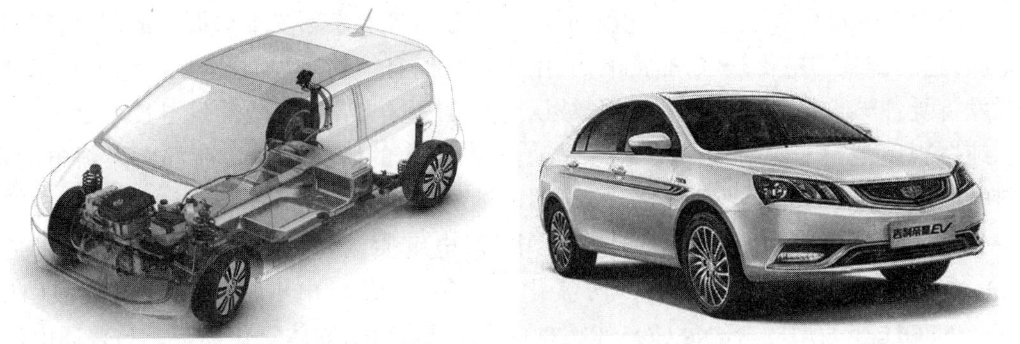

图 1-12　纯电动汽车

纯电动汽车主要由电力驱动控制系统、汽车底盘、车身以及各种辅助装置等部分组成。除了电力驱动控制系统外，其他部分的功能及其结构组成基本与传统汽车相同，不过有些部件根据驱动方式不同，而被简化或省去。所以电力驱动控制系统既决定了整个纯电动汽车的结构组成及其性能特征，又是纯电动汽车的核心装置，相当于传统汽车中的发动机及其控制系统，这也是纯电动汽车与传统内燃机汽车的最大不同点。

1.3.2　燃料电池汽车

燃料电池汽车（图 1-13）是利用氢气等燃料和空气中的氧在催化剂的作用下在燃料电池中经电化学反应产生电能，并作为主要动力源驱动的汽车。燃料电池主要是指氢燃料电池。燃料电池汽车在车身、动力传动系统、控制系统等方面，与普通电动汽车基本相同，主要区别在于动力电池的工作原理不同。燃料电池的反应机理是将燃料中的化学能不经过燃烧直接转化为电能，即通过电化学反应将化学能转化为电能，实际上就是电解水的逆过程，通过氢氧的化学反应生成水并释放电能。电化学反应所需的还原剂一般采用氢气，氧化剂则采用氧气，因此最早开发的燃料电池电动汽车多是直接采用氢燃料，氢气的储存可采用液化氢、压缩氢气或金属氢化物等形式。

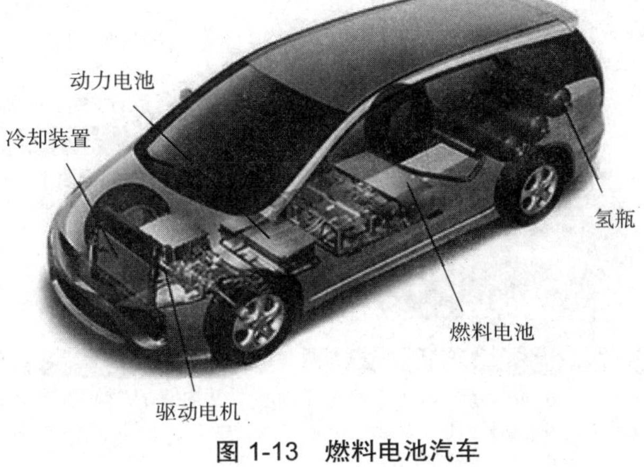

图 1-13　燃料电池汽车

燃料电池的反应不经过热机过程，因此其能量转换效率不受卡诺循环的限制，能量转化效率高；它的排放物主要是水，非常清洁，不产生任何有害物质。因此，燃料电池技术的研究和开发备受各国政府与大公司的重视，被认为是21世纪洁净、高效的发电技术之一。

纯燃料电池汽车只有燃料电池一个动力源，汽车的所有功率负荷都由燃料电池承担。燃料电池汽车多采用混合驱动形式，在燃料电池的基础上，增加了一组电池或超级电容作为另一个动力源。燃料电池的基本组成有：电极、电解质、燃料和氧化剂。燃料可以是氢气（H_2）、甲烷（CH_4）、甲醇（CH_3OH）等，氧化剂一般是氧气，电解质可为酸碱溶液（H_2SO_4、H_3PO_4、NaOH 等）、熔融盐（Na_2CO_3、K_2CO_3）、固体聚合物、固体氧化物等。与普通电池不同的是，只要能保证燃料和氧化剂的供给，燃料电池就可以连续不断地产生电能。燃料电池汽车的工作原理如图1-14所示，其核心结构如图1-15所示。

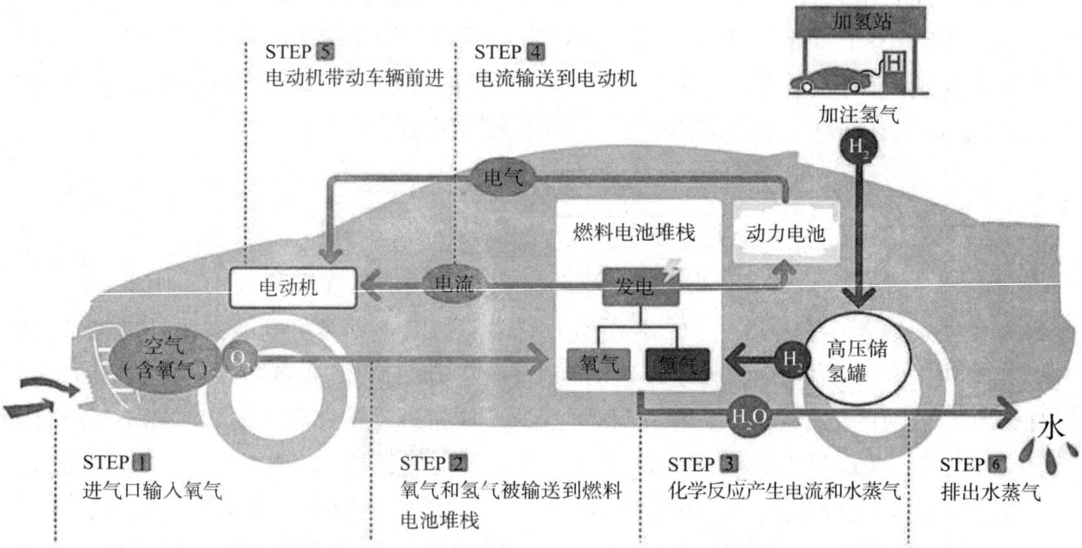

图1-14 燃料电池汽车工作原理

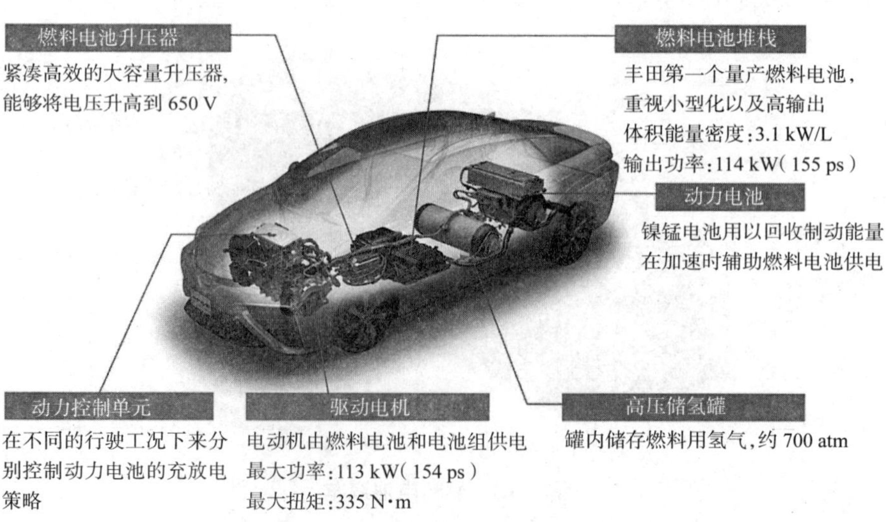

图1-15 燃料电池汽车核心结构

燃料电池的种类繁多，通常可以依据其工作温度、燃料种类、电解质类型进行分类。按工作温度，燃料电池可分为高、中、低温型三类。工作温度从常温至 100 ℃为低温燃料电池；工作温度 100~300 ℃为中温燃料电池；工作温度在 300 ℃以上为高温燃料电池。按燃料来源，燃料电池可分为两类，第一类是直接式燃料电池，即燃料直接使用氢气；第二类是间接式燃料电池，其燃料是通过某种方法把氢气（H_2）、甲烷（CH_4）、甲醇（CH_3OH）或其他烃类化合物转变成氢或富含氢的混合气供给燃料电池。按电解质划分，燃料电池大致上可分为五类：①碱性燃料电池（Alkaline Fuel Cell，AFC）；②磷酸型燃料电池（Phosphoric Acid Fuel Cell，PAFC）；③固体氧化物燃料电池（Solid Oxide Fuel Cell，SOFC）；④熔融碳酸盐燃料电池（Molten Carbonate Fuel Cell，MCFC）；⑤质子交换膜燃料电池（Proton Exchange Membrane Fuel Cell，PEMFC）。

燃料电池汽车除了在车身、控制器及驱动系统等方面面临着与电动汽车相同的问题之外，在其储能动力源燃料电池方面还有较多问题急需解决，氢燃料电池在氢燃料制取、储存及携带等方面以及非氢燃料电池系统的效率、体积、质量及反应速度等方面的技术还需进一步提高。

1.3.3　混合动力汽车

混合动力汽车（图 1-16）顾名思义是指由两种或两种以上的储能器、能源或转换器作为驱动源，其中至少有一种能提供电能的车辆。因此混合动力汽车的形式也有很多种类，比如内燃机和蓄电池（包括超级电容）混合、蓄电池和燃料电池混合、蓄电池和飞轮混合、蓄电池和蓄电池混合等形式。但是一般情况下，混合动力汽车是指内燃机和电动机混合驱动的车辆。

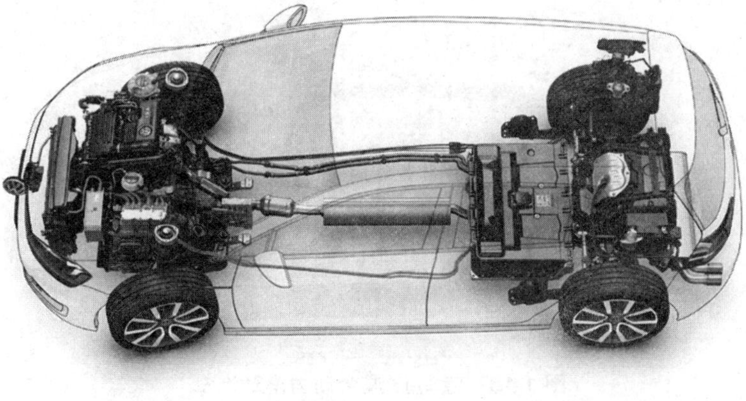

图 1-16　混合动力汽车

混合动力从动力构成上讲，可以分为普通混合动力、插电式混合动力以及增程式混合动力三种。从混合动力的结构形式上，也可以分为三种，分别是串联结构、并联结构以及混联结构。其中增程式混合动力属于串联结构，而普通混合动力和插电式混合动力一般是并联结构或混联结构。

1. 串联结构

串联结构（图 1-17）就是发动机、发电机、电池、电动机串联在一起，发动机带动发电机发电为电池充电，电池为电动机提供能量。发动机并不直接参与汽车的驱动，而是必要时带动发电机为电池补充电能。

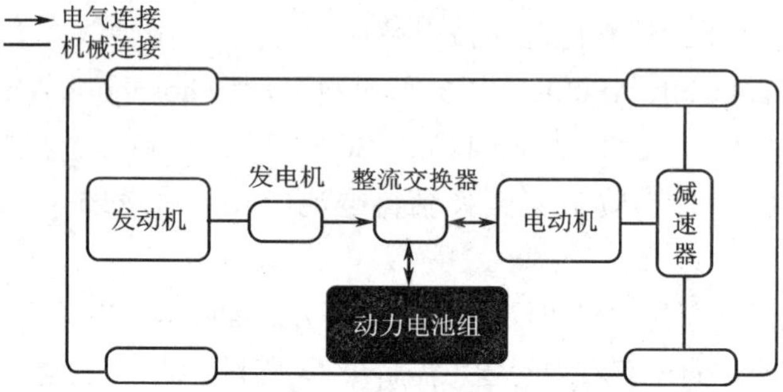

图 1-17 串联结构混合动力汽车动力系统结构

串联结构是混合动力中最简单、最方便的一种形式，它相当于纯电动汽车加一个汽油发电机，它既有纯电动汽车结构简单的优点，又有内燃机汽车续航里程长的优点。由于发动机总能工作在高效率的高转速区，因此在中低速行驶时，串联结构混合动力汽车比普通汽车油耗低，大约节油 30%。但在高速行驶时，相对同样处于高转速区的普通汽车，其效率优势消失，同时串联结构的发动机需要经过多次能量转换才能为汽车提供动力，因此会有一定的能量损失，使得高速行驶时油耗偏高。

串联结构的代表车型有：雪佛兰沃蓝达、宝马 i3 增程式混合动力车型（图 1-18）、传祺 GA5 增程式混合动力车。

图 1-18 宝马 i3 混合动力电动汽车

2. 并联结构

并联结构（图 1-19）就是在普通汽车的基础上加装一套电能驱动系统（电动机和动力电池），发动机和电动机都能单独驱动车轮，也可以同时工作，共同驱动车辆行驶。当动力电池电量不足时，发动机还能带动电动机反转为动力电池充电。

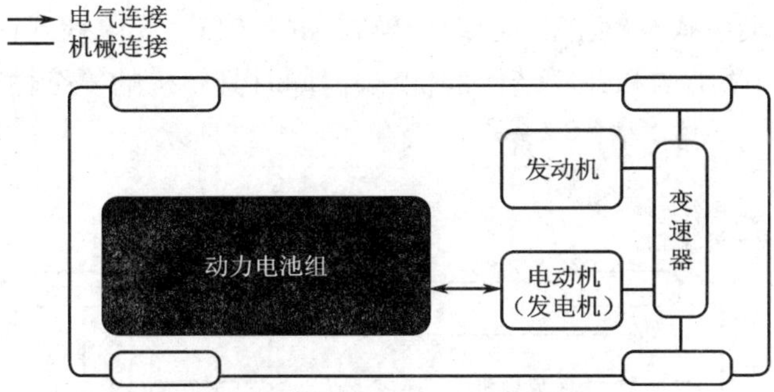

图 1-19　并联结构混合动力汽车动力系统结构

并联结构的混动车型有三种模式。

（1）纯电模式，发动机关闭，电池为电动机供电驱动车辆行驶，该模式多用于中低速行驶，也有部分车型可以实现高速巡航纯油模式。

（2）发动机启动，驱动车辆行驶，同时能够带动电动机反转为动力电池充电。

（3）发动机和电动机同时启动，驱动车辆行驶。由于这种模式下输出功率较高，因此多用于爬坡、急加速以及其他高负荷工作的情况。

与串联结构不同的是，并联结构中发动机和电动机可以同时驱动汽车，动力性能更加优越。其中以比亚迪秦（图 1-20）为例，它的 1.5T 发动机和电动机功率相加后使得汽车可输出功率达到 300 ps（马力）。同时，并联结构的混动车型驱动模式较多，可以适应多种工况，发动机能够在中高速运行时单独驱动汽车，无须进行能源的二次转换，因此综合油耗更低。

1—电力电子模块；2—前挤、后挤双电机输出机构；
3—高压线束；4—高压电池；5—高压分线盒

图 1-20　比亚迪秦混合动力汽车

3. 混联结构

在并联的基础上加一个发电机就是混联了，但它不使用传统的变速箱，而是用一种叫作电控无级自动变速器（Electronic Continuously Variable Transmission，ECVT）的星形齿轮结构的耦合单元来代替。混联结构混合动力汽车在结构上综合了串联结构和并联结构的特点，与串联结构相比它增加了机械动力的传递路线，与并联结构相比它增加了电能的传输路线。

混联结构（图 1-21）在发动机和电动机协同驱动车辆行驶的同时，发动机还能带动发电机为动力电池充电，而且它还能够实现发动机带动发电机发电，电动机驱动车辆行驶的模式。

因此，混联结构的驱动模式有纯电模式、纯油模式、混合模式、充电模式四种。虽然混联结构混合动力汽车具有串联结构和并联结构的优点，但同时其结构的复杂性也大大增加了，而且成本也偏高。丰田 Prius 混联结构混合动力汽车如图 1-22 所示。

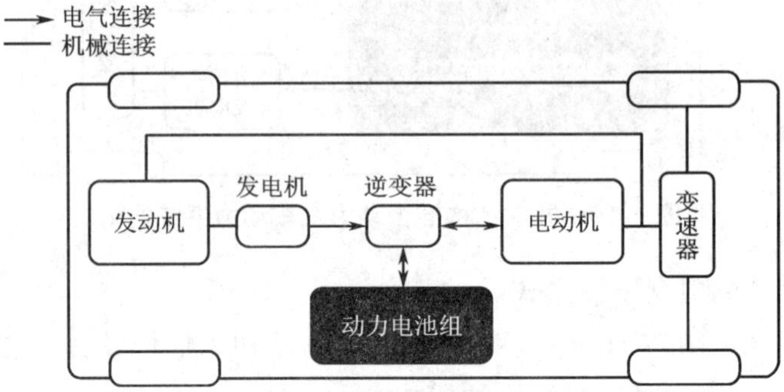

图 1-21 混联结构混合动力汽车动力系统结构

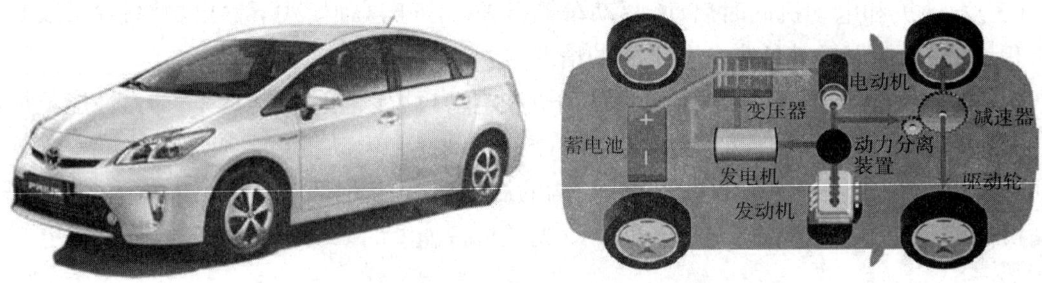

图 1-22 丰田 Prius 混联结构混合动力汽车

1.4 电动汽车关键技术

电动汽车 4 个方面的关键技术：车身技术、电力驱动及其控制技术、电池技术、车身技术以及能量管理技术。电池技术和能量管理技术将在第 2 章介绍。

1.4.1 车身技术

车体本身也包含很多高新技术（图 1-23），有些节能措施比提高电池储能能力还易于实现。采用轻质材料如镁、铝、优质钢材及复合材料，优化结构，可使汽车自身质量减轻 30%~50%；实现制动、下坡和怠速时的能量回收；采用高弹滞材料制成的高气压子午线轮胎，可使汽车的滚动阻力减少 50%；汽车车身特别是汽车底部更加流线型化，可使汽车的空气阻力减少 50%。

电动汽车车身有两种设计方法：一种是直接在原有的燃油汽车的基础上进行改装设计；另一种就是直接针对电动汽车的特点重新设计。改装的电动汽车一般都存在自重大、重心高以及质量分配不合理等缺点，因此目前大部分电动汽车都是经过特定设计的。

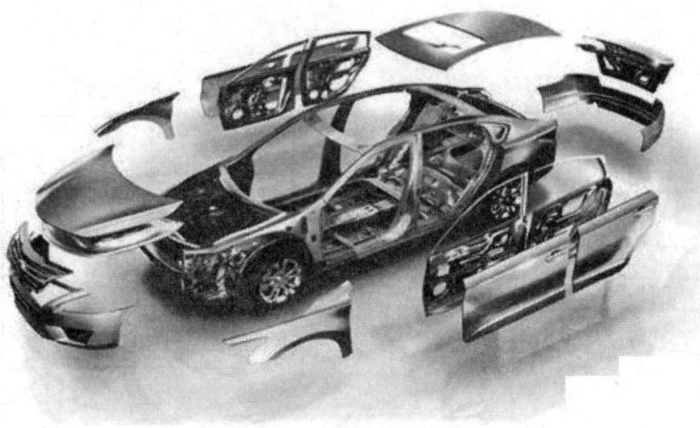

图 1-23　电动汽车车身

在设计电动汽车时对影响整车性能的参数需要进一步改进，例如减轻整车质量、降低风阻系数等。汽车的整车质量对于电动汽车续航里程和爬坡能力都有着直接影响，因此可以采用铝合金合成材料制作车身和底盘来降低整车质量。将车身风阻系数降得越低，汽车行驶时所受空气阻力越小，这样能使得汽车的续航里程大大增加。在设计车身时将车头和车尾设计为流线型，这样可以降低车身的风阻系数。同时车胎在行驶时如果滚动阻力小的话也能提高汽车的行驶里程。

宝马 i3 电动汽车车身轻量化设计如图 1-24 所示。宝马 i3 是一台针对纯电动研发的电动车型，因此车辆从设计伊始就全面秉承电动出行理念，包括整个车身和底盘的配置和布局，比如空气动力学设计、车重，甚至轮胎的滚动阻力都精心考量，进而最大限度地减少能耗。

图 1-24　宝马 i3 电动汽车车身轻量化设计

1.4.2　电力驱动技术

在电动汽车整车系统中，电力驱动系统的主要任务是把电能转换为机械能，使得电动汽车在行驶时能克服空气阻力、滚动阻力和加速阻力。现代电动机的低转速大转矩和高转速恒功率等不同工作范围可以通过功率变换控制设备来实现，这使得电动汽车的驱动系统设计更加灵活多样。例如，可采用单电动机或者多电动机驱动，可使用或者不使用变速器等。目前电动汽车多采用前路驱动设计，如图 1-25 所示。

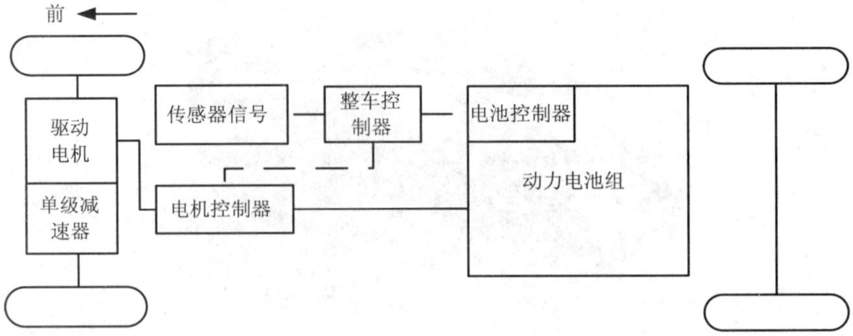

图 1-25 典型前路驱动系统

电力驱动系统由电气系统、变速装置和车轮组成，其中变速装置是选用的。电力驱动系统的关键是电气系统，电气系统由电动机、功率变换控制器等组成。电动机驱动系统一般要满足以下要求：

（1）高功率密度和强大的过载能力；

（2）在汽车起步和爬坡时具有低速高转矩的输出特性以及汽车在巡航时具有高速恒功率特性；

（3）具有较大的转速控制范围可以覆盖恒转矩和恒功率区；

（4）快速的转矩响应特性；

（5）在转矩 / 转速特性的较宽范围内具有较高的效率；

（6）再生制动时的能量回收效率高；

（7）有坚固的结构和稳定的特性，能在恶劣工况下正常工作；

（8）大量生产时具有较低的成本。

为了满足以上要求，驱动电动机的额定功率与转矩 / 转速特性应该在驾驶模式和系统仿真的基础上进行确定。为了优化系统效率，扩大高效率运行工作范围，人们也在寻求新的电动机设计技术和控制策略，同时应用新开发的控制技术以改善系统的性能。图 1-26 为吉凯恩传动系统研发的全新电驱动模块，将水冷电动机、逆变器与一个单速 eAxle 减速齿轮箱集成在一起。

图 1-26 驱动系统总成

1.5　电动汽车整车结构

1.5.1　汽车结构概述

电动汽车主要由驱动系统、电源系统和辅助系统等三大部分组成，如图 1-27 所示。

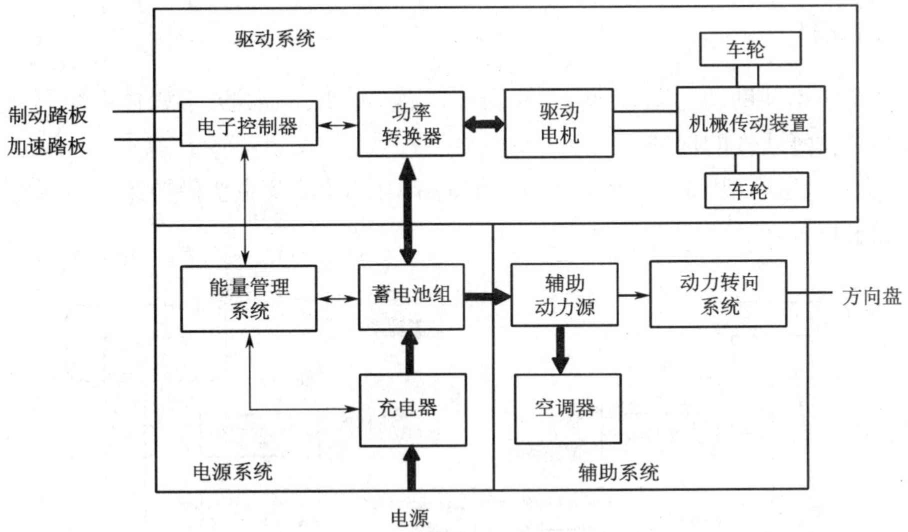

图 1-27　电动汽车结构组成示意图

1. 驱动系统

驱动系统是电动汽车的核心，一般由控制器、功率转换器、驱动电机、机械传动装置、电子控制器、功率转换器和车轮组成。其功用是将蓄电池组中的化学能以电能为中间媒介高效地转化为车轮动能，进而推动汽车行驶，并能在汽车制动及下坡时，实现再生制动（即将汽车动能吸收并转化为蓄电池化学能储存起来，从而增加续航里程）。

（1）驱动电动机的作用是将动力电池的电能转化为机械能，通过传动装置驱动车轮，或由其直接驱动车轮。

（2）电子控制器即电动机调速控制装置，其作用是控制电动机的电压或电流，完成电动机的转矩和转向的控制，从而实现电动车变速和变向。

（3）功率转换器用作 DC/DC（直流—直流）转换和 DC/AC（直流—交流）转换。DC/DC 转换器又称直流斩波器，其作用是将蓄电池的直流电转换为电压可变的直流电，并将再生制动能量进行反向转换，用于直流电动机驱动系统。DC/AC 转换器通常称为逆变器，其作用是将蓄电池的直流电转换为频率、电压均可调节的交流电，也能进行双向能量转换，用于交流电动机驱动系统。

（4）机械传动装置是将电动机的转矩传给汽车传动轴或直接传给车轮（轮毂电动机）。相较于传动内燃机汽车，电动汽车的机械传动装置大大简化，故其机械效率得以有效提高。

2. 电源系统

电源系统包括蓄电池组、充电器和能量管理系统。电源是制约电动汽车发展的主要因素，其应具有高的比能量（即能量密度）和比功率（即功率密度），以满足汽车的续航和动力性的要求。

3. 辅助系统

辅助系统包括辅助动力源、动力转向系统、导航、照明、刮水器、多媒体系统等，它们是汽车操纵性和乘员舒适性的保证。

图 1-28 所示为典型纯电动汽车动力系统的结构设计以及主要模块组成，其特点是四轮都装有轮毂电机。

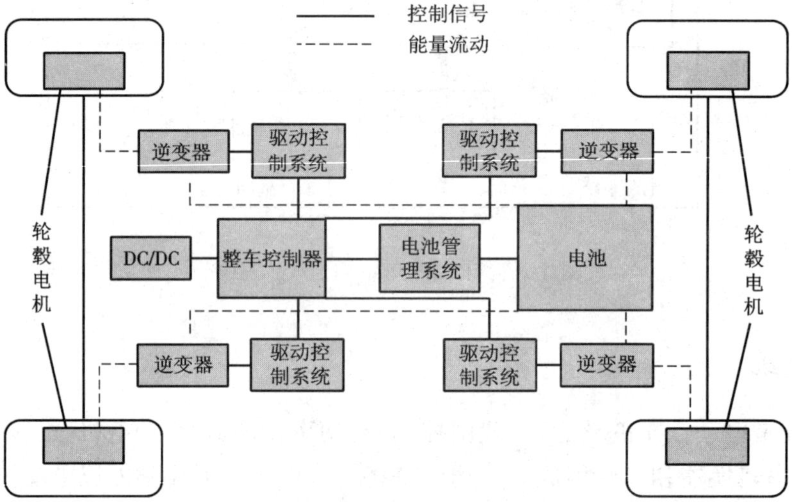

图 1-28 电动汽车结构设计组成

1.5.2 驱动结构

电动汽车的结构布置比较灵活，形式多样，大体可分为两类：电动机集中驱动和分散驱动，或者称为中央驱动和电动轮驱动两种形式，其中电动轮驱动包括轮毂电机驱动。图 1-29（a）所示为一种典型的电动机中央驱动形式。此种驱动形式参考了传统内燃机汽车，取消了内燃机，而以驱动电机代替，至于离合器、变速器和差速器则不变。

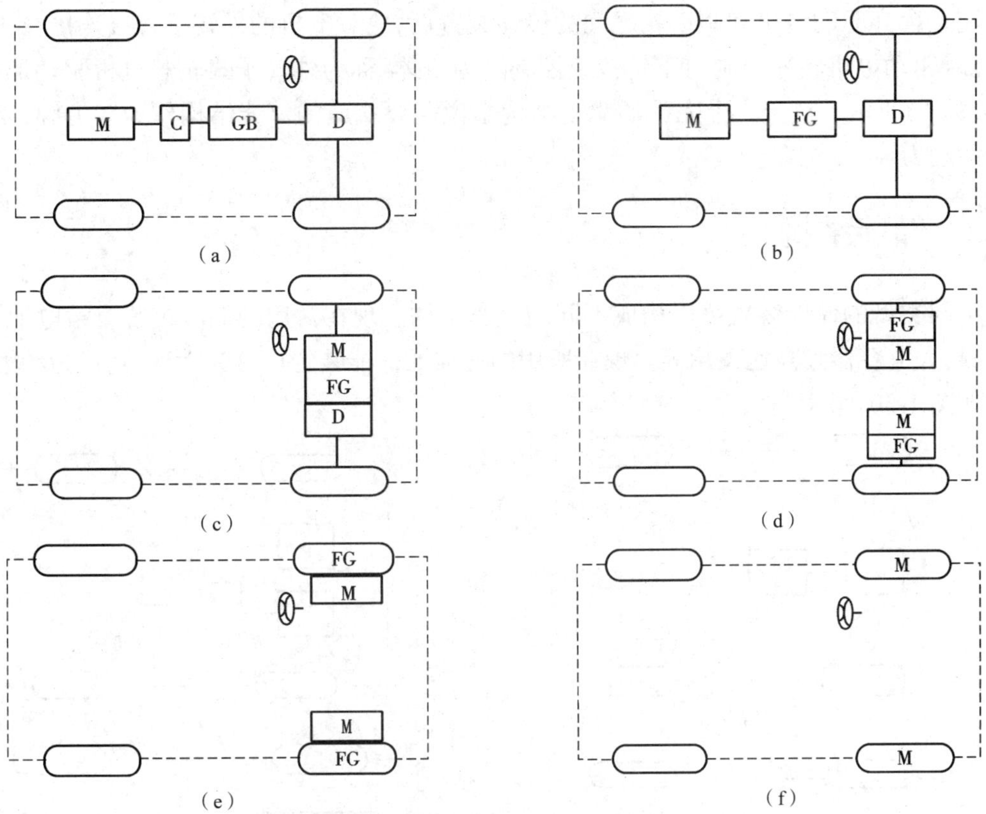

图 1-29　典型的电动机驱动结构

(a)典型的电机中央驱动形式　(b)没有离合器的电机中央驱动形式　(c)布置在驱动轴上电机中央驱动形式
(d)双电机电动轮驱动形式　(e)内转子式轮毂电机驱动形式　(f)外转子式轮毂电机驱动形式
D—差速器;C—离合器;M—电机;GB—变速器;FG—固定速比变速器

由于驱动电机能在较大的速度范围内提供相对恒定的功率,因此多速变速器可被一个固定速比减速器代替,此时离合器也可省去,如图 1-28(b)所示。此种驱动形式可以节省机械传动系统重量和体积,另外可以降低操作难度。

第三种驱动形式与第二种形式类似,只是电机、固定速比减速器和差速器被整合为一体,布置在驱动轴上,如图 1-29(c)所示。此时整个传动系统被大大简化和集成化。另外从再生制动的角度出发,这种驱动形式较容易实现汽车动能的回收再利用。

前面所列三种均为电机中央驱动形式,而后三种属于电动轮驱动形式。第四种驱动形式取消了差速器,取而代之的是两个独立的牵引电机,每个牵引电机单独完成一侧车轮的驱动任务,称为双电机电动轮驱动形式,如图 1-29(d)所示。当车辆转弯时,两侧的电机就会分别工作在不同的速度下,不过这种驱动形式需要更加复杂的控制系统。

相较于第四种驱动形式,第五种驱动形式进一步简化了驱动系统:驱动电机与车轮之间取消了传统的传动轴,变成电机直接驱动车轮前进,同时一个单排的星形齿轮机构充当固定速比变速器,用来减小转速和增强转矩,以满足不同工况的功率和扭矩需求。此种驱动形式称为内转子式轮毂电机驱动形式,如图 1-29(e)所示。

完全舍弃驱动电机和驱动轮之间的传动装置后，轮毂电机的外转子直接连接在驱动轮上，此时驱动电机转速控制与车轮转速控制融为一体，称为外转子式轮毂电机驱动形式，如图 1-29（f）所示。对于一个完整的驱动结构来说需要相应的储能结构作为动力源，来提供强劲的动力。

1.5.3 储能结构

不同类型的储能装置可以构成不同的汽车结构。现在常用的储能装置有蓄电池、燃料电池、超大电容器和高速飞轮等。现在所用的经典的储能装置可分为六种，其作为动力源的结构如图 1-30 所示。

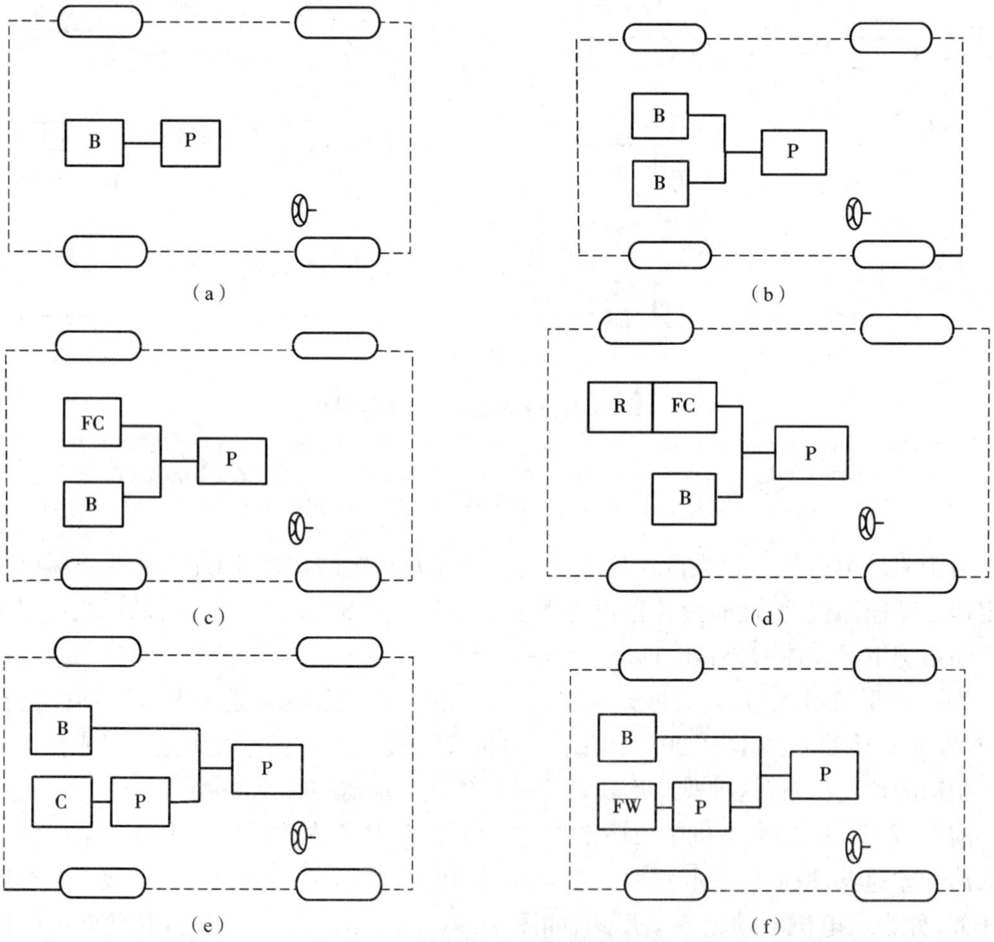

图 1-30 蓄电池作动力源结构图

（a）蓄电池作动力源的结构 （b）双蓄电池作动力源的结构 （c）燃料电池和蓄电池作混合动力源的结构 （d）带重整器燃料电池和蓄电池混合动力的结构 （e）蓄电池和电容器作混合动力源的结构 （f）飞轮和蓄电池作混合动力源的结构

B—蓄电池；P—功率变流装置；FC—燃料电池；R—氢燃料重整器；FW—飞轮；C—超级电容

目前，国内主流新能源厂家多采用锂离子蓄电池动力源，图 1-31 所示为采用锂离子蓄电池的新能源 EV 系列车型。

图 1-31　蓄电池作动力源典型车辆（北汽新能源 EV）

图 1-30（a）所示是以蓄电池作动力源的车辆结构，蓄电池可以布置在车的四周，也可以集中布置在车的尾部或者底盘下面。所选用的蓄电池应该能提供足够高的比能量和比功率，并且在车辆制动时能回收再生制动能量。同时具有高比能量和高比功率的蓄电池对电动汽车而言是最理想的动力能源，比能量影响汽车的行驶里程，而比功率影响汽车的加速性和爬坡能力。

单独用一种蓄电池不能同时满足对比能量和比功率的要求，可以在电动汽车上同时采用两种不同的蓄电池。这两种蓄电池一种用来提供比能量而另一种则用来提供比功率。图 1-30（b）所示是用蓄电池组合方式称为混合动力源的结构，采用这种结构不仅分离了比能量和比功率，而且在汽车滑行或者制动时可以进行能量的回收。

除了用蓄电池作动力源以外，还可以采用燃料电池作为储能装置来提供动力。燃料电池的工作原理是可逆电解的逆反应，是氢气和氧气反应产生水同时释放能量的过程。这种采用燃料电池的方法虽然能提供高的比能量但是却不能回收再生制动能量。所以为了弥补这种缺陷可以将燃料电池和蓄电池结合使用，实现回收再生制动能量。图 1-30（c）所示是燃料电池和蓄电池相结合使用作混合动力源的结构图。图 1-32 是世界首台量产的燃料电池汽车 Mirai 结构示意。

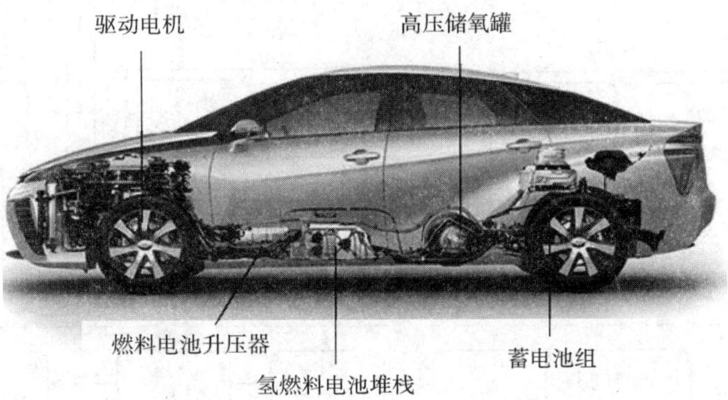

图 1-32　燃料电池和蓄电池结合作动力源典型车辆（丰田 Mirai）

燃料电池所需的氢气可以通过压缩氢气或者压缩氢化物，在车辆上安装一个储气罐来储存，也可以由常温下的液态燃料如甲醇或者汽油生成。可以在车上安装一个重整器来提供燃料电池所需的氢气。其结构如图 1-30(d)所示。

当使用蓄电池和电容相结合时，所使用的蓄电池要提供足够高的比功率以及更高效的回收制动能量的能力。由于超级电容相对电压比较低，所以需要在蓄电池和电容之间加一个 DC/DC 转换器，其结构图如图 1-30(e)所示。目前这种方式应用在大中型客车，图 1-33 是一种蓄电池和超级电容组合驱动的电动大巴。

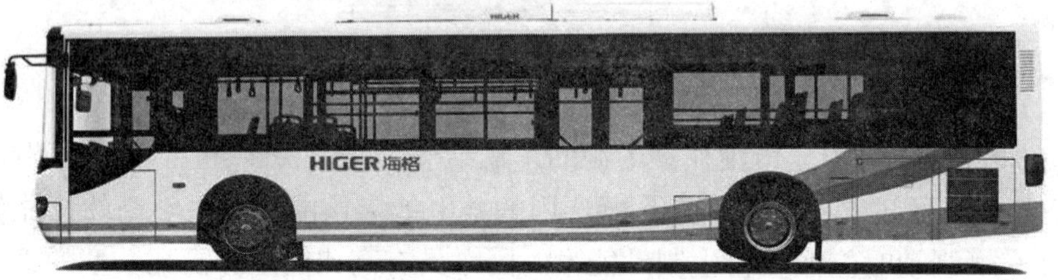

图 1-33 蓄电池和超级电容作动力源典型车辆(海格超级电容车)

和超大容量电容功能类似的一种结构是使用飞轮作为储能器。飞轮是另外一种新兴的具有较高的比功率和高效制动能量回收能力的储能器。电动汽车使用的飞轮具有质量轻且在真空下能高速运转的特点。而且超高速的飞轮有电动机和发电机两种工作模式，能够将机械能和电能相互转化。图 1-30(f)所示是飞轮和蓄电池作混合动力源的结构。

1.5.4 电动汽车电路结构

电动汽车的典型电路结构如图 1-34 所示。纯电动汽车整车电路通常由低压系统电路与高压系统电路两种组成。

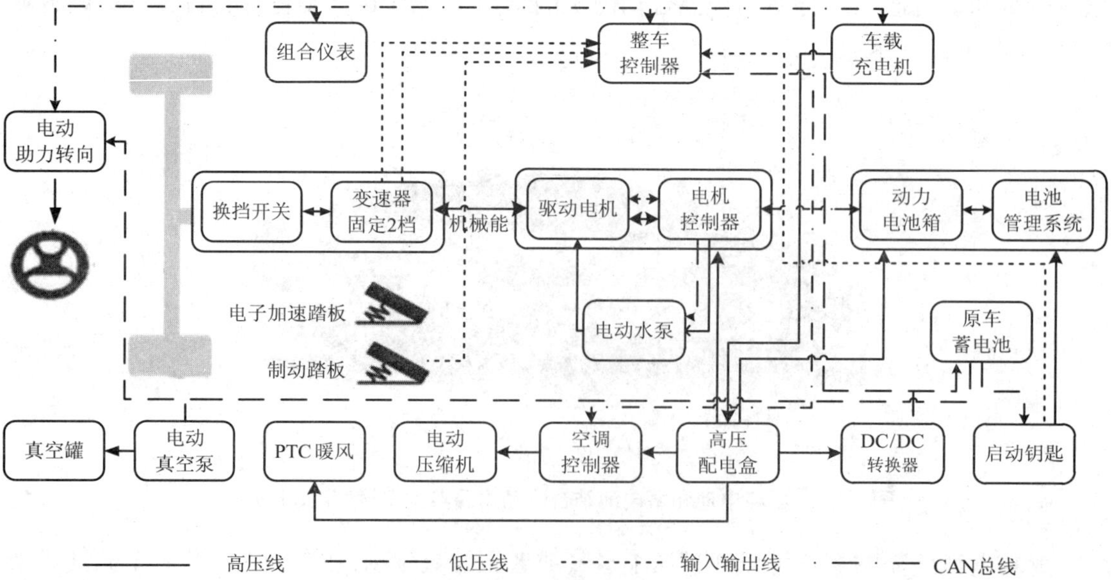

图 1-34 电动汽车电路结构

低压系统：电动汽车将低压控制部件通过如图 1-34 所示的结构，实现车辆各控制器之间的数据传输与通信连接，包含驱动系统、电池系统、DC/DC 转换器、T-box（车载远程通信终端）、整车控制器、组合仪表、电动助力转向、安全气囊、电子 P 挡控制器、电子稳定系统、电子换挡器等动力系统低压电路，电动空调、DVD、智能进入 & 启动、车窗电机、中控门锁、后视镜、音响等舒适系统以及和传统燃油车相同的信号报警系统、灯光与照明系统等，此外部分车辆安装低压蓄电池监测传感器等辅助装置。

高压系统：由各高压总成组成，即高压系统中的用电设备，属于电动汽车独有。如图 1-35 所示的原理图，组合方式实现如驱动行驶、高压启动与关闭、主动放电、被动放电、交流充电、直流充电、制动和滑行能量回收、低温电池加热、高压互锁等功能。其中高压充电系统中与电池直连的充电接口为直流快充接口，通过车载充电机与外界相连的是交流慢充接口。

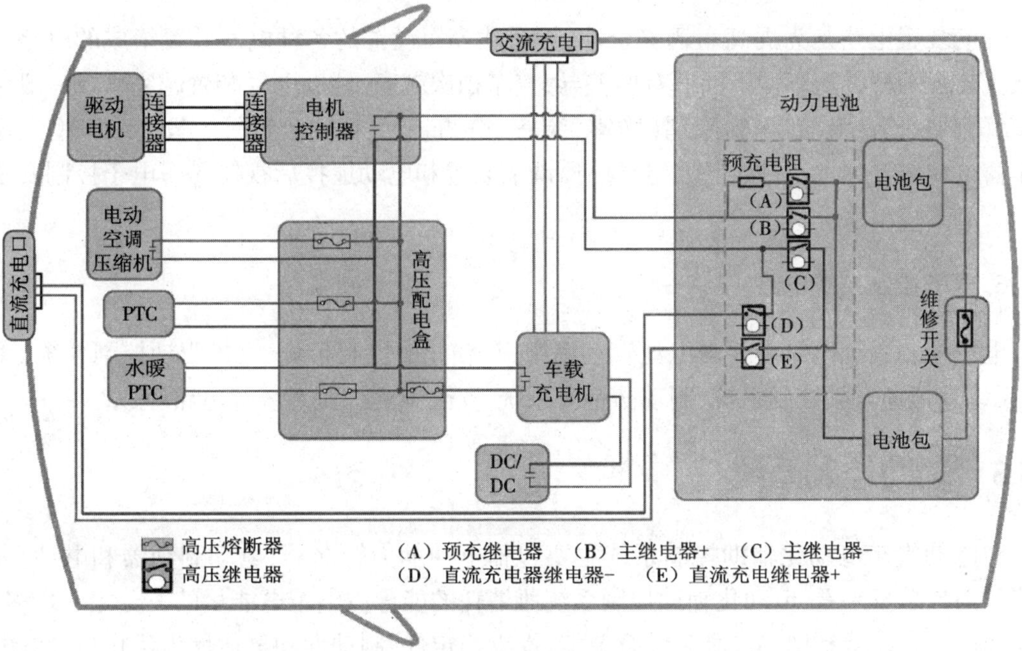

图 1-35　高压系统原理

电动汽车的典型电子电路分为以下几种。

1. 电源电路

电源电路也称充电电路，是由蓄电池、调节器及充电指示装置等组成的电路，电能分配（配电）及电路保护器件也可归入这一电路。

2. 启动电路

启动电路是由启动机、启动继电器、启动开关及启动保护电路组成的电路，也可将低温条件下的启动预热装置及其控制电路归入这一电路。

启动系统的控制电路大体上可以分为无启动继电器的控制电路、带有启动继电器的控制电路和带有保护继电器的控制电路。

3. 照明与灯光信号装置电路

照明与灯光信号装置电路是由前照灯、雾灯、位置灯、转向灯、制动灯、倒车灯、车内照明灯及有关控制继电器和开关组成的电路。

4. 仪表信息系统电路

仪表信息系统电路是由仪表及其传感器、各种报警指示灯及控制器组成的电路。

5. 辅助装置电路

辅助装置电路是为提高车辆安全性、舒适性等而设置的各种电气装置组成的电路。辅助电气装置的种类随车型不同而有所差异,汽车档次越高,辅助电气装置越完善。一般包括门窗、雨刮及清洗装置、风窗除霜(防雾)装置、空调装置、音响装置等。较高级车型上还装有车窗电动举升装置、电控门锁、电动座椅调节装置和电动遥控后视镜等。电子控制安全气囊归入电子控制系统。

6. 电子控制系统电路

电子控制系统电路主要由电池管理系统、车载充电控制系统、电机驱动控制系统、DC/DC 系统及恒速行驶控制系统、制动防抱死系统、安全气囊控制系统等电路组成。

1.5.5 辅助控制系统

纯电动汽车电动化辅助控制系统主要包括电动助力转向器、电动制动器和电动空调。从能量消耗总量来看,电动化辅助控制系统所消耗的能量占整车电能量的三分之一之多,因此需要研究以能量利用率最高和综合节能、操纵稳定性、制动性和舒适性为优化目标的电动化辅助控制系统的控制策略及其智能控制方法,并以此来提高电动化辅助控制系统的电能量利用率和动态性能。此研究不仅能有效地解决纯电动汽车存在的整车电能量消耗大和续航里程短的问题,而且对于促进节能与新能源汽车等战略新兴产业的发展具有重要的技术和经济意义。

1. 电动助力转向器

电动助力转向器(图 1-36)是继液压动力转向系统后问世的动力转向系统,属于与传统液压动力转向系统不同的新型动力转向系统。它直接依靠电动机提供辅助扭矩,通过控制电动机电流的幅值和方向,从而实现转向器电动助力的要求,这种系统使汽车在低速时能减轻操纵力,从而提高操纵的轻便性;而当汽车在高速行驶时,电子控制系统保证提供最优控制传动比和稳定的转向手感,从而提高高速行驶时的操纵稳定性。因此它可以较好地解决液压动力转向系统所不能解决的矛盾。

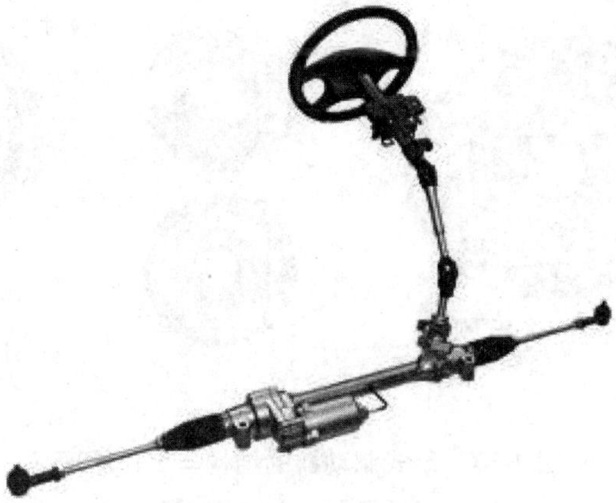

图 1-36　电动助力转向器

2. 电动制动器

在所有汽车制动系统中，制动器是用以产生阻止车辆运动或运动趋势的力的部件。制动器按照作用方式可分为两种：鼓式制动器和盘式制动器（俗称碟式制动器）。

鼓式制动器（图 1-37）是一种传统的制动方式，其工作原理可以很形象地用一只咖啡杯来描述。制动鼓就像咖啡杯，当将五根手指伸入旋转的咖啡杯时，手指就是刹车片，只要将五指向外一张，摩擦咖啡杯内壁，咖啡杯就会停止旋转。鼓式制动器主要包括制动轮缸、制动蹄、制动鼓、摩擦片、回位弹簧等部分，是通过液压装置使摩擦片与随车轮转动的制动鼓内侧面发生摩擦，从而起到制动的效果。在踩下刹车踏板时，推动刹车总泵的活塞运动，进而在油路中产生压力，制动液将压力传递到车轮的制动分泵推动活塞，活塞推动制动蹄向外运动，进而使得摩擦片与刹车鼓发生摩擦，从而产生制动力。从结构中可以看出，鼓式制动器工作在一个相对封闭的环境，制动过程中产生的热量不易散出，频繁制动影响制动效果。不过鼓式制动器可提供很高的制动力，广泛应用于重型车上。

随着汽车速度的不断提高，货车和大客车的总重不断增加。轿车的重心普遍降低及小直径宽断面的轮胎广泛使用，使得制动器的安装位置受到限制，因此在重型货车和轿车上采用制动热稳定性能较好的盘式制动器日益增多。盘式制动器又称碟式制动器（图 1-38），其工作原理可用一只碟子来描述，用拇指和食指捏住旋转的碟子时，碟子会停止旋转，主要由制动盘、制动钳、摩擦片、分泵、油管等部分构成。盘式制动器通过液压系统把压力施加到制动钳上，使制动摩擦片与随车轮转动的制动盘发生摩擦，从而达到制动的目的。与封闭式的鼓式制动器不同的是，盘式制动器是敞开式的。制动过程中产生的热量可以很快散去，拥有很好的制动效能，现在已广泛应用于轿车上。

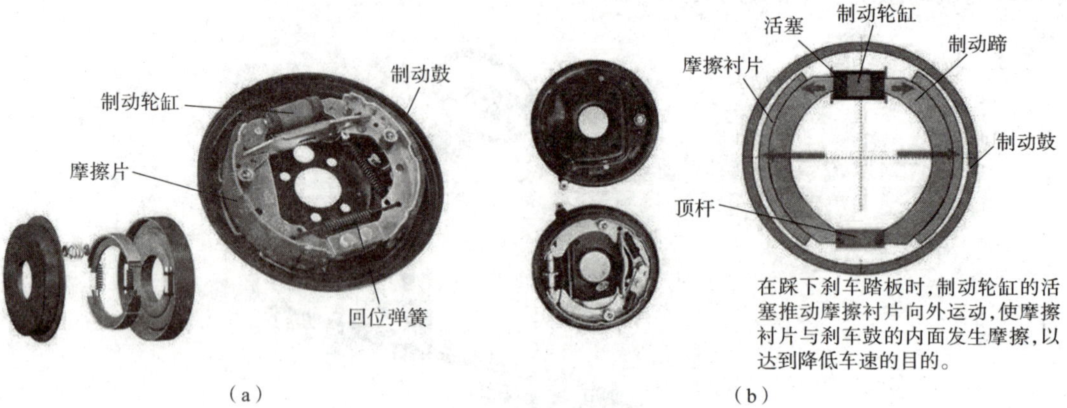

图 1-37　鼓式制动器的结构与工作原理

(a)结构组成　(b)工作原理

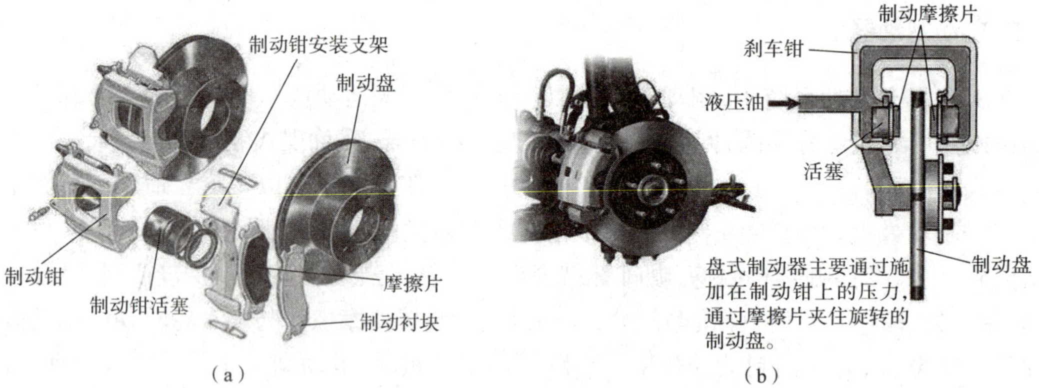

图 1-38　碟式制动器的结构与工作原理

(a)结构组成　(b)工作原理

防抱死制动系统(Antilock Brake System，ABS)(图 1-39)是一种汽车电子系统，它包括一个电子控制单元、数个轮速感应器和一个内含电磁阀的阀门总成。电子控制单元通过轮速感应器传来的脉冲变动来掌握车轮的运行状况。当某一个车轮有可能进入抱死状态时，电子控制单元就会向电磁阀发出指令，使其通过快速开关来达到控制刹车，调整转速的目的。紧急刹车时，既保持轮胎转动，又防止轮胎抱死，以维持最大的刹车力量；同时也对车轮进行迅速、准确、有效、安全的控制，使车轮的纵向附着系数达到峰值，侧向附着系数也保持较高状态，从而达到提高制动速度、缩短制动距离、稳定制动方向、防止车轮抱死的效果。

与传统汽车不同，电动汽车能够实现再生制动。利用再生制动，可以回收一部分原本被消耗于摩擦制动的制动能量以备驱动时使用，有利于延长电动汽车一次充电的续航里程，提高汽车的能量利用效率，节约能源。另一方面，由于制动能量的一部分通过电机发电转变为电能，由摩擦制动器承担的能量耗散任务相应地减轻，因此再生制动技术也可以减轻制动器的热负荷，减少其磨损，提高车辆行驶的安全性和使用的经济性。根据再生制动控制策略中摩擦制动所承担的份额来对电动汽车的摩擦制动器进行轻量化设计，可以节省材料和降低制造成本，减轻车辆的重量，降低行驶时的滚动阻力，增加一次充电续航里程。

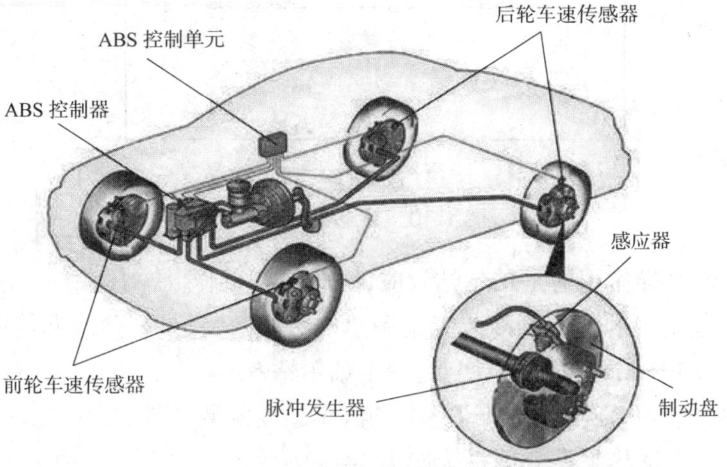

图 1-39　防抱死制动系统结构

再生制动，其原理是在制动时将汽车行驶的惯性能量通过车轮经由传动系统传递给电机，控制电机以发电方式工作，为动力电池充电，实现制动能量的再生利用。与此同时，发电过程中产生的电机制动力矩又可通过传动系统对驱动轮施加制动，产生制动力。

电动汽车制动时，制动能量沿车轮、半轴、差速器、传动轴、变速器、电动机 / 发电机、功率变换器、电池路径依次传递，最终储存到电池中。但是，并不是全部的再生制动能量都可以最终被存储起来。在传递过程中，克服传动系统的机械摩擦、转动惯量要损耗的那一部分能量是无法回收的。另外，电机在发电过程中、电池充电过程中也要损耗一部分能量。在可以利用的再生制动能量中，除去能量流动过程中各种部件的消耗和损失，最后才是电池所获得的能量。

汽车制动时不是所有的动能或者制动能量都可以再生。在纯电动汽车或混合动力电动汽车上，只有驱动轮可以实现再生制动，制动能量可以沿着与之相连接的驱动轴传送到能量储存系统，即电机制动力矩只能施加于驱动轮上，而动轮的制动只能由摩擦制动实现。

再生制动系统为电动汽车所独有，同传统燃油车中的纯机械摩擦制动有较大差别。各种类型电动汽车再生制动系统的结构基本上都类似。电动机 / 发电机通过离合器与变速器相连，而液压制动系统的布置基本上与传统燃油汽车一致，另外还增加了制动系统电子控制单元或微机控制器（Electronic Control Unit，ECU）。制动系统控制单元 ECU 实时接收制动踏板单元、电池管理器、电机控制器、挡位传感器和轮速传感器传递来的信号并进行处理。

3. 电动空调

目前电动汽车空调可采用热电（偶）空调系统和电动热泵型空调系统。热电制冷原理如图 1-40 所示。

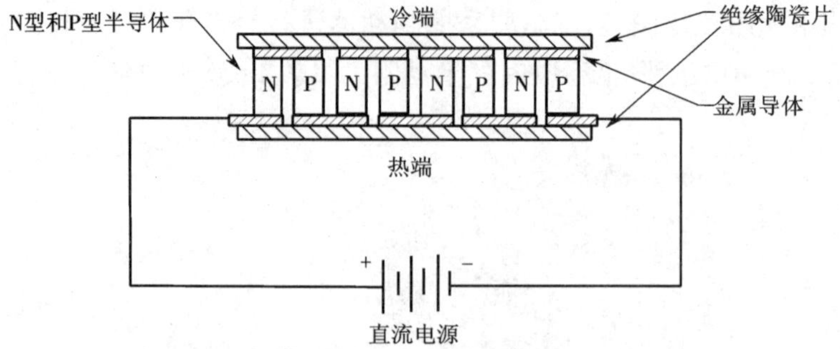

图 1-40 热电制冷原理

热电效应中起主导作用的是珀尔帖效应,因此,热电制冷其实是珀尔帖效应在制冷技术中的应用。实际应用中的热电制冷装置是用热电效应较为显著、热电制冷效率比较高的特种半导体材料构成 PN 结,形成热电偶对,产生珀尔帖效应。

除了采用热电(偶)空调系统来进行电动汽车温度的调节外,还可以采用电动热泵型空调系统进行调节。电动热泵型空调系统如图 1-41 所示。

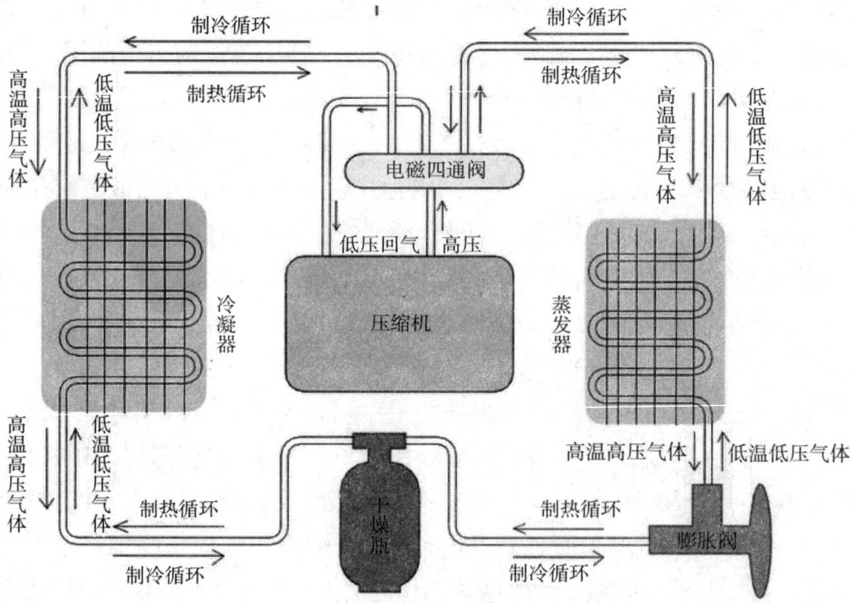

图 1-41 电动热泵型空调系统

制冷模式中,压缩机对低温低压的气态制冷剂做功,使其处于高温高压状态,制冷剂通过四通换向阀,流入外部换热器,向环境放热,变为高压液态。之后,流过储液干燥器,除去水分和杂质,再经过膨胀阀转变为低温低压气液混合态。最后,经过内部换热器从室内吸热变为低温低压气态并进入下一个循环,从而实现制冷功能。制热模式中,压缩机对低温低压的气态制冷剂做功,使其处于高温高压状态,制冷剂通过四通换向阀改变流动方向,流入内部换热器,向车室内空气放热,变为高压液态。之后,流过储液干燥器,除去水分和杂质,再经过膨胀阀转变为低温低压气液混合态。最后,经过外部换热器从室外吸热变为低温低压气态并进入下一个循环,实现制热功能。

1.6　电动汽车总线通信系统

1.6.1　控制器局域通信网络总线通信网络

电动汽车内部有很多需要检测和控制的设备,如驱动控制系统,行驶制动转向系统,安全保障系统,仪表报警系统,电源及其管理系统,空调系统,车窗、门锁、灯光、座椅等车身控制系统,使汽车电气设备形成一个复杂的系统。这对汽车的综合布线和信息共享交互提出很高的要求。单从布线角度分析,一辆采用传统点对点布线方法的高档汽车中,电气节点达 1 500 个,导线长度可达 2 000 m。无论从材料成本还是工作效率看,传统布线方法都不能适应电动汽车的发展。从信息共享的角度分析,电机驱动控制系统、防抱死制动系统、防滑控制系统(Acceleration Slip Regulation, ASR)、废气再循环控制、巡航系统和空调系统等都需要相互间的信息沟通。为了满足各子系统实时控制的要求,有必要对汽车公共数据进行共享,如电机转速、车轮转速、油门踏板位置、电池状态等。但每个控制单元对实时性的要求因数据的更新速率和控制周期不同而不同。这就要求其数据交换网是基于优先竞争的模式,且具有较高的通信速率,而控制器局域通信网络(Controller Area Network, CAN)总线的通信刚好满足这些要求。

CAN 是一种广泛应用于工业控制的现场总线。与普通串行通信相比, CAN 总线的数据通信具有较高的可靠性、实时性和灵活性,因此特别适合于汽车内部通信应用。很多著名的汽车制造厂商都采用了 CAN 作为汽车通信网络的标准总线,用以实现汽车内部控制系统与各检测、执行机构间的数据通信。因此 CAN 总线成为许多汽车通信协议和标准的基础,如 SAE J1939/ISO 11783、CANopen、CANaerospace、DeviceNet、NMEA 2000 等。

由于采用总线技术,汽车各功能模块之间的信号传递仅需要两条信号线。这使得布线得到简化,节省了布线成本,公共数据也便于实时分享。

1.6.2　局域互联通信网络

在一些不需要 CAN 总线高速带宽和复杂功能的部位,如门、方向盘、座椅、空调、照明灯、湿度传感器、交流发电机等,可采用局域互联通信网络(Local Interconnect Network,LIN)作为 CAN 网络的一个节点,来提供低成本的辅助功能。通过 LIN 协议可以实现电动门窗、车灯、舒适性、组合仪表灯控制,再通过网关转换与 CAN 总线进行信号传输。

LIN 是一种低成本的串行通信网络,它基于主从结构,使用单线通信,减少了大量线束的重量和费用,用于实现汽车中的分布式电子系统控制。在 LIN 实现的系统中,通常将模拟信号用数字信号替换,使总线性能优化。LIN 总线使这些元件可以很容易地连接到汽车网络中,并得到十分方便的维护和服务。因此 LIN 可以使智能传感器、光敏器件等得到更广泛的应用。

1.6.3 总线在电动汽车中的应用

汽车 CAN 总线拓扑结构设计是整车 CAN 网络通信设计中非常重要的一环,它主要包含如下信息:①网络节点配置;②总线条数与类型。

在将 CAN 总线以及 LIN 应用在整车控制时需要对其进行配置。其通信节点配置见表 1-1 和表 1-2。

表 1-1 CAN 通信模块

序号	简称	名称
1	MMS	电动机驱动管理系统
2	SRS	安全气囊控制系统
3	ABS/ESP	防抱死制动系统 / 电子稳定程序
4	EPS	电子助力转向系统
5	TMM	扭矩管理系统
6	ICM	仪表
7	TCU	自动变速器控制单元
8	EPB	电子驻车系统
9	AFS	自适应前大灯系统
10	BCM	车身控制器
11	PEPS	无钥匙进入启动系统
12	HVAC	空调控制系统
13	IMMO	防盗控制系统
14	DVD	数字多功能光盘

表 1-2 LIN 通信模块

序号	简称	名称
1	APWL	门窗防夹模块
2	RLS	雨量 / 光照传感器
3	DSCM	驾驶员座椅调节系统
4	PDC	倒车雷达
5	RCM	天窗模块

1. 总线配置

在确定了各个通信节点之后,须对节点在总线网络中的配置进行分析,并确定以下四方面内容。

1)高速CAN节点

对高速CAN节点一般有通信速率高(≥500 kbps)、安全等级高、实时性好的要求,例如防抱死制动系统对行车安全起着重要作用,故对通信的实时性、安全性要求很高。一般情况下,与动力、主动及被动安全相关的节点均设置为高速CAN节点。这一类节点有发动机管理模块、安全气囊模块、转向模块、制动模块等。

2)低速CAN节点

低速CAN节点一般对通信速率(≤125 kbps)、安全等级、实时性没有较高的要求,车身舒适系统一般属于此范畴。这一类节点有车身控制模块、音响、DVD、空调以及其他信息娱乐系统等。

3)LIN节点

根据成本要求,部分低速CAN通信模块也可以采用LIN总线的方案,例如倒车雷达、门窗防夹控制等,这些需要根据实车开发时模块的具体要求而定。由于LIN总线为主从式结构,在设计LIN总线时需要确定主节点,一般让能够获取CAN总线信号的CAN节点来同时担当LIN的主节点,这样LIN总线上需要通过CAN总线信号来做出的逻辑功能可由此节点来实现。LIN总线的主节点一般由车身控制器、网关等来担当。

4)网关节点

CAN总线的通信能力是有限的,并不是所有的节点都可以连接在一条总线上,为了分担负载,降低风险,在必要时需要分段设计。例如电动汽车CAN总线通常有PT_CAN(Power Train CAN,动力驱动总线,传输速度达到500 kbps)、EVCAN(Electric Vehicle CAN,电控系统的通信总线,传输速度达到500 kbps)、ConfortCAN(舒适系统总线)、Diag-CAN(高速诊断总线);LIN总线通常有AC Panel LIN(空调与面板控制通信)、EGSM_LIN(电子换挡器与换挡器面板通信)等。若整车网络在设计时存在两条及两条以上的总线,且总线之间需要进行信息交换,则需要开发网关模块。

网关模块负责各条总线之间的信息交换,网关模块本身有两种选择:一是设置独立的网关模块,专门用于总线信息交换;二是集成于某一通信节点中,负责交换总线信息。通常出于成本考虑采用后者,而集成网关的节点一般为点火控制模块(Ignition Control Module, ICM)或车身控制模块(Body Control Model, BCM)。但是当总线数量较多时,受到处理能力或印制电路板布置的限制,单靠集成网关是无法满足要求的,这时便需要独立的网关模块来处理。

在确定通信节点和总线配置之后,还需要设定总线的相关参数,体现在如下几个方面。

Ⅰ.总线协议

CAN总线协议主要有ISO 11898-2、ISO 11898-3,ISO 11898-2为高速CAN总线协议标准,ISO 11898-3为容错CAN总线协议标准。ISO 11898-2可应用于各类节点,ISO 11898-3主要用于车身控制模块等对通信要求不高的节点。现代很多车型在总线设计时,往往高低速CAN总线均采用ISO 11898-2,即车身CAN系统也采用与动力CAN系统相同的总线协议，使用高速 CAN 的收发器和控制器来进行通信，这种方式的优点在于整车各通信节点物理层统一，便于节点在各路总线上的移植和扩展。

LIN 总线协议为 LIN1.0/1.3/2.0/2.1 等版本，可根据需要进行选择，LIN 协议具有向下兼容的特点，高版本可以兼容低版本的协议。

Ⅱ. 总线速率

总线速率根据总线协议具有不同的范围，其中 ISO 11989-2 的总线最高速率为 1 Mbps，而 ISO 11898-3 的总线最高速率为 125 kbps。

LIN 总线的最高通信速率为 20 kbps。总线速率根据具体需求而定，一般高速 CAN 为 500 kbps，而低速 CAN 为 125 kbps 或 100 kbps。实时性较高的信息出于安全和性能的考虑，所在的总线所要求的速率较高，如动力、安全系统的信息。

2. 总线拓扑结构

CAN 总线系统的拓扑结构中包含节点个数、总线条数和类型、终端电阻分布、传输速率、诊断类型和接口等信息，如图 1-42 所示。

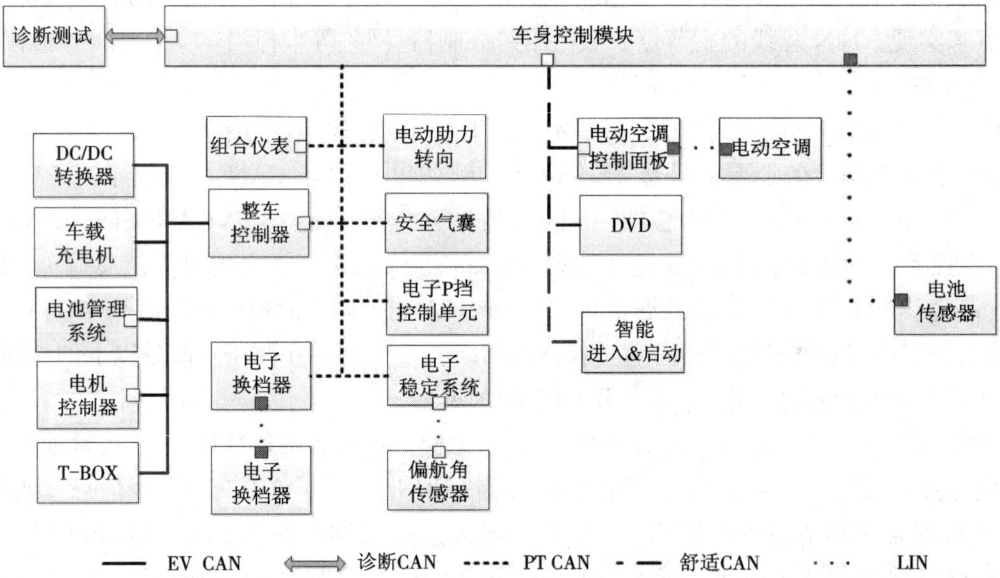

图 1-42 拓扑结构

总线拓扑结构是整车 CAN 总线网络的框架，决定着汽车网络的设计质量，只有合理的拓扑结构才能使得总线网络具备可靠的信息传输和更好的拓展性，使得各汽车控制单元能够通过 CAN 总线共享所有的信息和资源，达到简化布线、减少传感器数量、避免控制功能重复、提高系统可靠性和可维护性、降低成本、更好地匹配和协调各个控制系统的目的。这样使得汽车的动力性、操作稳定性、安全性都上升到新的高度。随着汽车电子技术的发展，具有高度灵活性、简单扩展性、优良抗干扰性和处理错误能力的 CAN 总线通信协议必将在汽车电控系统中得到更广泛的应用。

扫描二维码查看新能源汽车相关资源。

问题与思考

1. 电动汽车的主要组成是什么？
2. 什么是传动装置及其作用？
3. 什么是转向装置及其作用？
4. 什么是制动装置及其作用？
5. 电动汽车的驱动结构有几种形式？
6. 电动汽车主要分为哪几类？
7. 简述燃料电池电动汽车工作原理。
8. 简述电动汽车的基本结构及各个结构的功能。
9. 电动汽车高压组成有哪些？
10. 电动汽车总线通信配置有哪些？
11.CAN 总线以及 LIN 应用在整车控制时其模块配置有哪些？

第 2 章　动力电池与能源管理系统

随着全球电动汽车需求量的快速增长，电池制造商正在积极扩产、改进电动汽车电池性能，不断提高电池能量密度、功率密度、快充能力，同时还要不断降低成本。一方面要考虑电池本身的性能，另一方面要不断研究电池能源管理系统，对电池做好实时保护。

2.1　动力电池

电池技术是电动汽车的动力源泉，也是一直制约电动汽车发展的关键因素。到目前为止，电动汽车用电池经过了 3 代的发展，已取得了突破性的进展。第 1 代是铅酸电池，主要是阀控铅酸（Valve Regulated Lead Acid，VRLA）电池，由于其比能量较高、价格低和能高倍率放电，是适合大批量生产的电动汽车用电池。第 2 代是碱性电池，主要有镍镉（NJ-Cd）、镍氢（Ni-MH）、钠硫（Na/S）、锂离子（Li-ion）和锌空气（Zn/Air）等多种电池，其比能量和比功率都比铅酸电池高，因此大大提高了电动汽车的动力性能和续航里程。第 3 代是以燃料电池为主的电池。燃料电池直接将燃料的化学能转变为电能，能量转变效率高，比能量和比功率都高，并且可以控制反应过程，能量转化过程可以连续进行，因此是理想的汽车用电池，目前还处于研制阶段，一些关键技术还有待突破。

2.1.1　动力电池的性能要求

电池（图 2-1）是电动汽车的关键核心部件，特别是在纯电动汽车上，蓄电池作为唯一的动力源而尤为重要。出于实际运行的需要，电动汽车对动力电池性能提出了一定的要求，主要包括如下几个方面：

（1）能量密度高，以提高运行效率和续航里程；

（2）输出功率密度高，以满足驾驶性能的要求；

（3）工作温度范围宽广，以满足夏季高温和冬季低温的运行需要（−40~50 ℃）；

（4）循环寿命长，以保证电池的使用年限和行驶总里程；

（5）无记忆效应，以满足车辆在使用的时候常处于非完全放电状态下的充电需要；

（6）自放电率小，以满足车辆较长时间搁置的需求。

此外，还要求电池安全性好、可靠性高以及长循环寿命等。

(a)　(b)　(c)

图 2-1　电动汽车动力电池

(a)电池单体　(b)电池模块　(c)电池组

2.1.2　电池的基本参数

涉及电池的参数指标非常多,主要考虑以下几个。

(1)电压。蓄电池的电压(端电压)是指其正极与负极之间的电位差。根据电池的不同状态,电压可以分为开路电压、放电电压和充电电压等。静置开路电压一般能较好地反映电池现有容量,但也受到电池内电化学反应状态的影响。

(2)电池能量密度。电池能量密度指电池的平均单位体积或质量所释放出的电能。电池能量密度 = 电池容量 × 放电平台 / 电池厚度 / 电池宽度 / 电池长度。

(3)电池比能量。电池比能量是指参与电极反应的单位质量的电极材料放出电能的大小。它比能量密度的概念更加精细和专业,适用于电池能量密度的准确比较。

(4)电池比功率。电池比功率是指每千克蓄电池所能释放的功率值,它代表电池充放电的速度水平。比功率一般不需要精确标定。

(5)电池荷电状态。电池荷电状态(State of Charge, SOC)也称为电池剩余容量,是表征电池状态的重要参数之一,是电池管理系统的重要功能,它描述电池的剩余容量,是电池使用过程中的重要参数,准确计量 SOC 是电池安全和优化控制充放电能量的保证。

(6)性能状态。性能状态,又称健康度(Section of Health, SOH),是指在一定条件下,电池所能充入或放出的电量(满充容量)与电池标称容量的百分比,它反映电池的整体性能以及电池放电的能力。

(7)电池循环寿命。电池循环寿命是指电池在保持输出一定容量的情况下所能进行的充放电循环次数,也叫作蓄电池的使用寿命。

(8)剩余使用寿命。剩余使用寿命(Remaining Useful Life, RUL)是根据当前电池状况对电池剩余使用寿命的预测。

2.1.3　电动汽车电池分类

电动车辆可选用的二次动力电池主要包括铅酸蓄电池、镍镉电池、镍氢电池和锂离子电池等,各种电池具有不同的特性。

1. 铅酸蓄电池

铅酸蓄电池用填满海绵状铅的铅板作负极，正极则采用填满二氧化铅的铅板，并用1.28%的稀硫酸作电解质。在充电时，电能转化为化学能，放电时化学能又转化为电能。电池在放电时，金属铅是负极，发生氧化反应，被氧化为硫酸铅；二氧化铅是正极，发生还原反应，被还原为硫酸铅。电池在用直流电充电时，两极分别生成铅和二氧化铅。移去电源后，它又恢复到放电前的状态，组成化学电池。铅酸蓄电池是能反复充电、放电的电池，叫作二次电池，它的电压是2 V，通常把三个铅酸蓄电池串联起来使用，电压是6 V。汽车上用的是6个铅酸蓄电池串联成的12 V电池组。铅酸蓄电池在使用一段时间后要补充蒸馏水，使电解质保持含有1.2%~1.8%的稀硫酸。

放电时，电极反应：$PbO_2 + 4H^+ + SO_4^{2-} + 2e^- = PbSO_4 + 2H_2O$

负极反应：$Pb + SO_4^{2-} - 2e^- = PbSO_4$

总反应：$PbO_2 + Pb + 2H_2SO_4 \rightleftharpoons 2PbSO_4 + 2H_2O$（向右反应是放电，向左反应是充电）

铅酸蓄电池结构如图2-2所示。

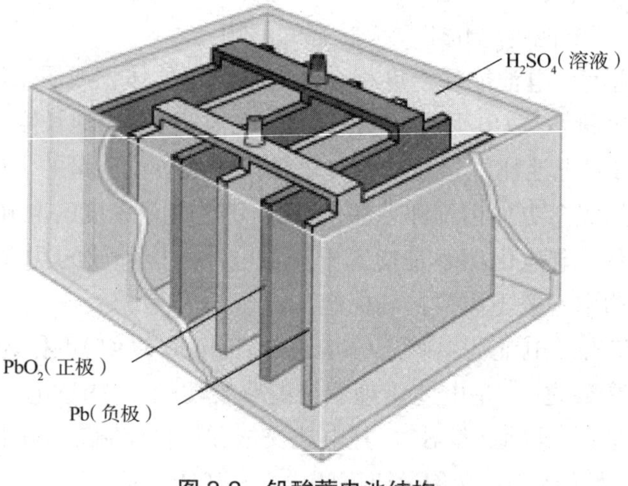

图2-2 铅酸蓄电池结构

铅酸蓄电池具有制造工艺和技术成熟、价格低、原材料易得到、性能稳定、自放电率低和可大电流充放电等特点，在交通、通信、电力、军事等较多领域得到广泛应用。但是铅酸蓄电池具有能量低、充放电寿命短及重金属铅污染等缺点，加之作为电动汽车动力源发展至今未有大的突破，所以铅酸蓄电池在电动汽车业中的应用逐渐被其他高性能电池所取代。

2. 镍镉电池（Nickel-cadmium Battery）

镍镉电池具有内阻小、可快速充电、充放电寿命较长（约是铅酸蓄电池的两倍，充放电可达1 000次）、比能量高等优点，应用仅次于铅酸蓄电池。但因其具有工作电压低（1.2 V）、自放电率高、有记忆效应等缺点，不能广泛应用于电动汽车，且对环境有污染，所以将会逐渐被性能更好的镍氢电池取代。镍镉电池实物如图2-3所示。

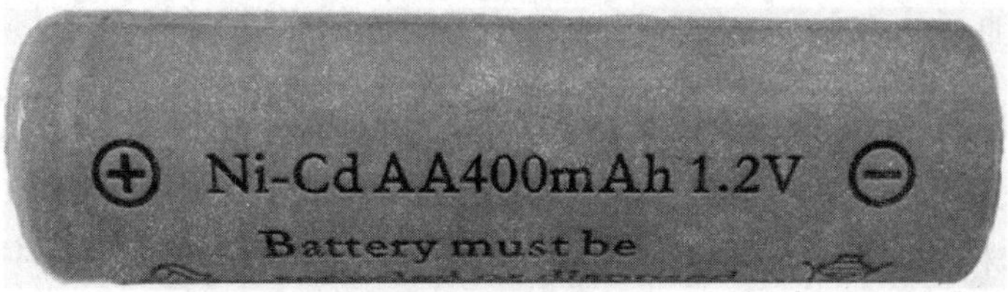

图 2-3　镍镉电池

3. 镍氢电池（Nickel-metal Hydride Battery）

镍氢电池是 20 世纪 90 年代发展起来的一种新型的绿色电池，具有储能多、无记忆效应、无污染、充放电寿命长等特点。

镍氢电池正极活性物质为氢氧化镍（电极称氧化镍电极），负极活性物质为金属氧化物，也称贮氢合金（电极称贮氢电极），电解液为氢氧化钾，在电池充放电过程中的电池反应如下。

氧化电极上：$NiOOH+H_2O+e^-$ ══ $Ni(OH)_2+OH^-$

贮氢电极上：$MH+OH^-$ ══ $M+H_2O+e^-$

电池总反应：$MH + NiOOH$ ══ $M+Ni(OH)_2$

其中，M 表示贮氢合金材料。镍氢电池反应示意如图 2-4 所示。

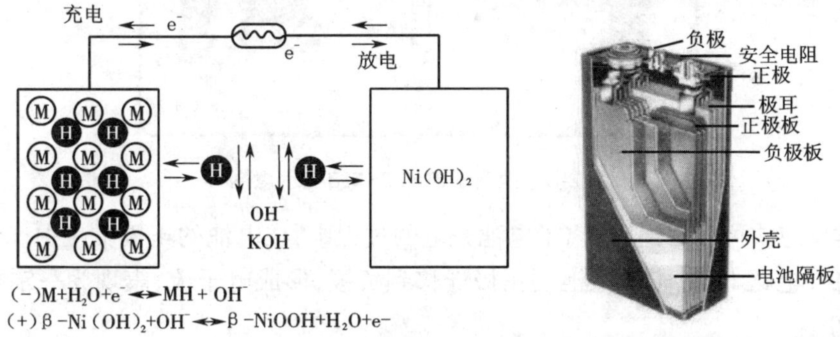

图 2-4　镍氢电池反应示意图

镍氢电池具有能量密度高、功率密度高、可快速充放电、循环寿命长以及无记忆效应、无污染、可免维护、使用安全等特点，被称为绿色电池。该种电池同镍镉电池相比，性能指标普遍高于镍镉电池；镍氢电池的比能量是镍镉电池的 1.5~2 倍。电流充放电时，无记忆效应、低温特性好、综合性能优于镍镉电池，同时镍镉废电池处理复杂，在能源紧张，环境污染严重的今天，镍氢电池显示出广阔的应用前景。因为正极镍电极同镍镉电池完全一样，所以凡是能使用镍镉电池的电器都可以使用镍氢电池；镍氢电池无毒，利于环保且综合性能优于镍镉电池。

4. 锂离子电池

锂元素是锂离子电池的核心，锂是自然界最轻的金属。虽然锂离子电池的种类很多，工作原理却相似。锂离子电池充电时，锂离子从正极材料的晶格中脱离出来，经电解质溶液和隔膜，嵌入负极材料的晶格中；放电时，则是相反过程。在充放电全过程中，锂离子往返于正负极材料间，称为“摇椅式电池”。锂电池充电的化学反应如下。

正极反应：$LiCoO_2 = Li_{1-x}CoO_2 + xLi^+ + xe^-$

负极反应：$6C + xLi^+ + xe^- = Li_xC_6$

电池充电的总反应：$LiCoO_2 + 6C = Li_{1-x}CoO_2 + Li_xC_6$

锂离子电池放电则是逆反应。

锂离子电池工作结构示意如图 2-5 所示。

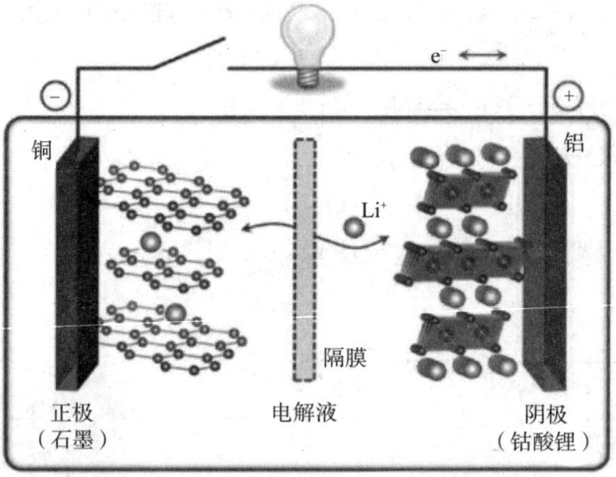

图 2-5 锂离子电池工作结构示意图

从化学反应式可以看出，锂离子电池充电的过程中，在电池的正极反应中产生了电子和锂离子。在外电路上，电子从电池的正极迁移到负极，形成电子流，表现为一定幅值的充电电流，其大小为

$$I=neSv \tag{2-1}$$

式中 n——单位体积内的自由电荷数；

e——电子的电量；

S——导体横截面积；

v——自由电子定向移动的速率。

所以，电流的大小与单位时间内反应产生的电荷数量的多少直接相关。物理上一般规定电流的方向为正电荷的流动方向或者负电荷流动的反方向。所以充电时外电路电流的方向为从电池的负极流向正极。同时，在电池的内部，锂离子（正电荷）从电池的正极迁移到电池的负极，形成正电荷流，且离子数量及电荷量和外电路的完全一样，流动的方向从电池的正极流向负极，并在电池的负极与负极材料碳及外电路过来的电子结合生成 LixC6，形成与外电路同样大小的电流，构成闭合的电流回路，放电过程则相反。在电池整个充放电过程中，锂元素始终以离子态的形式存在，在电池的正负极之间嵌入和脱出，这也是锂离子电池被形象地称为“摇椅式电池”的原因。

锂离子电池与二次动力电池铅酸蓄电池、镍镉电池、镍氢电池的性能比较见表 2-1。

表 2-1　常用动力电池性能比较

项目	铅酸蓄电池	镍镉电池	镍氢电池	锂离子电池
工作电压 /V	2	1.2	1.2	3.6
质量比能量 /（W·h/kg）	35~40	40~60	60~80	90~160
体积比能量 /（W·h/L）	70	150	200	270
充放电寿命 / 次	300~500	500~1 000	500~1 000	600~1 200
自放电率 /（%/ 月）	5	25~30	30~35	6~9
记忆效应	无	有	无	无
环境污染	污染	严重污染	无污染	无污染
成本 /［美元 /（kW·h）］	75~150	100~200	230~500	120~200

从表 2-1 可以看出，锂离子电池的综合性能指标是最优的，适合作为电动汽车动力电池，但锂离子电池也有许多共性和特有的问题，因此下面主要讨论锂离子电池在电动汽车上的应用。

2.1.4　影响锂离子电池性能的主要因素

1. 温度

温度对电池性能的发挥具有重要的影响作用。电池的温度高使得电池的活性增加，能量得到更加有效的发挥，但是电池长时间工作在高温环境下寿命会明显地缩短；电池温度低的时候活性明显降低，电池的内阻、极化电压增大，实际可用容量减少，电池的放电能力下降，放电平台降低，电池更加容易达到放电截止电压，表现为电池的可用容量减小，电池的能量利用效率下降。

通过对电池在高低温下性能的测试，可以得到锂离子电池受温度影响的规律如下。

（1）低温环境下充电容易出现金属锂的沉积而引发安全事故。低温环境下，锂的嵌入和脱出的能力下降，特别是嵌入能力下降得更严重，所以低温下充电比放电更难。低温充电可能由于锂离子的沉积速度大于嵌入速度而致使大量的金属锂沉积在电极表面，形成“死锂”，造成安全隐患。同时，由于低温下锂离子在石墨负极中的扩散速度慢，电极石墨微粒表面锂离子浓度较高，产生极高的浓度极化，使电池电压快速上升至充电截止电压。

（2）高温环境下，由于正极晶格结构的稳定性变差，容易导致结构破坏。这时充电上限电压需要适当降低，否则会进一步降低电池的安全性。

2. 电压

锂离子电池在充放电的过程中，需要对电池的上限电压进行监控，当电池电压高于电池的限制电压时，电池内部将发生副反应并产生大量的热，使得电池热稳定性下降，容易发生热失控。当电池的充电电压超过电池的最大允许充电电压时，锂离子将过量地从电池的正极脱出，造成正极晶格结构被破坏，容易发生释氧，同时大量的锂离子嵌入电池的负极，不能嵌入的锂离子沉积在电池负极表面，这增加了电池内部短路并出现热失控的可能性。所以电池在充放电的过程中，电池的电压超过电池的上限电压是绝对禁止的。在电动汽车等成组电池使用的时候，必须保证所有单体电池的电压不超过上限电压。同样锂离子电池也存在下限电压。在使用的过程中，当电池的电压低于下限电压时，电池负极的金属集流体就会开始熔解，再次充电的时候会在附近沉积，达到正极的时候，就造成了电池的内部短路或者漏液，所以当电池出现严重过放电的时候，电池的充电是被禁止的。

3. 电流

电池都存在一定的内阻，当电池的工作电流太大时，电池内部的发热明显增加，电池的温度升高，从而导致电池的热稳定性下降，并形成正反馈。另外锂离子电池的正负极的脱嵌锂离子的能力是有限的，对应的就是电池的最大允许充放电电流，当电池的充放电电流大于电池的脱嵌能力的时候，势必导致电池的极化电压明显增加，电池提前达到充放电截止电压，电池的实际容量减小，电池的能量利用效率下降，严重的时候还会导致锂离子的沉积，从而影响电池的安全性。

2.2 能量管理系统与电池管理系统

2.2.1 能量管理系统

能量管理系统（Energy Management System，EMS）（图 2-6）是整车电能存储和充放电管理的平台，是驾驶人与储能系统以及充电桩与储能系统连接的桥梁，它通过电池管理系统（Battery Management System，BMS）对电池性能的保护防止个别电池早期损坏，有利于电动汽车的运行，并具有各种警告功能等。它还对整车的用电起到了均衡控制作用，能量管理系统可以通过控制电动机输出电流大小进而控制电动机输出转矩，达到控制电动汽车车速的目的。而且能量管理系统还控制着各个仪表的显示、车内照明、汽车制动等功能。

同时电池能量管理系统还能精确地检测出电动汽车在使用过程中电池的消耗量，并能显示电池剩余量，能根据电动汽车当前行驶的状况，预测电动汽车的续航里程。当电池出现过充或过放、温度偏高等异常情况时，EMS 的专家诊断模块将会发出报警信号。随着电能管理系统技术的发展，EMS 越来越趋于智能化、人性化、小型化。

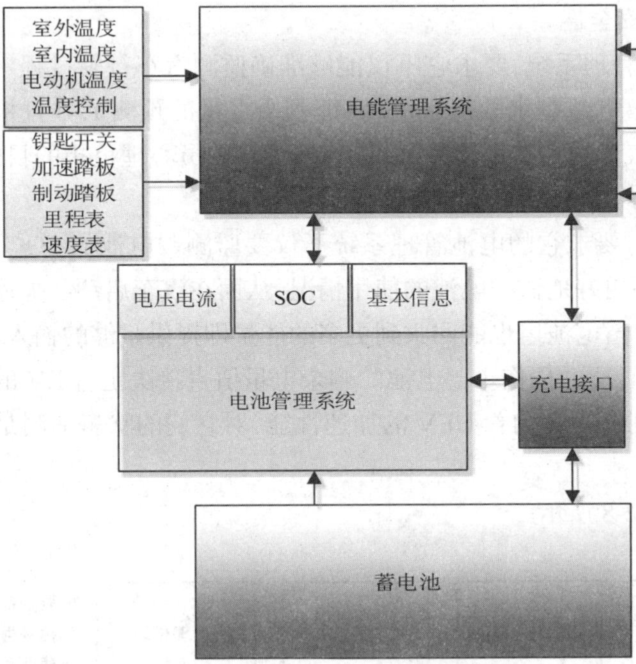

图 2-6　能量管理系统

2.2.2　电池管理系统

1. 电池管理系统基本概念

电池管理系统（图 2-7）是由电池电子部件和电池控制单元组成的电池管理装置。电池电子部件（Battery Electronics，BE）是采集和检测电池单体（集成）或电池模块（集成）的与电和热相关的数据，并将这些数据提供给电池控制单元的电子装置。电池控制单元（Battery Control Unit，BCU）是控制或管理电池系统电气或热性能，并可以与车辆上的其他控制器进行通信的电子装置。

图 2-7　电池管理系统

电动车电池管理系统可用来监控及有效管理电池组安全工作，提高电池的使用效率，使电池能够维持更好的状态，稳定工作，延长其使用寿命，降低运行成本，增加续航里程，进一步提高电池的可靠性和整车安全性。

对于纯电动汽车的电池管理系统，要求它不仅能够准确监测汽车行驶过程中消耗的电池能量，而且还要能够预测蓄电池剩余的电量信息（即剩余电量的预测），并且根据汽车当前的行驶状况，预测纯电动汽车的续航里程，从而达到减轻驾驶员心理负担的目的，以避免汽车半路抛锚，造成不必要的损失。

对于混合动力电动汽车，要求它的电池管理系统不仅要监测蓄电池的 SOC，而且还要预测蓄电池的功率强度，以便更好地监控电池的使用情况，从而在汽车启动和加速过程中提供足够的输出功率，在刹车时蓄电池组也能回收到更多的能量即提供足够的输入功率，并且还能保证不对电池组造成不必要的损伤。蓄电池的剩余电量值直接决定着 EV 的最大续航里程，而蓄电池的功率强度则直接影响着 HEV 的加速性能，对它们的状态估测是电动汽车研究的关键技术之一。

电池管理系统结构如图 2-8 所示。

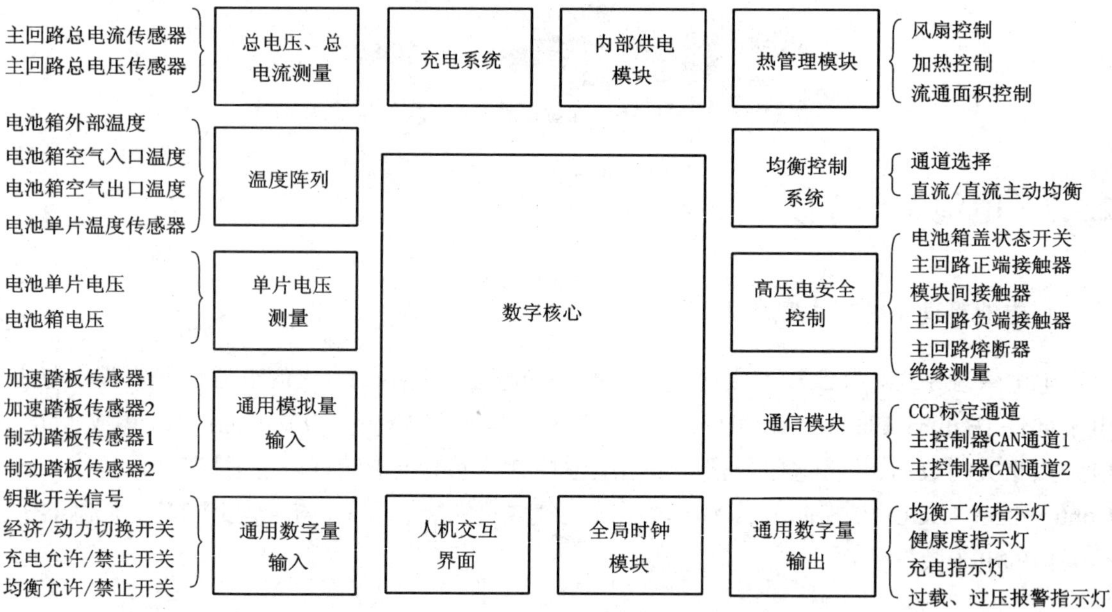

图 2-8 电池管理系统结构

2. 电池管理系统基本功能

电动汽车电池使用中其性能发挥得如何，除与电池模块自身性能有关外，还与其应用的功能有着密切的关系，尤其是电池模块质量不太理想的情况下，应用功能完备的电池管理系统的作用就更加突出。电池管理系统的正常工作会使电池模块的性能得以充分发挥，降低电池模块故障率，延长电池模块的使用寿命，增加电动汽车的使用安全感。因此，电动汽车电池管理系统的应用备受电动汽车设计者和使用者的重视。

电动汽车电池管理系统的功能如下。电动汽车中的电池管理系统是该车的一种相当重要的技术措施,它起到了对电池性能的保护、防止个别电池早期损坏、有利于电动汽车的运行及各种警告功能等。它参加电池箱内电池模块的监控工作,使电动汽车的运行、充电等功能与电池的有关参数(电流、电压、内阻、容量)紧密相连、协调工作。它有计算,发出指令、执行指令和提出警告的功能。电池管理系统(BMS)是动力电池与用户间的桥梁,主要监控电池的存储量、使用寿命、SOC 估算及安全性等。其基本任务是监控电池的充放电过程,提高电池的使用率,它不仅能精确地检测出电动汽车在使用过程中电池的消耗量,还能显示电池剩余电量,能根据电动汽车当前行驶的状况,预测电动汽车的续航里程。当电池发生过充或过放、温度偏高等异常情况时, BMS 的专家诊断模块将会发出报警信号。随着电池管理系统技术的发展,BMS 会越来越趋于智能化、人性化、小型化。

掌握锂离子电池基本特性的目的是为了研究出锂离子电池的管理策略,更好地保障电池使用安全、更充分地发挥电池性能。下面将从锂离子电池 SOC 的估算、锂离子电池的热管理、锂离子电池组绝缘检测和锂离子电池组充电模式等方面来研究电池的使用管理。

2.3　电池剩余容量

2.3.1　SOC 估算的意义

SOC 算法是电池管理系统的核心内容之一,如果知道了电池的荷电状态,不仅可以避免锂离子电池组的提前损坏,还可以对电池组的能量进行管理。准确、快速的 SOC 预测是电池管理系统追求的主要目标。具体来说,SOC 估算有以下四方面意义:

第一,根据电池的 SOC 值,可以识别电池组中各电池间的性能差异,并进行均衡充电,以保持电池性能的均匀性,最终达到延长电池寿命的目的;

第二,避免电池出现过充过放;

第三,能量管理策略根据准确的 SOC 值进行合理的能量分配,从而有效利用有限的能量;

第四,预测车辆的剩余行驶里程。

目前,动力电池的 SOC 准确估计问题已被列为“十三五” 863 计划节能与新能源汽车重大项目的主要研究方向之一。在该重大项目指导书中,明确提出“研究适用于电动车辆的动力电池 SOC 的估算方法,提高动态条件下的估算精度”,“SOC 估算误差小于 5%”。

2.3.2　SOC 定义及表示方法

进行电池组 SOC 估计的前提是对 SOC 有准确定义。目前较统一的是从电量角度定义 SOC,如美国先进电池联合会(USABC)在其《电动汽车电池实验手册》中定义 SOC 为:电池在一定放电倍率下,剩余电量与相同条件下额定容量的比值。通常 SOC 用百分数表示。当电池完全充满电时,定义其 SOC=100%;随着电池的逐渐放电,电池中电荷量逐渐减少,当

SOC=0 时表示电池电量全部放完。

定义 2.1 电池正常工作过程中的荷电状态具体表示为

$$\mathrm{SOC}=\frac{Q_t}{Q_0}\times 100\% \tag{2-2}$$

式中 Q_t——在 t 时刻电池的剩余容量，用 A·h 表示；

Q_0——电池的额定容量，即总容量。

如果在变电流工作情况下，一个充满电的电池以某一恒定的大电流放电至终止电压，放出了该恒流放电所能放出的电量；但如果再以较小的电流放电，则电池又能继续放电，考虑到这一情况，有下面的定义。

定义 2.2 当电池组以不同电流放电时，SOC 定义可以用数学表达式表示为

$$\mathrm{SOC}_I=\frac{Q_{I_t}}{Q_{I_0}}\times 100\% \tag{2-3}$$

式中 SOC_I——电流 I 放电时的 SOC；

Q_{I_t}——电流 I 放电时电池的剩余电量；

Q_{I_0}——电池容量。

定义 2.3 如果电池的初始荷电状态为 SOC_0，则电池的荷电状态 SOC 可以表示为

$$\mathrm{SOC}=\left(\mathrm{SOC}_0-\frac{Q}{Q_0}\right)\times 100\% \tag{2-4}$$

式中 Q——在某时刻电池放出的电量；

Q_0——电池的额定容量，即总容量。

定义 2.4 对于动态系统电池组的 SOC，电池的荷电状态可以表示为

$$\mathrm{SOC}_t=\mathrm{SOC}_0-\int_0^t\frac{\eta i(\tau)}{Q_0}\mathrm{d}\tau \tag{2-5}$$

式中 SOC_0——电池的初始荷电状态值；

SOC_t——t 时刻的荷电状态值；

η——充放电效率。

电池充电时 i 为正值，放电时 i 为负值。

定义 2.5 在电池的实际充放电过程中，电池的容量会受到温度、充放电倍率、自放电率和循环寿命次数等各种因素的影响，因此比较全面的荷电状态 SOC 计算式可以表示为

$$\mathrm{SOC}_t=\left(\mathrm{SOC}_0-\frac{\int_0^t i\mathrm{d}t+Q_{\mathrm{s}}+Q_{\mathrm{t}}}{\varepsilon Q_{\mathrm{n}}}\right)\times 100\% \tag{2-6}$$

式中 SOC_t——电池在 t 时刻的荷电状态值；

SOC_0——电池在初始状态的荷电状态值；

$\int_0^t i\mathrm{d}t$——在 0~t 的时间段内蓄电池以变电流 i 放电所释放的电量；

Q_s——电池在 0~t 的时间段内自身放电所损伤的电量；

Q_t——电池在 0~t 的时间段内受温度影响所损伤的电量；

Q_n——电池的标称容量；

ε——蓄电池由于受充放电倍率和循环寿命次数等因素的影响所产生的影响系数。

2.3.3　影响剩余容量的因素

动力电池的充放电过程是一个复杂的电化学过程，其剩余容量与电池本身的基本参数以及电池所处的环境有关，如充放电截止电压、工作电流、内阻、内部压强、温度、容量及充放电循环次数、自放电率等。

1. 温度

温度对电池容量的影响较大，随着电池温度的升高，电池内部化学活性物质活动增强，会有更多的化学能转化为电能，因此电池能放出更多的电量。在充电时，温度升高会使得电极电压更易达到电池电压的最大值，从而降低充电效果。在低温或大电流放电时，电池所能提供的容量将大幅减少。因此，温度变化会导致 SOC 估算的不准确。

温度对自放电影响很大，在 0 ℃以下电池容量几乎能保持不变，随着温度的升高，自放电速率明显增大。温度越高电池内部化学反应越活跃，自放电就越快；温度越低电池内部化学性能越稳定，自放电速度就越慢。

总之，温度对 SOC 的影响主要有如下两个方面。第一，非线性特性。温度对 SOC 的影响有大有小，但不论影响大小，它们之间的关系都是非线性的。因此要找出温度与 SOC 的对应关系必须用高次方程来模拟。第二，温度对 SOC 的影响不是固定不变的。

在实际应用过程中，可通过实验得出电池在几个温度点的放电有效量，利用这几个点进行分段曲线拟合，得出在不同温度下的电池容量曲线。最后折算出相同温度下的等效容量，即可完成电池容量的温度补偿。

2. 电池内阻

电池内阻包括欧姆内阻和极化内阻两部分。欧姆内阻与电池大小、结构及装配等因素有关。极化电阻是在电池充放电过程中，正负两极进行电化学反应时产生的内阻。电池的内阻随着温度和电池剩余电量的变化而变化。

3. 自放电率

电池的自放电是指电池在存储期间容量自减少的现象。自放电率用单位储存时间内自放电损失的容量占储存前容量的百分数表示。影响自放电的因素有温度、电池剩余电量等，在温度越高 SOC 越大的情况下会加速电池的自放电。对于不同类型的电池，自放电速度也不一样，而且不同类型的电池，影响自放电的主要因素也不完全一样。一般，镍氢电池的自放电率为每月 20%~25%，锂离子电池的自放电率为每月 2%~5%。

实际应用时，可根据厂家提供的不同温度下的自放电率，采用线性插值近似计算自放电率，然后依据电池的环境温度及静置时间来计算自放电损失的电量，从而修正电池的剩余电量。

4. 电池组的循环寿命

动力电池的充放电周期是指经历一次充电和放电的时间。当电池的放电容量衰减到初始容量的 70% 左右时（不同电池有不同的规定），电池经历的充放电周期数就是电池的循环使用寿命。实验证明，锂离子电池的循环寿命一般在 500~1 000 次。随着电池使用时间的增长，电池的循环寿命会降低，此时的电池组容量也会随之下降，即使不考虑电池老化的因素，对剩余电量的估算也会越来越不准确。

因此，为获得更好的使用效果，要对其进行补偿处理。随着使用时间的增长，动力电池组容量会下降，而且内阻也会增大。查阅大量文献资料后发现，容量下降和内阻增大的这种趋势与电池组的 SOH 之间存在相对稳定的函数关系，所以电池组的健康状态可以通过电池组的容量与内阻等信息来确定。如前所述，在线测量电池组的内阻十分困难，实际的工程应用中，常常采用离线方法找到电池组的健康状态与容量之间的对应关系，并依此校正电池组的容量。

5. 放电倍率

图 2-9 为中航 CA180FI 型锂离子电池在不同放电电流下的放电曲线。由图可知，在不同的放电电流（即放电倍率）下，锂离子电池的起始电压和截止电压都是不相同的。其中，放电电流越大，化学能转变为电能时的效率越低，起始电压和截止电压越小，电池所能够放出的电量也越少，反之则电压越大放出的电量也越多。因此，在涉及电池容量时，必须指明放电率。

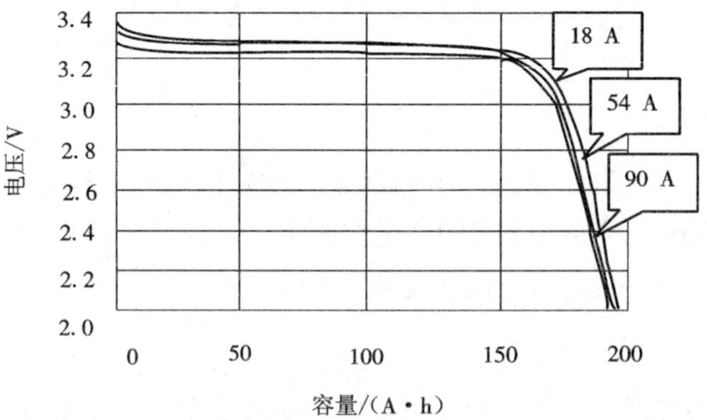

图 2-9　CA180FI 型锂离子电池在不同放电电流下的放电曲线

定义 C_r 是电池在标准电流 I 下的剩余电量，C_t 为标准电流 I 下放出的总电量，C_n 为电池实际的放电量折算为电流 I 时的电量，那么

$$C_n(t)=\int_0^t \eta i(t)\mathrm{d}t \tag{2-7}$$

$$C_r=C_t-C_n \tag{2-8}$$

式中　η——电池的充放电效率，该系数除了可通过大量的实验数据得到外，还可以使用普克特（Peukert）提出的经验方程计算得出

$$I^n \cdot t=K \tag{2-9}$$

或

$$C=K \cdot I^{1-n} \tag{2-10}$$

式中　C,I,t——电池容量、工作电流和放电时间；

n,K——与电池相关的数值。

从 Peukert 方程可以推导出放电效率

$$\eta=\frac{C_I}{C_i}=\left(\frac{i}{I}\right)^{n-1} \tag{2-11}$$

式中　C_I——在标准放电电流 I 下的放电量；

C_i——在放电电流 i 下的放电量。

除上述提到的影响因素外，电池组内部单体电池间性能参差不齐，电池管理系统的自身电量消耗等因素，也会对电池容量产生不同程度的影响。总之，要精确地估计出电池的剩余电量信息，就需要充分考虑上述因素的影响。

2.3.4　SOC 估算方法

电池 SOC 直接反映了电池组的剩余容量，是评估电池组性能的重要指标。同时对于电动汽车而言，一方面电动汽车要求准确估计电池 SOC，从充分发挥电池能力和提高安全性两个角度对电池进行高效管理，以进一步提高整车性能；另一方面，电动汽车电池在使用过程中表现的高度非线性，使准确估计 SOC 具有很大难度。这促使电动汽车电池 SOC 估计的研究工作不断深入，新方法不断出现。近年来实时 SOC 估算已成为国内外众多学者的研究宠儿。估算 SOC 策略的大体思路是通过测量电池电压、电流、温度等能够测量的外部直观量来估算电池的 SOC 值。研究人员为了提高电池组 SOC 估算的准确性做了大量研究工作，目前 SOC 估算方法大致可划分为两大类：一类是比较传统的 SOC 估算方法，如负载放电法、安时积分法、电动势法、内阻法以及电化学阻抗频谱法等；另一类则是结合较新颖的高级算法对 SOC 进行估算，比较典型的包括卡尔曼滤波法、神经网络法以及基于模糊理论的 SOC 估算方法等。实际上，各种智能算法和新型算法不够成熟，有些复杂算法在单片机系统上难以实现，单纯采用某一种方法估算出的 SOC 往往并不是很理想。为了更准确地估算 SOC，在算法中还需要考虑对电池的温度补偿、自放电和老化等多方面因素，这也加大了算法的复杂程度。因此目前的很多研究都倾向于将多种方法结合起来对 SOC 进行估算，从而达到各取所长、优势互补的效果。以下针对几种常见的 SOC 估算方法进行简要介绍。

1. 负载放电实验法

放电实验法是最可靠的SOC估计方法，采用恒定电流进行连续放电，放电电流与时间的乘积即为剩余电量。放电实验法在实验室中经常使用，适用于所有电池，但它有两个显著缺点：①需要大量时间；②电池进行的工作要被迫中断。放电实验法不适合行驶中的电动车辆，可用于电动车辆电池的检修。

2. 安时积分法

安时积分法实际上是一种基于“黑箱”原理而设计的方法，把电池看作一个整体即“黑箱”。“黑箱”与外部进行能量的交换，通过对进出“黑箱”的电流在时间上进行积分从而记录“黑箱”能量的变化。由于只需要计量进出电池的电能，不必考虑“黑箱”内部状态的变化和其他因素的影响，故该方法简单易行。但由于下面原因使其在电动车上的应用受到较大限制。

（1）只适合于SOC起始状态固定的场合，此时SOC初始值固定不变，而电动汽车的动力电池可能在任何一个SOC时开始工作，以至于在初始计量的时候误差就已经很大。

（2）只适合于稳定负载的场合，此时可以近似认为电池“黑箱”内部状态不变，而电动汽车的动力电池经常工作在剧烈的电化学反应过程中，电池状态瞬息万变，客观因素如环境温度对电池工作影响也很大。这些因素都会影响电池的充放电效率，致使SOC估算误差很大。

安时积分法是最常用的SOC估计方法。如果充放电起始状态为SOC_0，那么当前状态的SOC为

$$SOC = SOC_0 = \frac{1}{C_N}\int_0^t \eta i(\tau)d\tau \qquad (2\text{-}12)$$

式中 C_N——额定容量；

I——电池电流；

η——充放电效率，不是常数。

安时积分法应用中的问题有：电流测量不准，将造成SOC计算误差，长期积累，误差越来越大；要考虑电池充放电效率；在高温状态和电流波动剧烈的情况下，误差较大。电流测量可通过使用高性能电流传感器解决，但成本相应增加；解决电池充放电效率要通过事前大量实验，建立电池充放电效率经验公式。安时积分法可用于所有电动车辆电池，若电流测量准确，有足够的估计起始状态的数据，它便是一种简单、可靠的SOC估计方法。

3. 开路电压法

开路电压（Open-Circuit Voltage，OCV）法，就是当电池的工作电流为零的情况下，即电池处于静置状态时，通过测量电池的开路电压来估算电池的荷电状态。

通常认为，电池处于静置状态时，其开路电压（OCV）等于其电动势（Electromotive

Force，EMF)，实际上电池开路电压并不完全等同于电池电动势，开路电压还与温度等因素有关。一般在忽略电池老化程度对其 SOC 影响的情况下，认为在不同的老化程度下，电池具有相同的 SOC-EMF 曲线。通过实验可以确定这条曲线。并且 SOC 在 0~100% 任意值都存在唯一 EMF 与之对应。铅酸蓄电池电动势是电解液浓度的函数，电解液密度随电池放电成比例降低，用开路电压可估计 SOC。MH/Ni 电池和锂离子电池的开路电压与 SOC 关系的线性度不如铅酸电池好，但其对应关系也可以估计 SOC，尤其在充电初期和末期效果较好。

开路电压法的显著缺点是需要电池长时间静置，以达到电压稳定，电池状态从工作恢复到稳定，需要几个小时甚至十几个小时，这给测量造成困难；静置时间如何确定也是一个问题，所以该方法单独使用只适用于电动车辆驻车状态。开路电压法在充电初期和末期 SOC 估计效果好，常与安时积分法结合使用。

4. 负载电压法

电池放电开始瞬间，电压迅速从开路电压状态进入负载电压状态，在电池负载电流保持不变时，负载电压随 SOC 变化的规律与开路电压随 SOC 变化的规律相似。负载电压法的优点是：能够实时估计电池组的 SOC，在恒流放电时，具有较好的效果。实际应用中，剧烈波动的电池电压给负载电压法应用带来困难。解决该问题，要贮存大量电压数据，建立动态负载电压和 SOC 的数学模型。负载电压法很少应用到实车上，但常用来作为电池充放电截止的判据。

5. 内阻法

电池内阻有交流内阻(impedance，常称交流阻抗)和直流内阻(resistance)之分，它们都与 SOC 有密切关系。电池交流阻抗为电池电压与电流之间的传递函数，是一个复数变量，表示电池对交流电的反抗能力，要用交流阻抗仪来测量。电池交流阻抗受温度影响大，是对处于静置后的开路状态电池，还是对充放电过程中的电池进行交流阻抗测量，存在争议，所以交流内阻法很少用于实车。直流内阻表示电池对直流电的反抗能力，等于在同一很短的时间段内，电池电压变化量与电流变化量的比值。实际测量中，将电池从开路状态开始恒流充电或放电，相同时间里负载电压和开路电压的差值除以电流值就是直流内阻。铅酸蓄电池在放电后期，直流内阻明显增大，可用来估计电池 SOC；镍氢电池和锂离子电池直流内阻变化规律与铅酸蓄电池不同，应用较少。直流内阻的大小受计算时间段影响，若时间短于 10 ms，只有欧姆内阻能够检测到；若时间较长，内阻将变得复杂。准确测量电池单体内阻比较困难，这是直流内阻法的缺点。内阻法适用于放电后期电池 SOC 的估计，可与安时积分法组合使用。

6. 线性模型法

该方法是基于 SOC 变化量、电流、电压和上一个时间点 SOC 值，建立的线性方程：

$$\Delta \mathrm{SOC}(i)=\beta_0+\beta_1 U(i)+\beta_2 I(i)+\beta_3 \mathrm{SOC}(i-1) \tag{2-13}$$

$$\mathrm{SOC}(i)=\mathrm{SOC}(i-1)+\Delta \mathrm{SOC}(I) \tag{2-14}$$

式中 SOC(i)——当前时刻的 SOC 值；

ΔSOC(i)——SOC 的变化量；

U,I——当前时刻的电压与电流；

β_0,β_1,β_2,β_3——利用参考数据，通过最小二乘法得到的系数，没有特别的物理含义。

上述模型适用于低电流、SOC 缓变的情况，对测量误差和错误的初始条件，有很高的鲁棒性。线性模型理论上可应用于各种类型和处在不同老化阶段的电池，但目前只查到其在铅酸蓄电池上的应用，在其他电池上的适用性及变电流情况的估计效果需要进一步研究。

7. 神经网络法

电池是高度非线性的系统，对其充放电过程很难建立准确的数学模型。神经网络具有非线性的基本特性，具有并行结构和学习能力，对于外部激励，能给出相应的输出，故能够模拟电池动态特性以估计 SOC。估计电池 SOC 常采用 3 层典型神经网络层：输入、输出层神经元个数由实际问题的需要来确定，一般为线性函数；中间层神经元个数取决于问题的复杂程度及分析精度。估计电池 SOC，常用的输入变量有电压、电流、累计放出电量、温度、内阻、环境温度等。神经网络输入变量的选择是否合适，变量数量是否恰当，直接影响模型的准确性和计算量。神经网络法适用于各种电池，缺点是需要大量的参考数据进行训练，估计误差受训练数据和训练方法的影响很大。

8. 卡尔曼滤波法

卡尔曼滤波理论的核心思想是对动力系统的状态做出最小方差意义上的最优估计。应用于电池 SOC 估计，电池被看成动力系统，SOC 是系统的一个内部状态。电池模型的一般数学形式如下。

状态方程：

$$\boldsymbol{x}_{k+1}=A_k\boldsymbol{x}_k+B_k\boldsymbol{u}_k+\boldsymbol{w}_k=f(\boldsymbol{x}_k,\boldsymbol{u}_k)+\boldsymbol{w}_k \tag{2-15}$$

观测方程：

$$\boldsymbol{y}_k=c_k\boldsymbol{x}_k+\boldsymbol{v}_k=g(\boldsymbol{x}_k,\boldsymbol{u}_k)+\boldsymbol{v}_k \tag{2-16}$$

式中 $\boldsymbol{u}_k$——系统的输入向量；

$\boldsymbol{y}_k$——系统的输出向量；

$\boldsymbol{x}_k$——系统的状态向量；

A,B——系统参数，对于多模型系统，它们为矩阵。

$\boldsymbol{w}_k$,$\boldsymbol{v}_k$——过程和测量的偏差，它们被假设成高斯白噪声（White Gaussian Noise）。

系统的输入向量 $\boldsymbol{u}_k$ 中，通常包含电池电流、温度、剩余容量和内阻等变量，系统的输出向量 $\boldsymbol{y}_k$ 通常为电池的工作电压，电池 SOC 包含在系统的状态向量 $\boldsymbol{x}_k$ 中。$f(\boldsymbol{x}_k,\boldsymbol{u}_k)$和 $g(\boldsymbol{x}_k,\boldsymbol{u}_k)$都是由电池模型确定的非线性方程，在计算过程中要进行线性化。估计 SOC 算法的核心，是一套包括 SOC 估计值和反映估计误差的、协方差矩阵的递归方程，协方差矩阵用来给出估计误差范围。这一方程是在电池模型状态方程中，将 SOC 描述为状态矢量的依据：

$$\mathrm{SOC}_{k+1}=\mathrm{SOC}_{k}-\frac{\eta(i_k)i_k\Delta t}{c} \tag{2-17}$$

卡尔曼滤波方法估计电池 SOC 的研究近年才开始。该方法适用于各种电池，与其他方法相比，尤其适合于电流波动比较剧烈的电动车辆电池组 SOC 的估计，它不仅给出了 SOC 的估计值，还给出了 SOC 的估计误差。但是该方法缺点是算法过于复杂，对系统计算能力要求较高，目前还没有进入实用化阶段。整合上述估算方法，优缺点总结见表 2-2。

表 2-2　SOC 估算方法总结

估算方法	描述	优点	缺点
负载放电实验法	最可靠的 SOC 估计方法，采用恒定电流进行连续放电，放电电流和放电时间的乘积即为剩余容量	方法简单可靠，估算精度高	花费时间长；测量时电池需要处于脱机状态，无法在线实时测量，不适合行驶中的电动汽车，可用于电动汽车电池的检修
安时积分法	目前唯一较准确计算电池组 SOC 的方法，通过对电池充放电时准确的电流积分来估算	有足够的估算起始点可供查表使用，是一种简单、准确、可靠、适用范围广的方法	需要较多的电池先验知识，需要精确计算充电效率或放电倍率；存在累计误差；对干扰比较敏感，受温度、充放电效率影响较大
开路电压法	通过电池在充分静置之后测得的开路电压和电池放电深度之间的相对单调、固定的对应关系来估算 SOC	实时采样电池放电时的端电压，查表求 SOC，方法简单易行，可以直接比较准确地得到 SOC	正相关性容易受温度、静止时间等因素的影响；需要大量的电池充放电试验来存储足够多的典型数据；电池需要长时间静置，不能用于动态估算电池的 SOC
负载电压法	电池充放电过程中，测量电池端电压和电流，计算开路电压，实现实时在线测量	能够实时估计电池组的 SOC，在恒流放电时，具有较好的效果	要求准确建立 SOC-OCV 曲线；要求准确建立电池模型；要求准确计算电池模型中的各阻抗参数
直流内阻法	直流内阻在 SOC 处于 50% 以下时，呈负相关性	理论简单，易操作，只考虑电池放电电流和内阻两个基本因素；在电池放电后期具有较高的精度和较好的适应性	当 SOC 处于 50%~80% 时不适用；直流内阻很小，准确测量困难；受其他很多非线性因素的影响；SOC 与电阻参数之间的关系复杂，对电池模型要求精确，用传统的数学方法很难建模
线性模型法	基于电流、电压、SOC 变化量和上一时点 SOC 值的线性方程	理论上可应用于各种类型和处在不同老化阶段的电池	只适用于低电流、SOC 缓变的情况；目前只在铅酸蓄电池上应用
神经网络法	通过模拟电池的动态特性来估算电池的 SOC	快速方便，具有较高的精度，可以根据现场的工况来确定电池的 SOC；适用范围广	精确的数学模型很难建立，需要大量的参考数据来进行训练，学习速度慢，训练时间长；估计误差受训练数据和训练方法的影响很大；算法复杂，对硬件要求较高
卡尔曼滤波法	将电池看作动力系统，将 SOC 作为系统的一个内部状态做出最小方差意义上的最优估计	可以得到 SOC 的估计值，并给出 SOC 的估算误差，在估算过程中能保持很好的精度，对噪声具有很强的抑制作用	需要建立准确的电池模型；计算量较大，内部参数确定困难

2.4　电池的健康状态

电池的寿命是指电池在使用中，性能满足一定要求的使用时间或使用次数。将电池出厂的时间定义为电池的寿命起点（Begin of Life，BOL），将电池在一定条件下可用容量减少到额定容量某一比例的时间定义为寿命终点（End of Life，EOL），则可将BOL和EOL之间的时间或电池使用的循环次数，定义为电池的寿命。实际使用中，EOL常定义为电池可用容量衰减至额定容量的80%的时刻。实验研究中，常用“使用寿命”和“循环寿命”表征电池的寿命特征，其中使用寿命表示电池在一定的静置条件下，从BOL到EOL之间的静置时间；循环寿命表示电池在一定的工况循环条件下，从BOL到EOL之间的循环次数。

随着电池的老化，电池的剩余可用时间（或剩余可用循环次数）会逐渐减少。理论上，电池剩余可用时间（或剩余可用循环次数）等于电池寿命减去已经使用的时间（或循环次数），所以已经使用的时间（或循环次数）可以作为电池老化程度的一个度量，但动力电池真实使用的工况远比实验室的测试工况复杂得多，电池的老化程度与电池已经使用的时间（或循环次数）并不完全线性相关，因此需要一项合理的指标来评价电池的老化程度。

电池的健康状态（State of Health，SOH）是一项表征电池性能衰减状态的指标，与老化、电池组的一致性等因素相关，当只考虑老化的影响时，可用SOH来表示电池的老化程度。SOH也称为健康度、寿命状态，也有学者称之为老化情况、劣化程度或者落后电池，文献中叫法不一，但表达的意思基本上是一样的。

电池的健康状态描述的是一个缓慢的、不可逆的变化过程，随着循环使用次数的不断增加，单体电池之间SOH差异也将随之突出。如果能够及时跟踪监测电池组的SOH情况，准确估计电池组的健康状况，据此采取相应的处理措施，对健康状态下降达到临界值的单体电池予以更换，确保电池组工作在最优状态，则可以极大地延长整个电池组的可用时间，节约成本，可以有效促进电动汽车的实用化。

电池组的SOH反映了电池组的安全性能和容量衰减程度，主要描述参数有总容量的衰减、电池内阻的变化、系统的绝缘阻抗等。实时监控电池的SOH，随时了解每块电池的健康状况，延长电池组使用寿命，保证电池组的整体充电与放电性能；准确估算电池SOH可以提高电池SOC估算精度，对于整车控制性能的提高和续航里程的预测具有重要意义；电池的SOH可以为动力电池组均衡技术研发提供基础数据，电池间均衡的标准有电压、内阻、容量等，SOH能够准确反映出电池当前的容量能力，因此SOH精确估算可为电池间的均衡控制策略的制定提供依据；最后根据电池的SOH还可以预估电池的剩余循环次数，及时通知用户和电池厂家做好更换电池的准备。

2.4.1　SOH定义及估算方法

电池的健康状态SOH，是指在一定条件下，电池所能充入或放出电量与电池标称容量的百分比，其反映电池的整体性能以及电池放电的能力。SOH 以百分比的形式表现了当前电池的容量能力，对一块新的电池来说，其 SOH 值一般是大于 100% 的，随着电池的使用，电池在不断老化，SOH 逐渐降低，在《用于站用阀控铅酸（VRLA）蓄电池的维护、测试和更换方法》（IEEE std 1188—1996）标准中有明确规定，当动力电池的容量能力下降到 80% 时，即 SOH 小于 80% 时，就应该更换电池。该定义适合描述纯电动汽车的健康状况，因为纯电动汽车应用基本上是全充全放，每个充放电循环后便于相互比较。简单来讲，也就是电池使用一段时间后某些直接可测或间接计算得到的性能参数的实际值与标称值的比值，用来判断电池健康状况下降后的状态，衡量电池的健康程度，其实际表现在电池内部某些参数（如内阻、容量等）的变化上。根据电池特征量定义电池健康状况的方法如下。

从电池剩余电量的角度定义 SOH：

$$\mathrm{SOH}=\frac{C_\mathrm{M}}{C_\mathrm{N}} \tag{2-18}$$

式中　C_M——测量容量；

C_N——电池的标称容量。

判断电池的健康状态或者使用情况也可以通过电池的其他一些性能参数（如内阻、电容等）的状态来表示。简单来说，电池的 SOH 也就是电池在使用一段时间后某些直接可测或间接可计算得到的性能参数的实际值与标称值的比值。例如，根据电池内阻来定义电池 SOH，其定义可表示为

$$\mathrm{SOH}=\frac{R_\mathrm{EOL}-R}{R_\mathrm{EOL}-R_\mathrm{new}} \tag{2-19}$$

式中　R_EOL——电池容量下降到 80% 时的电池内阻；

R_new——新电池的内阻；

R——电池目前的内阻。

对电池健康状态的研究始于 20 世纪 90 年代，初期的研究主要针对铅酸蓄电池，近些年来，针对锂离子电池健康状态的研究也开始逐渐增多。从电池老化的机理可知，电池的衰老伴随着内部物理参数的改变，这为 SOH 的估计提供了一条可行的路径。例如使用电化学阻抗谱（Electrochemical Impedance Spectroscopy，EIS）等手段测量电池参数，寻找它们与电池使用时间的联系，并据此估计电池的 SOH。

对于电池 SOH 的估计，传统方法主要有：直接放电法、内阻法、模型法、电压曲线模型法、容量衰减法、阻抗测试法、双脉冲测试法、化学分析法等。

1. 直接放电法

估算电池 SOH 的最直接的方法是让单体电池实际放电一次，测试放出的电量与电池额定容量之比来计算电池的 SOH。目前利用负载对单体电池 SOH 的评价是业内唯一公认的可靠方法，但这种方法也存在一些缺点：测试电池需要离线，这对车用动力电池来说实现困难；需要笨重的测试负载，操作不便；大电流放电需要人力看管；测试时间很长，用 0.1C 标准

放电率放电测试需要 10 h。

2. 内阻法

内阻法主要是通过建立内阻与 SOH 之间的关系来估算 SOH 的，大量论文都已说明电池内阻和 SOH 之间存在确定的对应关系，可以简单地描述为：随电池使用时间的增长，电池内阻在增加，将影响电池容量，从而可以估算 SOH。上海同济大学做过类似研究，认为 SOH 与内阻是对应变化的，对 SOH 进行了如下重新定义：

$$\mathrm{SOH}=\frac{R_{\mathrm{EOL}}-R_{\mathrm{now}}}{R_{\mathrm{EOL}}-R_{\mathrm{new}}}\times 100\% \tag{2-20}$$

式中 R_{now}——电池当前的内阻；

R_{new}——电池出厂时的内阻；

R_{EOL}——当电池容量下降到 80% 时的电池内阻。

此时，SOH 分布在 0~100%，一块新电池的 SOH 为 100%，报废电池的 SOH 为 0。这种方法也存在一些缺点：经研究，当电池容量下降 25% 或 30% 后，电池内阻才会有较明显的变化，而标准中规定当电池容量下降到 80% 时电池就应该被更换，所以想要通过这种方法实时估算电池的 SOH 难度较大，而且电池内阻很小，一般是毫欧级，属于小信号，要想准确测量电池内阻也比较困难。目前这种方法还没有得到实际的应用。

3. 模型法

这种方法的主要思想是分析电池内部所发生的化学反应，以此为基础建立电池的模型，用此模型来计算电池容量的衰减，从而得出电池的 SOH。当量子力学这一学说应用到化学动力学之后，化学反应这一微观过程有了新的论证，从而形成了过渡状态理论，如艾林方程：

$$\frac{\mathrm{d}M}{\mathrm{d}t}=\frac{KT}{hc^{e}}e^{\Delta^{w}S^{\ominus}/R}e^{\Delta^{w}H^{\ominus}/RT} \tag{2-21}$$

式中 M——电池容量的衰减量；

t——电池的使用时间，在动力电池系统中可以用充放电的循环次数来表征；

$\Delta^{w}H^{\ominus}$——活化焓；

$\Delta^{w}S^{\ominus}$——活化熵；

h——普朗克常数；

K——玻尔兹曼常数；

R——摩尔气体常数；

c^{e}——标准浓度。

这种方法需要认真分析电池内部化学反应，并知道电池一些固有参数，如活化焓、活化熵等，而且运用之前也需要做大量关于电池寿命的实验，实验量大。目前来说此种方法难度较大，耗时较长。

4. 电压曲线模型法

这种方法不需要电池的一些固有参数，随着电池健康度的衰减，电池的外部电压在一定的 SOC 下会有一定的减小，这就可以在电池容量的不同阶段绘制出电池健康度与电压变化的曲线。这种方法相对比较简单，成本低，但是估算电池的 SOH 精度不太高，只能做粗略的估算。

5. 阻抗测试法

阻抗测试法是一种较复杂的方法，其主要思想是向电池施加多个正弦信号，这些信号的频率是不同的，然后运用模糊理论对已采集到的数据信息进行分析，预测电池的当前性能。电气和电子工程师协会（Institute of Electrical and Electronics Engineers，IEEE）在 1992 年 5 月制定了一项标准化方案，该方案的内容是将以前传统的电池电压电流测试方法改为常用的电池交流阻抗测试，之前有许多的研究成果以及实验数据表明，电池的阻抗大小可以不同程度地反映电池性能的好坏等一些重要信息。而阻抗测试法则是利用电池在工作过程中的阻抗变化来预测电池使用寿命。为了准确预测电池寿命，需要对电池的阻抗达到精确预测。曾有人提出一种比较精确的电池状态观测器（Battery Condition Watcher）方法，此方法通过对电池的电压、电流以及温度进行监测，并将所得到的数据进行存储，可对电池寿命状态 SOH 进行准确预测。这种方法表明，电池的阻抗在不同频率下所表现的特性是不一样的，在低频率（$f<1$ Hz）的激励下，电池的阻抗呈现比较发散的状态，此时阻抗并不能准确对应电池的劣化程度 SOH，故不能通过此频段来预测。但是在高频段中，电池的电抗占据主要因素，且随着频率的增大其表现越发明显。特别是在频率 1~100 Hz 的时候，电池劣化程度与电池阻抗有着比较显著的关系。但这种方法还有很多限制，它会因为周围环境的变化而产生差异性，很容易受到外界影响。用此方法之前，需要做大量的数据采集与分析，以获取此款电池的特性，而且还需要较扎实的关于阻抗及阻抗谱的理论知识，除此之外造价也较高。此种方法目前也不适合纯电动汽车。虽说这种方法并不能满足实际应用，但是从测量原理以及准确度上讲，它还是有一定的研究价值的。

6. 双脉冲放电法

双脉冲放电法的基本思想是，在相同的放电脉冲电流的作用下，测量第二个脉冲放电引起的电池电压跌落值，并最终根据这个电压跌落估算电池的 SOH。之所以要采用两个脉冲，主要是利用第一个脉冲来消除放电前电池未知的历史状态的影响。研究表明，首先，对同一电池，在一定倍率的放电电流作用下，在 SOC 大于 40% 的放电阶段内，从第二个放电脉冲起，电压跌落幅值基本为一个定值。其次，经过对具有相同电压规格，不同可用容量的同一型号的电池的实验测试，可得到如下结论：对处于各种 SOH 状态的蓄电池而言，其电压跌落幅值与放电倍率之间的关系是基本一致的，而且是一个近似的线性关系。根据这个结论，可将老化的电池看作是小容量的新电池，其依然满足此关系，于是便可据此关系估算出电池的 SOH。

7. 化学分析法

化学分析法是通过观察电极板腐蚀情况，或者是测量电解液的密度变化，进而对电池的SOH进行判断的。该方法最大的缺点是电池组整体是密封的，而该方法必将破坏电池结构，使被测电池不能继续使用。

除了上述方法外，近年来，国内外学者运用了多种研究方法来估算SOH，包括卡尔曼滤波、模糊逻辑、支持向量机、隐藏马尔可夫链、贝叶斯方法、滑膜控制、人工神经网络等。不管是哪种方法，就目前来说，都很难对电池的SOH做到精确估算。电池的健康度是一个很复杂的现象，但同时它又是电池管理系统中非常重要的一部分，所以研究电池的SOH对实际应用来说非常有意义。

2.4.2　锂离子电池SOH的表征参数

锂离子动力电池的健康状况能够反映在电池自身的一些特征参数上，因此，要实现对锂离子动力电池SOH的准确估计，可以通过锂离子动力电池内部特征参数变化情况做出判断。对于电池管理系统来讲，可以根据估计某个或者某几个参数联合的变化情况来判断电池的健康状况，因此，有必要对锂离子电池的特征参数进行分析，并通过比较得到与锂离子电池SOH联系最为紧密的表征参数，作为电池SOH的估计量值，以便通过表征参数建立电池的健康状况估计模型。

1. 电池电压

电池正常工作时的电压被称为额定电压，它通常是电池管理系统实时监测的重要参量之一，并且可以通过获取电池电压数据间接估计其他参量。电池电压并不是一个固定值，在循环充放电使用过程中会有所变化，一旦电压出现过低或过高，说明电池的健康状况有所变化。

2. 电池电流

电池的电流与电压性质相同，也是电池管理系统实时监测的重要参量之一。在电池工作过程中，电流应保持在允许的范围内，一旦电流过高或过低，说明电池的健康状况发生了变化。

3. 自放电率

电池充满电以后，在常温下搁置期间，由于内部自发反应而使电容量出现自然衰减，减少容量与额定容量的比例称为自放电率。电池自放电率会随着电池循环使用次数的增加而逐渐增大，一旦电池的自放电率超过允许范围，说明电池的健康状况恶化，电池寿命衰减。

4. 电池内部温度

电池放电过程中由于内部损耗会产生一定的热量，使电池内部温度有所升高，随电池内部温度升高，电池容量、内阻以及充放电情况都有所变化，当温度超过了电池所限制的最高温度时，会破坏其内部化学平衡，使电池材料腐蚀老化，电池寿命下降。另外如果电池在正常条件下使用，当内部温度出现异常时，说明电池本身的内部特性发生了改变。因此，通过测量电池在工作中的内部温度也可以对电池的健康状况做出判断。

5. 荷电状态

电池的 SOC 是指在一定的放电倍率条件下，剩余电量与相同条件下额定容量的比值，是电池的状态量之一，也是体现电池健康状况的特征参数。在电池反复充放电使用过程中，相同的条件下，如果电池的 SOC 高于或低于设计限制，说明电池健康状况有所变化。

6. 额定容量

在一定的放电条件下，可以从电池中获得的电量被称为电池容量，电池容量通常分为理论容量、额定容量和实际容量，一般用额定容量来衡量电池的放电能力。锂离子动力电池的额定容量直接决定电动汽车的行驶里程，如果额定容量衰减，电动汽车的行驶里程也会缩短，因此电池额定容量的衰减程度是电池健康状况的重要表征，可以作为衡量电池健康状况的重要参量，当容量值低于某一值时可视为电池的寿命终止。锂离子电池循环使用过程中其额定容量会逐渐衰减，当容量衰减到影响电池正常使用时，锂离子电池将会被淘汰，如果是电池组中某块或者某些单体电池容量出现严重衰减，就需要对其进行更换。

7. 内阻

电池工作时电流流过电池内部所受到的阻力称为内阻。任何电池都有一定的内阻，并且电池内阻不是常数，会随着反复充放电而不断增大，这是一种必然趋势，原因是电池内部活性物质活性降低、电极材料老化等变化都会导致电池内阻增大，电池内阻增大会导致电池工作电压降低，放电时间缩短。另外，在电池工作过程中会有一部分能量消耗在电池内阻上，并且能量损失会随着电池内阻的增大而增大，损失的能量会造成电池内部温度升高，也同时加速了电池寿命衰减，因此电池内阻可以表征电池健康状况。实际上电池内阻分为欧姆内阻和极化内阻，欧姆内阻由电极材料、电解液、隔膜电阻以及各部分零件的接触电阻组成，而极化内阻是指电池内部电化学反应中由极化引起的内阻，电池内阻的变化绝大部分由欧姆内阻引起，因此估计电池健康状况时主要关注电池欧姆内阻的变化情况。

通过上述分析，电池本身的电压、电流、内部温度、SOC、额定容量以及内阻都与电池的健康状态有一定关系，通过这些参量的变化情况可以对电池状态做出判断。在电池工作过程中，电流及电压的测试比较容易，但它们只能片面说明电池的健康状况，原因是它们有可能受到其他因素的影响，因此达不到估计锂离子电池 SOH 的要求，但它们可以作为间接估计电池 SOH 的参量；电池的自放电率一般变化不十分明显，并且测量过程十分复杂，用于估计锂离子电池 SOH 难度较大；对于测量电池内部温度大小，目前还没有传感器能够在锂离子电池工作状态下测量其内部温度值，通过它估计 SOH 理论上可行，但实际操作却有难度；对于 SOC 估计目前比较成熟，但是一般不用于衡量电池健康状况，相反，电池的 SOH 还被作为估计电池 SOC 的重要参考，以提高电池 SOC 的估计精度；充分考虑电池的电化学特性，电池内阻以及额定容量的变化直接与 SOH 相关，是体现电池健康状况的最直接的特征参数，并且内阻和额定容量也最适合作为电动汽车上动力电池组 SOH 的估计，原因是纯电动汽车对于动力电池的使用基本上是全充全放状态，实际上最关心的是电池的额定容量，而混合动力汽车使用的是动力电池中间部分的荷电状态，无法检测电池容量，其最关心的是动力电池输出功率大小变化，功率特点可以通过内阻来反映，所以在混合电动汽车的应用中更多是以电池内阻来反映电池的 SOH 的。

2.4.3 影响电池健康度的因素

电池健康度的直接体现是电池寿命的变化，电池寿命的减短就是电池充放电能力的减弱，电池容量的减小。电池的容量损失可以分为两部分，一部分是可以恢复的，如在电池自放电的过程中，电池会损失一部分容量，但是这部分损失的容量可以通过充电来恢复；另一部分是不能恢复的，这主要是电池在使用的过程中，电池内部的材料发生了改变。下面从各个方面来分析影响电池健康度的因素。

1. 影响锂电池健康度的外部因素

根据试验测试可知，影响锂电池健康度的外部因素主要有以下几个方面。

（1）充电限制电压。不论是哪种电池，要想其性能发挥到最佳，充电参数和充电方案的摸索和选择是非常必要的。目前，锂离子电池普遍采用恒压限流充电方式，先对电池以一个大的电流充电，当电池电压逐渐升高时，就需要给电池限制一个电压，以小电流继续给电池充电。即常说的恒压限流充电，这个限制电压的大小，对电池的健康度会产生很大的影响。锂电池的充电限制电压为 4.2 V，磷酸铁锂电池一般充电到 3.6~3.8 V。具体充到多少伏，视电池材料而定。电压太高会造成电池容量快速衰减。电池过压充电时，锂电池的负极发生还原反应，导致锂在电池负极沉积，这些沉积的锂覆盖在负极表面，阻塞了锂离子的嵌入，导致电池容量损失。一般来说，电池充电电压越高，电池容量衰减越快。

（2）放电截止电压。电池放电时放电电压越低，电池容量衰减越快，所以电池的放电截止电压对电池的健康度有很大的影响。

（3）充放电倍率。电池的容量用安时（A·h）来表示，倍率是指电池在规定的时间内放出电池电量与额定容量的比值。充电倍率的大小直接影响电池充入电量的大小，充电倍率越大，充入的电量越少。电池放电时亦是如此。电池在充电时一般采用标准充电法，以 1/3*C*（*C* 表示充电或放电速率，通常根据电池容量来表示。例如，如果标称容量是 600 mA·h，1*C* 的充放电速率对应于 600 mA 的充放电流，1/3*C* 的速率对应 200 mA 的充放电流）电流充电，当电池电压达到一定值后，采用恒压限流的方式进行充电。基本上大部分的电池都使用这种充电方式,但是放电时,由于负载不同,放电电流会产生很大区别。一般来说,充放电倍率越大,电池容量衰减越大。

(4)温度差异的影响。锂电池对温度最为敏感,温度过高或过低都会影响电池的充放电能力,对电池的健康度产生很大的影响,所以锂电池需要在特定的温度范围内使用。一般情况下,电池在常温环境下工作性能最好。

2. 延长锂离子电池健康度的方法

(1)尽可能在常温环境下使用电池,若环境温度较高,可以加一些散热措施,当环境温度过低时,可以增加一些加热装置,使用温度对电池的健康度至关重要。

(2)可以适当降低电池的充电电压或浮充电压,这样可以有效地延长电池的使用寿命,增加电池的实际利用率。

(3)避免对锂电池大电流充电和放电。

(4)避免电池在使用时过度放电。

2.5　电池能量管理技术

2.5.1　纯电动汽车能源管理系统

纯电动汽车能源管理系统的基本结构如图 2-10 所示。输入能源管理系统电控单元(ECU)的参数有各电池组的状态参数(如工作电压、放电电流和电池温度等)、车辆运行状态参数(如行驶速度、电机功率等)和车辆操纵状态(如制动、启动、加速和减速等)等。能源管理系统具有对检测的状态参数进行实时显示的功能。ECU 对检测的状态参数按预定的算法进行推理与计算,并向电池、电机等发出合适的控制和现实指令等,实现电池能量的优化管理与控制。

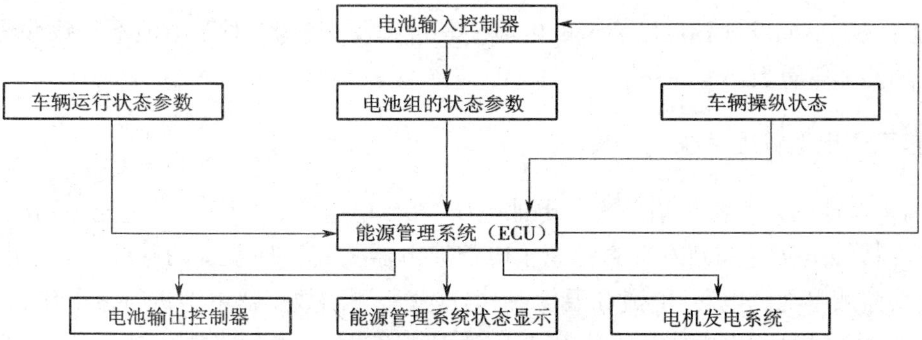

图 2-10　纯电动汽车能源管理系统的基本结构

1. 电池能源管理系统

电池管理系统是能源管理系统的一个子系统。电动汽车电池携带的能量是有限的，也是非常宝贵的。为了增加电动汽车的续驶航里程，对电池系统进行全面的、有效的管理是十分重要的。蓄电池管理系统在汽车运行过程中需完成多种多样的任务。其主要任务是保持电动汽车蓄电池性能良好，并优化各蓄电池的电性能和保存、显示测试数据等。具体来讲，可以归纳为五个方面。

（1）防止蓄电池过充电。在充电期间，蓄电池管理系统应能连续测量电池组的各个蓄电池的电压、温度等参数，并能根据检测得到充电状态，电池的电压、温度等参数，调整充电参数，控制充电器，并尽量使所有蓄电池的状态一致，在充电过程结束时，应能及时停止充电，防止电池过充电。

（2）防止蓄电池过放电。蓄电池过度放电将导致使用寿命缩短。因此，在放电期间，蓄电池管理系统应能监控电池的放电状态，并控制蓄电池组的放电过程，在每个蓄电池深度放电之前，停止放电过程，避免电池的过放电，使电能达到最佳利用。在放电结束时，蓄电池管理系统给出电机控制单元的最大放电电流的参考值，使蓄电池的电压保持在正常的范围内。

（3）温度控制及平衡。蓄电池的充电容量对温度特别敏感，电池组的各蓄电池应有相同的工作温度。因此，温度平衡系统变成了蓄电池管理系统的一部分。蓄电池管理系统应能测量各蓄电池的温度，并能通过加热和制冷方式控制蓄电池温度。

（4）能源系统信息提示。在电动汽车行驶中，为了使驾驶员能及时了解汽车可行驶的极限里程数和充电所需的时间等，蓄电池管理系统应能检测蓄电池的剩余容量等，并显示能源系统的有关信息，还能对车上用电系统进行管理，以期达到电能的合理分配使用，最终实现节能、增加续航里程的目的。

（5）电池状态测试及显示。为了保持蓄电池的优良性能，蓄电池管理系统应实时检测电池状态。根据驱动系统性能、电池温度、使用的时间等预测和显示剩余容量；提供蓄电池性能参数，存储整个过程中的数据并传给计算机；可对获得的蓄电池信息进行分析，提供电池的诊断、故障分析信息，以便于及时维护和更换，检测所有特性参数，为发现较差的蓄电池提供信息，便于早期发现容量已衰减的电池使其得到及时维护，对于电池不一致性严重的产品，这种功能非常重要。

2. 锂离子电池管理系统

锂离子电池的外特性是指锂离子电池电压、充放电电流、使用寿命、过充、过放及过温现象，这些外特性是研究和开发动力锂离子电池充电器及其管理系统的基础。对于电池管理系统，需要监测电池的电压、电流和温度，根据这些所测的数据对电池进行过电压、过电流和过温保护，并根据所测得的电流值和电压值利用安时法和开路电压法对电池荷电状态（SOC）进行预测。

锂离子电池对充放电电流、充放电截止电压、充放电过程中的温度等都有苛刻的要求，所以对锂离子电池设计性能优良的管理系统很有必要。因为动力锂离子电池管理系统不仅要考虑到每个单体锂离子电池的外特性，不能让任何一个单体锂离子电池过充或者过放，而且还必须考虑到在动力锂离子电池组进行充放电时各个单体锂离子电池之间的电压均衡问题，所以这就对电池管理系统提出了更高的要求。所以动力锂离子电池管理系统主要由以下两个单元组成。

（1）对动力锂离子电池运行状态的各种参数进行检测并执行相应动作以实现对电池的保护单元。

（2）对动力锂离子电池组中各单体锂离子电池充放电时的电压进行均衡的单元。

2.5.2　电池组均衡技术

1. 电池组均衡的意义

一个电池组（图 2-11）由许多电池串联或并联而成。对于电动汽车，一般采用大量单体电池串联的方式作为其动力源，以达到电动汽车运行时所需要的电压、功率和能量的要求。虽然随着电池行业的迅速发展，电池的制作工艺得到了很大的提高，电池单体之间的差异逐渐减小，但是即使是同一厂家同一生产线出厂的电池，在电池内阻、容量、温度特性、放电特性等方面也都存在一定的差异，特别是在电动车的工况运行条件下，电池进行频繁的不规则充放电，导致电池之间的差异越来越大。根据“木桶原理”，电池组的性能由最差的电池单体所决定，电池单体之间的不一致性严重影响电池组整体的工作性能，如不加以控制将使电池的使用进入恶性循环，极大地影响电池寿命。因此，电池组均衡就有着十分重大的意义。

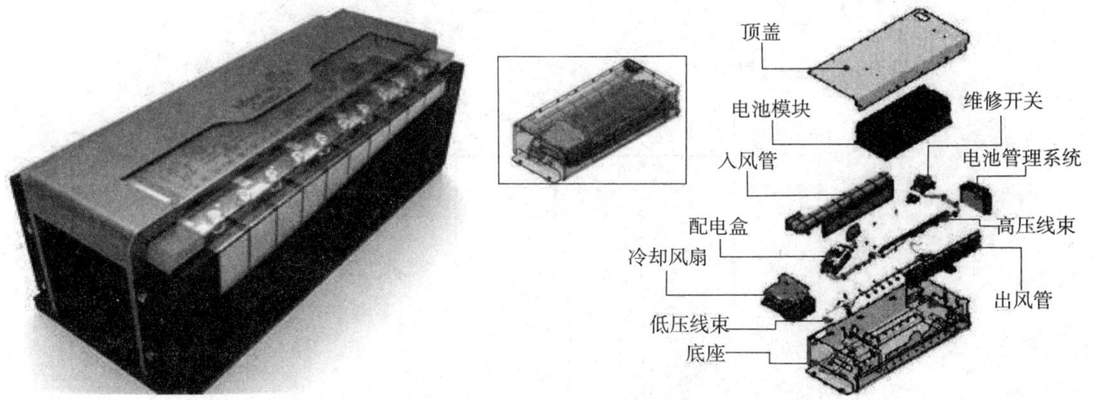

图 2-11　串联电池组及其结构

2. 电池组均衡方式现状

电动汽车电池均衡控制的方法多种多样，而且新方法层出不穷，对这些均衡控制管理的方法进行分类是比较困难的，因为采用不同的分类标准将出现不同的分类结果。表 2-3 归纳了一些常见的分类标准以及相应的类型。

表 2-3 均衡控制管理的分类

序号	分类标准	主要类型
1	按均衡电路的拓扑结构分	集中式均衡、分布式均衡
2	按均衡的作用过程分	放电均衡、充电均衡、动态均衡
3	按是否对电池所带的电荷进行保护分	耗散型均衡、非耗散型均衡
4	按均衡控制的触发时机分	主动均衡、被动均衡

应当指出的是,均衡方案的分类没有绝对的标准,按不同分类标准划分的各个方法之间也没有明显的界线。同样的一种方法按照“是否保护电荷”的标准属于“非耗散型均衡”,而按“作用过程”来分则又可以被称作“充电均衡”。各个方法之间也没有绝对的优胜者,应该根据实际需求及成本预算等多方面因素选择最合适的方案。

1)集中式均衡与分布式均衡

按均衡电路的拓扑结构分类,可以将均衡控制管理分为集中式均衡和分布式均衡。

集中式均衡是指整个电池组共用一个均衡器,通过逆变分压等技术对电池组能量进行分配,以实现单体电池与电池组之间的能量传递的能量均衡方式。而分布式均衡中,均衡模块是由个别电池所专用的。图 2-12 所示为一个典型的集中式均衡拓扑结构,在这个结构中,电池组内所有的电池都可以利用同一个均衡器(均衡电容)来进行均衡操作。图 2-12 为一种典型的分布式电池均衡拓扑结构,通过在每个电池上并联一个旁路电阻,并利用一个电子开关控制均衡操作。

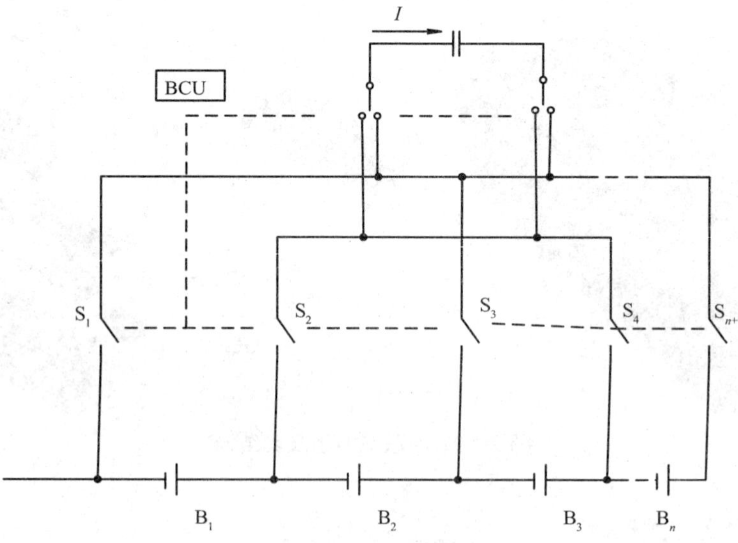

图 2-12 集中式均衡

比较以上两种均衡方式,集中式均衡能迅速地集整个电池组之力为待均衡的个别电池转移能量,所配置的公用均衡器的性能较好,均衡速度就较快,而且从整体来说,集中式的均衡模块的体积也比分布式的体积总和更小;然而,集中式均衡中,各个电池之间形成竞争关系,多个电池的均衡操作不能并行,而且各电动汽车电池与均衡器之间需要大量的线束连接。可见,集中式均衡方案不太适用于电池数量较大的电池组。

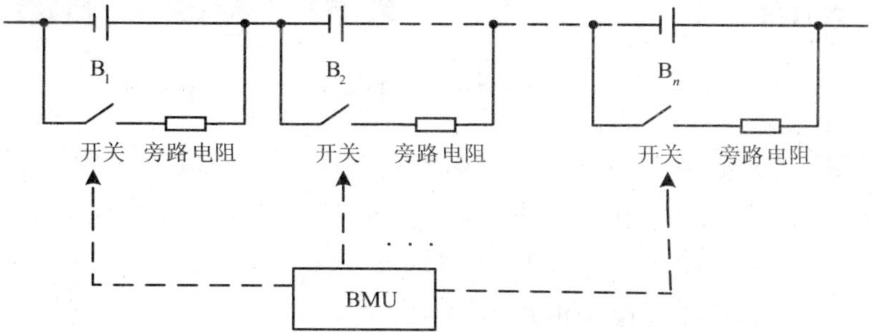

图 2-13　分布式均衡

2)放电均衡、充电均衡与动态均衡

按均衡的作用过程分类,可以将均衡控制管理分为放电均衡、充电均衡和动态均衡。

放电均衡是指在放电过程中实现各个单体电池间的均衡,以保证放电过程中能够将电池组中每个电池的剩余容量放至 0,而不会出现有的电池已放电完全而有的电池尚有电量的情况。放电完全之后,用恒定电流以串联充电的方式对电池组进行充电,直到电池组中任何一个电池的剩余容量都达到 100% 时结束充电。整个过程可以用图 2-14 来表示。从图中可以看出,放电均衡可以保证每一次充进电池的电量都可以完全释放出来。但是在充电过程中,根据"短板原理",只能以最小容量的电池为截止上限。在充电过程中并不能完全利用电池组的容量。

放电均衡的缺点是能量损耗过多,不便于在任何时候都开始进行(例如在电池剩余容量还比较多的情况下,进行放电均衡代价过大);而且,放电均衡需要把电池剩余容量放空,从而提高了放电深度,有可能影响电池的循环寿命。

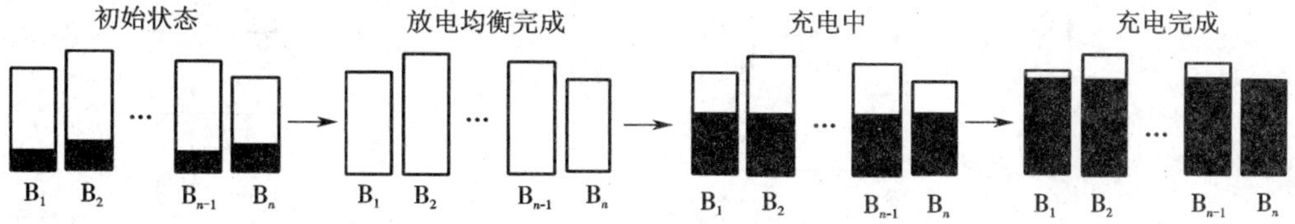

图 2-14　放电均衡

充电均衡是指在电动汽车电池充电过程中采用上对齐均衡充电方式实现各个单体电池间的均衡,以保证充电过程中能够将电池组中每个电池的容量都充至 100%,如图 2-15 所示。

充电均衡可以保证每一个单体电池的实际容量在充电过程中都发挥出功效。但是,充电均衡方式对放电过程没有做任何控制,其放电过程满足木桶原理,整个电池组的放电容量取决于容量最小的电池。与放电均衡相反,充电均衡对于处于任何荷电状态下的电池阻都适用。

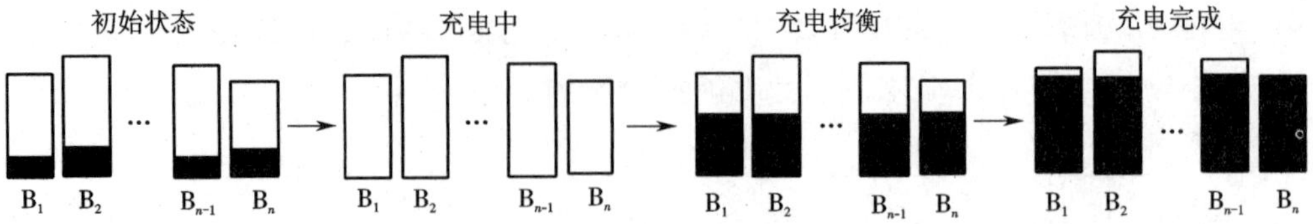

图 2-15 充电均衡

动态均衡则综合了放电均衡和充电均衡两者的优点，在充电和放电过程中都引入均衡控制。既能保证每一个电池都能放电到 SOC 为 0，又能保证每一个电池都充电到 SOC 为 100%。由于加入了放电均衡过程，因此，这种方案同样存在能量损耗过多，容易损害电池等问题，然而，这种方法有利于对电池的最大容量进行评估（即有助于得到每个电池的最大容量），可以在对电动汽车进行保养的过程中，利用这种方法来对电池的健康状况进行诊断。

3. 耗散型均衡与非耗散型均衡

按是否对电池所带的电荷进行保护，可以将均衡控制方案分为耗散型均衡和非耗散型均衡两种。耗散型均衡是将多余的能量全部以热量的方式消耗，非耗散型均衡是将多余的能量转移或者转换到其他电池中，由于转换效率一般都在 85%~95%，因此这种方式也会消耗 5%~15% 的能量。

耗散型均衡是指利用并联电阻等方式将电池组中荷电状态较多的电池的能量消耗掉，直到与组内其他电池达到均衡，如图 2-16 所示。均衡过程一般在充电过程中完成，对容量低的单体电池不能补充电量，存在能量浪费和热管理的问题。

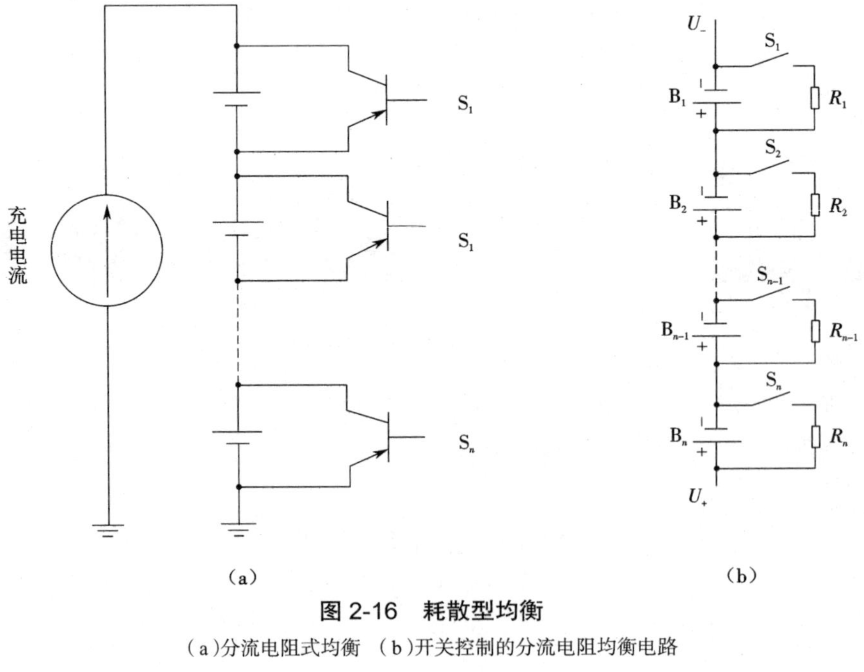

图 2-16 耗散型均衡

（a）分流电阻式均衡 （b）开关控制的分流电阻均衡电路

耗散型均衡一般有两种类型。一是恒定分流电阻均衡充电电路（图 2-16（a）），每个锂离子电池单体上始终并联一个分流电阻。这种方式的特点是可靠性高，且分流电阻的值特别大，通过固定分流来减小由于自放电导致的单体电池差异。缺点在于无论电池充电还是放电过程，分流电阻始终消耗功率，因此，一般在能及时补充能量的场合适用，如卫星电源等。二是开关控制分流电阻均衡充电电路（图 2-16（b）），分流电阻通过开关控制，在充电过程中当单体电池电压达到截止电压时开始均衡。这种均衡电路工作在充电期间，特点是可以对充电时单体电池电压偏高者进行分流，耗散型均衡方案控制逻辑简单，硬件上容易实现，成本较低，是早期均衡控制最常用的方案。缺点是由于均衡时间的限制导致分流时产生的大量热量，对于电动汽车而言，存在通风不好导致过热形成的安全隐患。

非耗散型均衡（也称作无损均衡）是指利用中间储能元件和一系列开关元件，将电池组中荷电状态较高的电池的能量转移到荷电状态较低的电池中去，以达到均衡的目的。非耗散型均衡用到的中间储能元件一般有电容和电感两种。非耗散型均衡正好可以弥补耗散型均衡的缺点，但它也存在着控制逻辑电路复杂等缺点。非耗散型电路结构相对复杂，可分为能量转换式均衡和能量转移式均衡两种方式。

1）能量转换式均衡

能量转换式均衡是通过开关信号，将锂离子电池组整体能量对单体电池进行补充，或者将单体电池能量向整体电池组进行能量转换。其中单体电压向整体电压转换，一般都是在电池组充电过程中，电路如图 2-17（a）所示。该电路是通过检测各个单体电池的电压值，当单体电池电压达到一定值时，均衡模块开始工作，把单体电池中的充电电流进行分流从而降低充电电压，分出的电流经模块转换把能量反馈回充电总线，达到均衡的目的。还有的能量转换式均衡可以通过续流电感，完成单体到电池组的能量转换。

电池组整体能量向单体转换，一般根据均衡发生的过程不同分为两种。一种是发生在充电过程中，电路如图 2-17（b）所示，这种方式也称为补充式均衡，即在充电过程中首先通过主充电模块对电池组进行充电，电压检测电路对每个单体电池进行监控，当任一单体电池的电压过高时，主充电电路就会关闭，然后补充式均衡充电模块开始对电池组充电，通过优化设计，均衡模块中充电电压经过一个独立的 DC/DC 变换器和一个同轴线圈变压器，给每个单体电池上增加相同的次绕组。这样，单体电压高的电池从辅助充电电路上得到的能量少，而单体电压低的电池得到的能量多，从而达到均衡的目的。此方式的问题在于次绕组的一致性很难控制，而且同轴线圈也存在一定的能量耗散，而且这种方式的均衡只有充电均衡，对于放电状态的不均衡没有作用，实际使用过程中，电路复杂，不适合级联。另外一种发生在放电过程中，由于某节单体电池的电量少，使得放电到末期时，电压会大幅下降。通过电池组整体向单体的转换能量，使得电压高的单体电池获得的能量少，而单体电池电压低的获得的能量多，从而实现均衡，该方法同样实现复杂及不适合级联。

基于成本和均衡效率考虑，能量转换式均衡可应用于助动车等中大功率场合，然而因其结构特点，不适合级联。

2）能量转移式均衡

能量转移式均衡是利用电感或电容等储能元件，把锂离子电池组中容量高的单体电池的能量，通过储能元件转移到容量比较低的电池上，如图 2-17（c）所示，该电路是通过切换电容开关传递相邻电池间的能量，将电荷从电压高的电池传送到电压低的电池，从而达到均衡的目的；另外也可以通过电感储能的方式，在相邻电池间进行双向传递，此电路的能量损耗很小，但是均衡过程中必须有多次传输，均衡时间长，不适于多串的电池组。改进的电容开关均衡方式，可通过选择最高电压单体与最低电压单体电池间进行能量转移，从而使均衡速度加快。能量转移式均衡中能量的判断以及开关电路的实现较困难，也有一些通过引入模糊控制等算法对其进行智能控制。

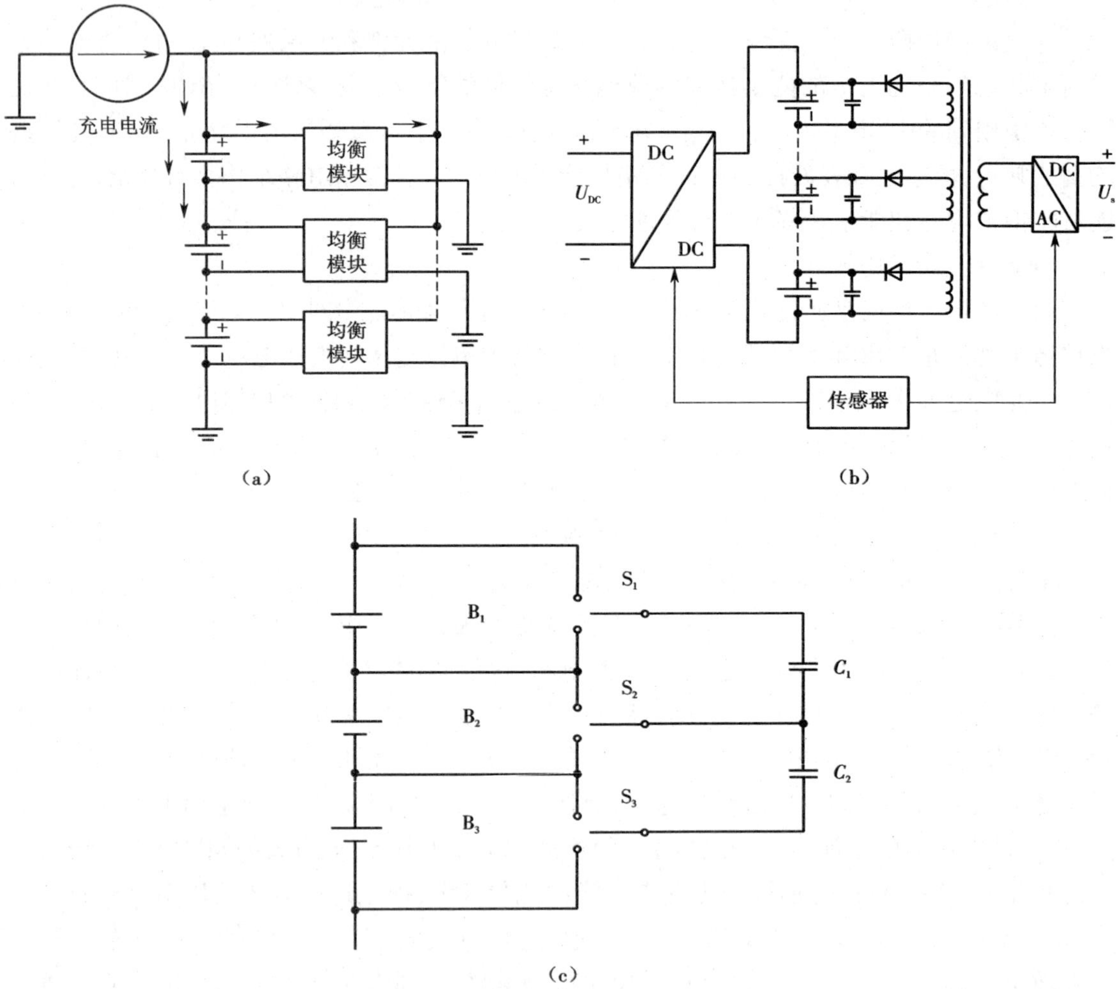

图 2-17 单体电压向整体电压转换电路

（a）单体电压向整体电压转换电路 （b）补充式均衡 （c）开关电容均衡

需要指出的是，非耗散型均衡只是在均衡控制策略的制订初衷上尽可能保留电动汽车电池中已有的电荷及能量，但由于器件损耗，非耗散型均衡并不能做到真正的无损。然而，不管怎样，同样的初始状态，采用非耗散型均衡的总体能耗比耗散型均衡要小，因此非耗散型均衡是未来发展的主流。

3）主动均衡与被动均衡

首先来看一下两种被动均衡的情况。第一种情况，当动力电池组进行串联充电，充电的末期发现个别电池达到了电压上限，不能再充，这时候，不均衡已经成为事实，没有其他选择，只好触发均衡控制保证对每个电池进行充满，因此这是“被动的”。第二种情况，当电动汽车动力电池组进行串联放电，放电的末期发现个别电池达到了电压下限，不能再放，这时候，不均衡也已经成为事实，虽然电池组中还有若干电池有剩余电量，但不能继续释放了，此时如果触发均衡控制算法，把电荷从“有电”电池转移到“没电”电池中，从而保证电池组还能工作一段时间，这样的均衡控制也是“被动的”。

以上两种被动均衡的情况，都是由于不能准确掌握每个电池的剩余电量以及最大容量而造成的。如果能够随时掌握这两个参数，在预计到“不均衡”的情况即将发生的时候，提前触发均衡控制，就可以使得原本出现在电池组充电或者放电末期的不均衡现象提前消除，从而节约了充电时间或者有效增加了电池组的最大放电能力。在这种情况下，均衡控制策略是具有预见性的，是“未雨绸缪”的，也是主动的。

当然，这样的主动均衡的方法是建立在对剩余电量及电池最大容量的准确评估的基础上的，依赖于好的 SOC 估算算法以及 SOH 估算算法，因而具有较大的挑战性。然而，随着这一领域研究的深入，精确的计算方法不断被提出，“主动均衡”的方法也会逐渐变成现实。

2.6　电池一致性控制技术

2.6.1　不一致性的表现形式

考虑引起电池不一致性扩大的原因以及对电池组性能造成影响的方式，通常可以把电池的不一致性分为：容量不一致、电阻不一致及电压不一致。

1）容量不一致

容量不一致直接导致电池组的可用容量降低，并且对电池组的健康状况造成不良影响。对于串联电池组来讲，根据“木桶效应”，最大可用容量由电池组中容量最小的电池决定，因此电池组的可用容量远远低于预期容量。另外，在相同的充放电条件下，由于各自的容量不同，充放电情况也会不同，容量较低的电池会有过充或过放的现象发生，对其造成不可逆的损坏，因此容量不一致性还会在循环使用过程中严重影响电池组的健康状况。

2）电阻不一致

电阻不一致分为串联和并联两种情况，其中串联电池组，其放电过程中由于串联特性使得放电电流相同，然而由于电池内阻的不一致使得分压情况有所不同，内阻较大的电池分压较大，相应的由于内部能量消耗而产生的热量也较大，同时使电池内部的温度升高较快，然而内阻会随着温度的升高而增大，一旦出现散热问题，电池温度将持续升高，会导致电池变形甚至爆炸；在充电过程中，由于内阻不一致，内阻大的电池电压将会提前到达充电的最高电压极限，为保证安全不得不停止充电，而其余电池还未充满，相反如果还保持充电状态，那么将会存在安全隐患。并联电池组在放电过程中，由于并联特性使得各单体的放电电压相同，然而由于电池内阻不一致，内阻较大的放电电流较小，内阻较小的放电电流较大，致使电池在不同放电倍率下工作，由于放电倍率的不同会造成各个单体电池的放电深度也不同，这样会对电池的健康状况造成不良影响；在充电过程中，由于内阻不一致，使得相同的充电电压状态下各个并联支路的电流不同，所以在相同的充电时间内得不到相同的充电效果，因此为防止过充现象，需要对充电过程采取折中的控制办法。

3）电压不一致

电压不一致主要体现在并联电池组中，由于电池电压有高有低，所以在并联回路中将产生电流，也就是高电压电池放电，低电压电池被充电，因此电压不一致性会使能量无谓地损耗在电池互充电过程中，而达不到预期的对外输出效果。

2.6.2 电池不一致性分析及分选技术

锂离子电池组的不一致性主要体现在三个方面：①电池的初始性能具有不一致性；②在使用过程中性能表现、衰减的速率有差异，加速了电池组的不一致性；③在存储过程中，由于自放电等因素导致电池组的不一致性。初始性能的差异主要是制造过程中的各种误差累积的结果。使用和存储过程中的性能衰减差异是由于电池自身特性不同和外界环境差异引起的。

1）初始性能的不一致

锂离子电池初始性能的差异主要受到电池制造工艺水平的影响。在制造的过程中，由于工艺上的问题或材质的不均匀，使得电池极板上活性物质的活化程度和厚度、孔隙率、连接条、隔板之间存在细微的差别，又因为极板厚度不一致导致装配时的不一致，以及极耳和极柱之间的螺钉凝固力矩大小不统一。这种电池内部结构和材质上的不完全一致，就会导致即使同一批次出厂的同一型号的电池产品在容量和内阻上也不一致。此外电池组在打包过程中，由于电池连接件的误差，也会产生接触电阻的差异，进而加深了电池组中单体电池内阻的不一致性。

2）动态性能的不一致

在使用过程中，由于锂电池组的初始性能的差异、电池动态参数的差异以及电池性能衰减的差异，导致单体电池的动态性能不一致，例如端电压变低、内阻增加、容量变小等。这样可能会出现某个单体电池的过充电和过放电现象，导致该电池的容量变小、内阻增大，这样更加剧了电池之间的不一致性。由于电池的容量等于电流与时间的乘积，即所谓的A·h数。而对于蓄电池组，单体电池或者模块都是串联的，充放电的电流始终相同，所以单体电池容量的不一致也就是充放电时间的不一致。一般电池的端电压为$U=U_0-IR$，与开路电压和内阻有关。当开路电压一致时，其电池的端电压由内阻决定。电池内阻包括欧姆内阻和电化学极化内阻，欧姆内阻对一特定的电池来说是定值。电化学极化内阻与发生电化学反应时的极化状态有关。放电电流是影响电极极化状态的另一个重要因素，只有当放电电流对电极极化作用相同,电化学极化内阻相同时,电池内阻才会相同,电池放电电压才会相同。而且开路电压与充入的电量有关,充电后期的电压不一致主要是由于发生了副反应,导致电池温度不一致,使电池极化不一致,最终导致了电量上的差别。

3)自放电导致的不一致

自放电是指电池在储存时,容量自然损失的现象,表现为存储一段时间后开路电压的下降。

自放电速率与正极材料,电池的制作工艺,电解液的性质与纯度、温度和保存时间等因素有关。由于各个单体电池的自放电率均不相同,在储存时它们的剩余电量也各不相同,导致整个电池组的电量的不均衡。自放电严重影响了电池组的一致性,国家 863 项目对锂离子的要求中明确规定了电池组在常温下 28 天内自放电率小于 20%。

在充电过程中,如果单体电池间的容量不一致,那么首先放完电的单体电池,又会首先被充满,若继续对整组电池充电,就会出现过充电现象,使得整个蓄电池组的实际有效容量下降。实际上一组蓄电池的实际放出的容量是由实际容量最小的那块蓄电池所决定的,若该电池容量衰减,则整组电池的容量也跟着下降。因此在混合动力汽车的动力电池工作过程中,单体电池间的自放电也是影响蓄电池一致性的一个非常重要的因素。

所以电池组进行配对前要对电池进行统一筛选,从使用的一开始就使电池组达到一定的均衡性。而使用过程中产生的不均衡性,需要设计合理的均衡管理模块来进行优化。

2.6.3　电池组一致性配组方法

蓄电池主要有电池容量、内阻、自放电率、放电终止电压、充电终止电压等性能参数,要得到高性能的电池组,就要保证上述参数尽量一致。一般来说常用的一致性配组方法有以下几种。

(1)电压配组法。这里又分为空载电压配组法和动态电压配组法。空载电压配组法操作最为简单,但不准确,甚至会产生错误的结果。动态电压配组法相对也较简单,但仅考虑了带负载时的电压情况,并没有考虑到带荷电时间、荷载变化和输出容量等因素,因此也不合理。

(2)静态容量配组法。根据国际规定的充放电条件,测量电池的放电容量。这种方法只能说明在国际规定的条件下其容量相同。而电池的特性是随工作状态和使用环境不同而变化的。因此,在特定条件下静态容量配组不能保证电池在实际使用过程中的特征及变化的一致性。

(3)内阻匹配法。这是现在许多工程技术人员最为关注和感兴趣的方法,其原因是该方法可以瞬间、快速测量。但该方法也存在一些问题,要准确、精确测量内阻,在实现上有较大难度。这是因为作为可观测量的内阻由静态内阻和极化内阻组合而成,而我们关心的是电池的静态内阻。因此测量时要除去极化内阻的影响,比较困难。本书采用的全程动态特性配组法,其原理是:先采用静态容量和内阻匹配,再通过动态放电曲线和充电曲线的匹配,以最大限度地保证单体电池的一致性。

2.6.4 提高电池一致性的措施

从以上分析可知，在单电池技术取得重大突破、性能显著提高的前提下，提高电动汽车性能，特别是增加续航里程和提高电池组使用寿命的关键是优化动力电池的成组运用技术，尽可能提高和保证动力电池的一致性。根据动力电池应用经验和试验研究，从电池使用和成组筛选等方面可以采用下列措施，避免电池不一致性扩大，保证电池组寿命逐步趋于单电池的使用寿命。

（1）提高电池制造工艺水平，保证电池出厂质量，尤其是初始电压的一致性。同一批次电池出厂前，以电压、内阻及电池化成数据为标准进行参数相关性分析，筛选相关性良好的电池，以此来保证同批电池性能尽可能一致。

（2）在动力电池成组时，务必保证电池组采用同一类型、同一规格、同一型号的电池组成。在电池组使用过程中检测单电池参数，尤其是动、静态情况（电动汽车停驶或行驶过程中）下电压分布情况，掌握电池组中单电池不一致性发展规律，对极端参数电池进行及时调整或更换，以保证电池组参数不一致性不随使用时间的延长而增大。

（3）对测量中容量偏低的电池，进行单独维护性充电，使其性能恢复。间隔一定时间对电池组进行小电流维护性充电，促进电池组自身的均衡和性能恢复，避免电池过充电，尽量防止电池深放电。保证电池组良好的使用环境，尽量保证恒温，减小振动，避免水、尘土等污染电池极柱。研制开发实用性电池组能量管理和均衡系统，对电池组充放电进行智能管理。

2.7 电池使用寿命的估计

2.7.1 国内外研究现状分析

电池剩余寿命（Remaining Useful Life，RUL）预测，不仅能够监测到电池中的无形退化，更能够阻止故障灾难事故发生。一方面，解决了锂离子电池在日常生活中，因电池退化带来的器件损失，使将来发生故障频率大大降低，减少了意外事故的发生概率。另一方面，也减少了电池损坏造成的环境污染与灾害，节约了环境改造成本，解决人们关于电池安全环保问题的担忧，并降低了企业次生问题的经济损失。目前，科学家们已经从各个角度对电池的内部结构及材料、制作方式等进行改进，但是在实际过程中，电池寿命问题还是得不到解决，因此需要对电池荷电状态（SOC）及剩余寿命（RUL）做好预测与评估，保证锂离子电池长期有效可靠工作，防止灾难事故发生。预测体系如图 2-18 所示。

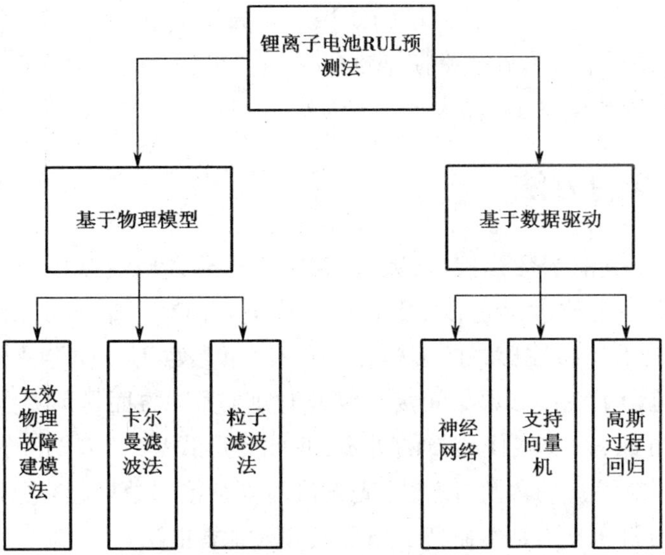

图 2-18　锂离子电池 RUL 预测体系

目前，许多国内外的专家对电池寿命预测已经有了不错的方法与管理经验，一方面避免了电池本身和元器件的损毁，另一方面也杜绝了一系列不必要的灾难与工程事故发生。锂电池剩余寿命（RUL）意为锂离子电池在某些特定的环境与要求中，不断地进行充电与放电，当剩余容量达到规定的失效阈值时，即可判定为电池失效，此时，还需要达到的充放电循环周期，就是电池 RUL。在这里，以额定容量的 70% 作为锂离子电池失效阈值。在长期的锂离子电池 RUL 预测中，国内外的不同研究学者给出了不同的方法，大致可分为两大类，一类是基于模型的方法，简单来说就是建立一个物理模型，来演示出电池退化曲线，从而达到寿命预测效果；另一类是基于数据驱动的方法，即通过一些神经网络算法，运用可测参数对锂离子电池寿命进行预测，从而达到预测效果。锂离子电池 RUL 预测体系如图 2-17 所示。

2.7.2　基于模型的方法

通过建立物理模型来演示出电池退化曲线，从而达到寿命预测效果，其物理量的选择可以是表示电池衰败量的表征参数，包括退化机制的材料和环境影响量的排除，其中广泛使用的方法是等效电路方法，还有一些例如失效物理故障建模、粒子滤波等等，主要从以下几个方面入手建立故障物理模型。

（1）参数辨识法：观察检测电池容量参数影响因素，例如温度、电压、材料等，通过大量反复的实验，建立物理模型，然后根据电池的目前状态，估计锂离子电池 RUL。这种方法的优点是操作简单，可以很快地获取锂电池 RUL。缺点也很显而易见，首先不能保证每个电池的参量统一，其次，所有数据都是经过提取而得到的，这就不能保证全部数据的准确性，而且，方法本身也存在较大的偶然性。

（2）数学模型：利用一些数学公式处理数据，使得原先不规则的数据趋向于完整的数学曲线，从而排除干扰因素，得到大概的物理模型，再根据数学公式演化，得出锂离子电池

RUL。这种方法的优点是具有比较系统的知识来对数据进行处理,从而排除了部分干扰因素,使模型系统化,缺点是有时候数学模型难建立,或者过于复杂,例如有些有用的参量会被当作干扰量而排除,导致信息不足,从而产生偏差。

2.7.3 基于数据的方法

通过采集锂离子电池参数,对各参数进行处理,得到能够反映电池特性变化的所有参数,从而使复杂的电池衰败过程能够以数据的形式呈现出来。基于数据的方法目前成为主流方法,一方面是因为其参数形式的多样化,所取测量参数不一样导致预测结果也大不相同,参数的种类也包含了直接参数与间接参数等类型。另一方面是预测数据方法的多样性,如物理方法、数学方法,以及现代科技的进步,使预测形式呈现多样化,预测结果也更加精确。同时,由于计算机科技的普及,使得原先大量的复杂数据处理起来更加便捷。目前数据驱动方法中,主要的两种方法是寿命特征估算法和人工智能法。

(1)寿命特征估算法:通过数据模型的处理,按照对数据处理的不同,分为随机模型与统计模型。随机模型简单来说,就是通过事先测量的某些特定的数据,可是时间序列,也可是容量序列,然后总结归纳出规律,按照一定的准则估算接下来的时间或者容量,从而计算出电池的 RUL。例如典型的周期数法、安时法与老化累积方法等。这种模型优缺点与物理建模大致相似,虽然能够较轻易地得到锂离子电池 RUL,但是它不能够表示任何特征种类的电池特性;在表示相同类别电池时,往往需要之前的大量测量数据支持,这对在某些场合使用时不太现实,因而不能满足现实意义,这就需要更加便捷的数据处理方法。

统计模型就是利用数据统计作出相应的模型预测算法,根据统计数据做预测时,一方面通过已有的数据做趋势推广。例如,已经知道某时刻前,电池的衰败特性,那么如果可找出数据衰败规律,便可以找到衰败节点,因而该节点便是数据预测失效阈值。通过已知的参数分析和统计学知识,便可以得到较为合理的方法模型,这种方法在一定的时间段内得到了学者的广泛采用。通过对电池电压的线性处理与归纳,总结出了电池剩余容量的趋势,从而估算出电池的 RUL。这种方法的前提是电池内阻已经给出,并且排除一切干扰因素,但这恰恰也是此方法的缺陷所在,现实意义不大,更不能实现在线预测。另一方面是通过先进的算法对之前测量的数据进行预处理,处理方法包括回归拟合、线性规划和最优路径选择等。这种方法已经在许多场合进行了应用,并且取得了不俗的效果,尤其在时间序列方面的预测更加突出。后来提出了改进非线性自回归(Nonlinear Degradation Autoregressive, NDAR)模型预测方法,不仅可以使电池后期退化加速现象显现清楚,而且还可以拟合电池退化曲线,在一定范围内提高了预测准确性。

(2)人工智能法:指的是运用现在的科技成果的先进性,智能模拟出锂离子电池退化特性曲线,从而很清楚地预测出电池 RUL,这种方法的出现,引起了国内外大批学者的重视,成为被广泛研究的预测方法。此方法关键之处就是采用人工智能模拟出高度非线性模型,从而得出预测数据的方法,因而如何选择人工智能和参数方法也成为预测准确与否的关键。目前所用的人工智能,即使用人工神经网络算法,其中有相关向量机(Relevance Vector Machine，RVM）、支持向量机（Support Vector Machine，SVM）和人工神经网络（Artificial Neural Network，ANN）等。

2.7.4 锂离子电池寿命特征参数构建和间接预测

锂离子电池的寿命特征参数通常情况下指能够表征电池健康状态的参量，即在一定的运行工作环境下，通过对锂离子电池特征参数的选择，从而实现锂电池 RUL 的估计。一般情况下根据实际预测方法的差异，将电池 RUL 预测分为直接寿命特征参数预测（简称直接预测）和间接寿命特征参数预测（简称间接预测）两种。

近几年，国内外一些学者都采用直接参数预测的方法，通过大量事先采集的数据信息，再结合神经网络算法，实现锂离子电池 RUL 预测。应用此方法的优点是能较为直观地得出锂离子电池容量预测曲线，从而得出预测结果。但是以另一方面可以看出，容量的预测在实际实现中并不是直接观察得到的，而是通过如安时积分法估算得出的，这必然会导致预测结果出现偏差。这种方法适合在离线的情况下，摆脱其他干扰来测得数据，通过有效的数据结果来预测。但是在线情况下，用这种方法便会造成较大的误差，在线情况下，容易测得电池端电压、电流等易于测量的量，但是这些量相对于 RUL 来说只是间接量，因而，可以考虑运用间接寿命特征参数的方法来预测锂离子电池 RUL。

1. 间接寿命特征参数的构建

间接预测一般是测量与直接参数相关的物理量，这些物理量的特点是易于测量与选择，当然难点在于所选参考量能否极大地反映直接量与间接量的相关。对于一个新的电池，从充满电到放完电所需要的时间会比一个旧电池长，随着反复充放电次数的增加，随着循环使用和材质老化，电池性能会不断下降，充放电时间缩短这种现象会越来越明显。在一定条件下，锂离子电池从一高电位恒流放电到一低电位所用的时间即为等压降放电时间。

$$t_{i(\mathrm{H})}=|t_{U_\mathrm{H}}-t_{U_\mathrm{L}}| \quad i=1,2,3,\cdots,k,\cdots \tag{2-22}$$

式中　$t_{i(\mathrm{H})}$——第 i 个循环寿命周期下等压降放电时间差；

t_{U_H}——高电压时所对应的时间；

t_{U_L}——低电压时所对应的时间。

2. 基于 ELM 的锂离子电池间接 RUL 预测

极限学习机（Extreme Learning Machine，ELM）作为新一代神经网络模型，最早是由新加坡南洋大学的黄广斌教授等提出的，此方法一经提出，便由于其高度非线性逼近能力且相对于传统神经网络具备很好的预测精度被广泛地研究。ELM 具备很多其他神经网络所不具备的优点：高度鲁棒性、不易陷入局部最优、高求解精度和短预测时间等。它是基于传统梯度下降理论所改进的神经网络算法，在算法的实现上也相当简单，只需设置隐层节点数，算法便可实现最优网络选择，这点相比于其他神经网络是莫大的优势。因为 ELM 的非线性逼近性能的效果，把 ELM 运用在电池非线性建模中，完成电池间接 RUL 预测，将会得到很好的效果。

1)锂离子电池退化过程分析

锂离子电池的工作简单来说就是锂离子随着充放电而进行的内部离子移动。锂离子电池通常使用的正极集流体是铝箔,负极集流体是铜箔。锂离子电池被表面的金属外壳保护,此时金属外壳第一是起到保护作用,第二是与正极相连。铜箔连接,中间则全是电解质溶液与隔膜,整个电池内部只有锂离子可自由移动,而电子则被阻挡,只能够在外电路移动。锂电池作用原理其实就是通过化学反应,使得正离子在内部移动,电子在外部移动,因而形成电流。理论上来说,内部的隔膜与负载晶体网络不会产生变化,电解质溶液也只起载体作用,类似于电荷移动的高速公路。但实际上,由于物质化学特性的衰败以及隔膜的脱落,导致电池寿命也在缓慢地缩短,甚至一些不恰当的举措,例如出现过电压、过电流等会极大地损害电池内部材料,造成电池组的损坏。这在电池研究领域,是需要避免的。

2)锂离子电池 RUL 间接预测框架

锂电池的压降放电时间为寿命特征参数,利用 ELM 建立锂电池 RUL 预测模型,实现过程如图 2-19 所示,具体流程如下。

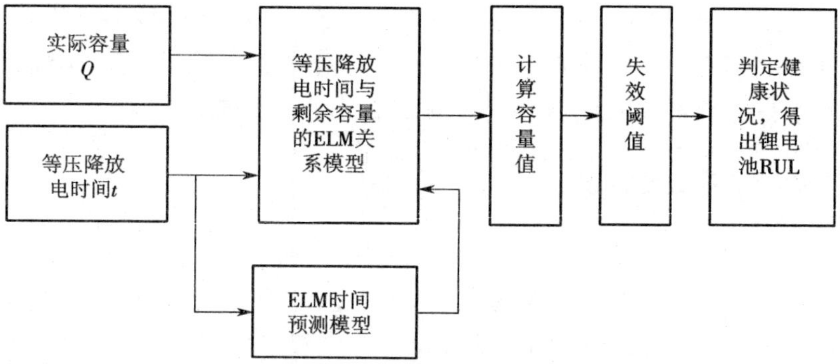

图 2-19　锂电池 RUL 预测模型

2.8　锂离子电池的热管理

2.8.1　热管理的必要性

电池性能的发挥与电池的温度有密切的关系。电池的温度高使得电池的活性增加,能量可得到更加有效的发挥,电池的容量得到更充分的利用。但是电池长时间工作在高温环境下寿命会明显缩短,应避免这一情况。电池在低温时,活性明显降低,电池的欧姆内阻和极化内阻增加,放电能力下降,放电平台变低,电池更加容易达到放电截止电压,使得电池的实际可用容量减小、能量利用效率下降。特别地,在低温下充电时,由于电池的活性差,特别是电池负极石墨的嵌入能力下降,正极反应放出的锂离子可能在电池负极沉积下来,造成锂枝晶的形成,使得可用的锂离子减少,严重的时候造成电池内部的短路。因此,当电池的工作温度或者温度的上升率达到预先设置的值后,电池需要进行散热处理,包括风冷和水冷等措施，以保证电池的温度和温升控制在一定的范围内；当电池的温度管理失效以后，电池的温度达到最高允许值时，应有可靠的手段断开电路，停止对电池的使用操作，以保证电池的使用安全。

2.8.2 热管理的方案

在温度过低或过高的情况下，电池的性能不能得到很好的利用，甚至有可能出现安全事故并加速电池的衰退。因此，需要创造条件，对电池的工作温度进行主动式管理，使得电池工作在最佳温度范围内。对于锂电池而言，工作的温度范围为：充电 -10~45 ℃；放电 -30~55 ℃。所以，需要通过一定的措施，保证锂电池在充放电使用的大部分时间内温度处在上述范围内。

对于防止电池温度过高的问题，可采用进行强制风冷的策略。通过电池管理系统的实时监测，得到电池组中各单体电池的温度信息。当锂电池温度达到开风机阀值时，电池管理系统启动风机对电池进行降温，直到温度降到关风机阀值时便停机。电池管理系统通过对风机的滞环控制，实现对电池的冷却。风机控制结构如图 2-20 所示。当电池温度达到故障值时，电池管理系统发出控制和报警信息，停止对电池的充放电操作，以保证锂电池的安全。

在低温时，由于电池的活性差，电池负极石墨的嵌入能力下降，这时候大电流充电很可能出现电池热失控以致发生安全事故。为了避免这一问题，当电池管理系统监测到电池温度过低时会发出控制信息，充电机根据电池管理发送的温度信息，进行小电流充电。另外，由于低温环境(<-10 ℃)下，电池的内阻会随着温度的下降增加。在充电过程中，电池的欧姆压降损失的能量增加，这部分能量转化为热量，使得电池的温度逐渐升高。这样在进行一定时间的小电流充电后，当电池管理系统监测到温度正常后，即可通知充电机恢复至正常电流模式充电。

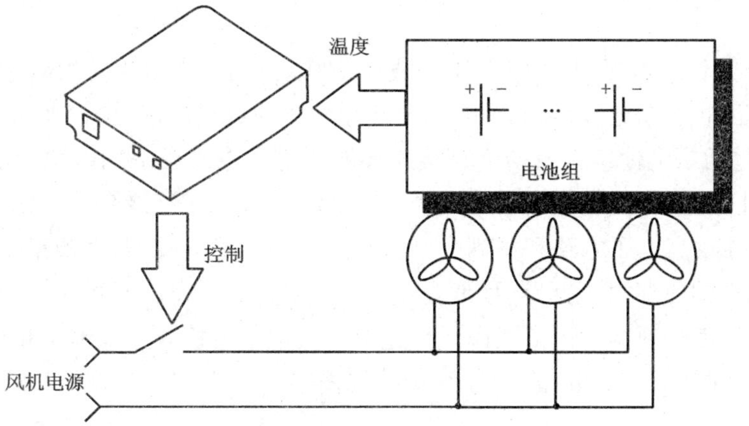

图 2-20　风机控制结构

对于锂电池而言，低温下电池负极石墨的嵌入能力下降。因此，低温主要对锂电池的充电有负面影响，对电池的放电则影响不大。特别地，电池放电过程属于放热反应，再加上低温下增大的内阻产生的热量,电池的工作温度会很快上升到适宜温度,呈现负反馈的机制。因此,这一过程不需要主动地去管理。锂离子电池热管理流程如图 2-21 所示。

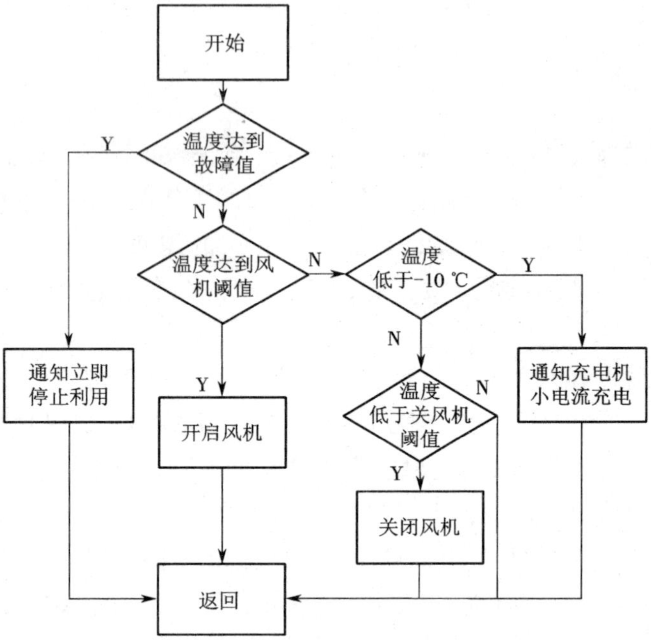

图 2-21 锂离子电池热管理流程

2.9 锂电池组绝缘检测

2.9.1 绝缘检测的必要性

在电动汽车上,动力蓄电池组电压一般在 200 V 以上,采用较高的电压规范,减小了电动汽车电气设备的工作电流,降低了电气设备和整车的重量。但是,较高的工作电压对车载高电压系统(包括蓄电池组以及与之直接连接的高电压电气设备如电源变换器、电动机等)与车辆底盘之间的绝缘性能提出了更高的要求。高压电缆线绝缘介质老化或受潮湿环境影响等因素都会导致高电压电路和车辆底盘之间的绝缘性能下降,蓄电池组正、负极引线将通过绝缘层和底盘构成漏电流回路,使底盘电位上升,不仅会危及乘客的人身安全,而且将影响低压电气和车辆控制器的正常工作。因此,实时、定量地检测蓄电池组相对车辆底盘的电气绝缘性能,对保证乘客的安全、电池组和电气设备的正常安全工作、车辆的安全运行具有重要意义。

2.9.2　绝缘检测的方案选择

对于封闭回路的高压直流电气系统，其绝缘性能通常用电气系统中电源对地漏电流的大小来表征，现在普遍使用的漏电流检测方法有两种：辅助电源法和电流传感法。在国内一些电力机车采用的漏电检测装置中，使用一个直流 110 V 的检测用辅助蓄电池，辅助电池正极与待测高压直流电源的负极相连，辅助电池负极与机车机壳实现一点连接。在待测系统绝缘性能良好的情况下，电池没有电流回路，漏电流为零；在电源电缆绝缘层老化或环境潮湿等情况下，电池通过电缆绝缘层形成闭合回路，产生漏电流，检测装置根据漏电流的大小报警，并关断待测系统的电源。这种检测方法不仅需要直流 110 V 的辅助电源，增加了系统结构的复杂程度，而且难以区分绝缘故障源是来自电源正极引线电缆还是负极引线电缆。采用霍尔式电流传感器是对高压直流系统进行漏电检测的另一种方法，将待测系统中电源的正极和负极一起同方向穿过电流传感器，当没有漏电流时，从电源正极流出的电流等于返回到电源负极的电流，因此，穿过电流传感器的总电流为零，电流传感器输出电压为零。当发生漏电现象时，电流传感器输出电压不为零。根据该电压的正负可以进一步判断产生漏电流的来源是电源正极引线电缆还是电源负极引线电缆。

目前，在有些电动汽车上，采用一种变阻抗网络的方法来测量电池组对底盘的绝缘电阻。假设蓄电池组的总电压为 U_0，待测的正负母线与电底盘之间的绝缘电阻分别为 R_p、R_n，正、负母线与电底盘之间的电压分别为 U_p、U_n，待测蓄电池系统的等效模型如图 2-22 中虚线框内所示。图 2-22 中 R_{c1}、R_{c2} 为测量用的已知阻值的标准电阻。当开关 S 又全部断开时，测量正、负母线与电底盘之间的电压分别 U_{p1}、U_{n1}，由电路定律得

$$\frac{U_{p1}}{R_p}=\frac{U_{n1}}{R_n} \tag{2-23}$$

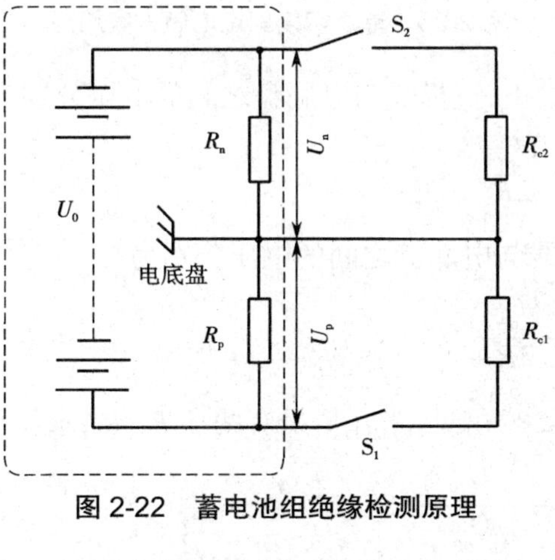

图 2-22　蓄电池组绝缘检测原理

当开关 S_1 闭合、S_2 断开时，则在正母线与电底盘之间接入了标准偏置电阻 R_{c1} 测量正、负母线与电底盘之间的电压分别为 U_{p2}、U_{n2}，同样可得

$$\frac{U_{p2}}{R_p}+\frac{U_{p2}}{R_{c1}}=\frac{U_{n2}}{R_n} \tag{2-24}$$

由式(2-23)和式(2-24)联合求解，可以得到

$$R_p=R_{c1}\left(\frac{U_{p1}U_{n2}}{U_{n2}U_{p2}}-1\right) \tag{2-25}$$

$$R_n=R_{c1}\left(\frac{U_{p1}U_{n2}-U_{n1}U_{p2}}{U_{p1}U_{p2}}\right) \tag{2-26}$$

同样，绝缘电阻在以下两种情况也可以得到：

(1)S_1、S_2 全部断开和 S_1 断开、S_2 闭合；

(2)S_1 闭合、S_2 断开和 S_1 断开、S_2 闭合。

单边切换固定电阻方案如图 2-23 所示，工作原理如下。

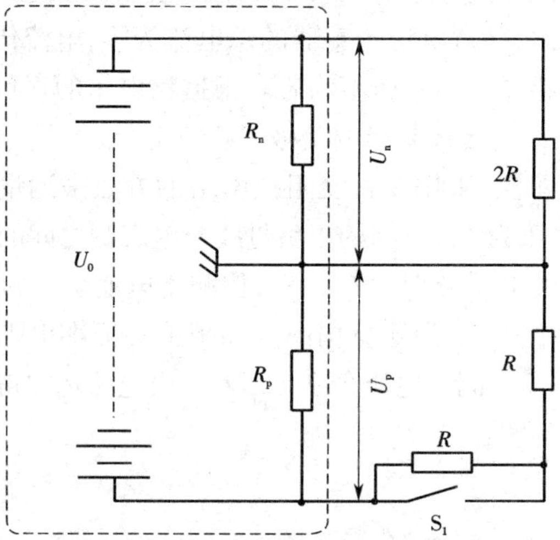

图 2-23 单边切换固定电阻方案原理

当 S_1 断开的时候，测量正、负母线与电底盘之间的电压分别为 U_{p1}、U_{n1}，则

$$\frac{U_{n1}}{R_p}+\frac{U_{n1}}{2R}=\frac{U_{p1}}{R_n}+\frac{U_{p1}}{2R} \tag{2-27}$$

S_1 闭合，测量正、负母线与电底盘之间的电压分别为 U_{p2}、U_{n2}，则

$$\frac{U_{n2}}{R_p}+\frac{U_{n2}}{2R}=\frac{U_{p2}}{R_n}+\frac{U_{p2}}{2R} \tag{2-28}$$

联立式 (2-27) 和式(2-28)可见，未知量只有两个 R_p、R_n，求解得到

$$R_n=\frac{2R(U_{p1}U_{n2}-U_{n1}U_{p2})}{2U_{p2}U_{n1}-U_{n2}U_{p1}} \tag{2-29}$$

$$R_p=\frac{2R(U_{p1}U_{n2}-U_{n1}U_{p2})}{2U_{p1}U_{n2}-U_{n1}U_{p2}+U_{p1}U_{p2}} \tag{2-30}$$

这种方案只有一个开关管，在检测过程中减少了开关切换的次数，增加了检测的可靠性，同时也减少了成本。

2.10　电池管理系统软件通信

电池管理系统的软件主要包括三个部分：中央处理单元的管理部分、各 ECU（电子控制单元，又称“行车电脑”“车载电脑”等。从用途上讲则是汽车专用微机控制器）的测量与控制部分、整个系统的通信部分。中央处理单元管理部分主要实现的功能如下。

（1）初始化各采集控制节点，显示各节点的工作状态。

（2）通过总线，获得显示所需的数据，显示电池组的电压、温度、整个串联电池组的总电压、总电流、电池的 SOC 值及预测的续航里程、系统时间。

（3）根据各节点发来的报警请求，发出报警信号。

（4）处理用户的输入，实现所需显示与一些参数的变更。

（5）通过接口电路和 PC 机通信，以便 PC 机处理采集的数据、建模。

各采集 ECU 的程序由两部分组成：模数转换部分与通信部分。控制 ECU 部分的程序也由两部分组成：判断是否输出控制的开关量部分与通信部分。SOC 预测节点的程序则主要由预测部分和通信部分组成。从以上的各个节点的程序组成可知，总线通信部分是整个系统的基础，是整个系统中各节点连接的纽带。下面将着重介绍 CAN 总线的通信协议。

1.ECU 节点通信信息的确定

在 CAN 规范中，只定义了数据帧结构，没有定义发送和接收的信息，在这里，必须赋予数据帧以特定的含义。系统分上位机与下位机两部分，上位机由 1 个主控节点组成，下位机共有 26 个节点，各节点之间通过 CAN 总线在上位机中央控制节点的管理下进行通信。各节点的信息内容见表 2-4。

表 2-4　智能节点收发信息内容

<table>
<tr><th>节点</th><th>发送短信</th><th>数据字长 /B</th><th>接收信息</th><th>数据字长 /B</th></tr>
<tr><td rowspan="8">1~24 数据采集 ECU</td><td>电池端电压数据</td><td>4</td><td>启动或停止命令</td><td>1</td></tr>
<tr><td>电池温度数据</td><td>4</td><td>变更发送周期指令</td><td>2</td></tr>
<tr><td>过放电报警信号</td><td>1</td><td rowspan="2">充放电控制 ECU 的状态信息</td><td rowspan="2">1</td></tr>
<tr><td>温度过高报警信号</td><td>1</td></tr>
<tr><td>温度过低报警信号</td><td>1</td><td>重启请求应答</td><td>1</td></tr>
<tr><td>过充报警信号</td><td>1</td><td></td><td></td></tr>
<tr><td>节点状态信息</td><td>1</td><td></td><td></td></tr>
<tr><td>重启请求信号</td><td>1</td><td></td><td></td></tr>
</table>

续表

节点	发送短信	数据字长 /B	接收信息	数据字长 /B
SOC 预测 ECU	总电压数据	4	启动或停止指令	1
	总电流数据	4	变更发送周期指令	2
	SOC 预测数据	4	重启请求应答	1
	续航里程	4		
	充电电状态信息	1		
	放电状态信息	1		

有了各节点的接收和发送信号的定义后，还需要对信号的发送频率在系统中进行设定，在总线上发送的主要是电池的电压、电流、温度、电池的 SOC 值以及续航里程等数据，其余各种报警信号则是随机发生的，没有一个固定的频率，各种信号的发送周期还可以根据主控节点的要求来更改。表 2-5 列出各信号的默认发送周期。

表 2-5　各种信号的发送周期

信号名称	电信端电压	温度	电流	电池总电压	电池 SOC	续航里程	节点状态
发送周期	50 ms	1 s	50 ms	50 ms	1 min	1 min	50 ms
数据字节	4	4	4	4	4	4	1
发送节点	1~24 采集 ECU 节点		SOC 预测 ECU 节点				各节点

2. 通信协议的制定

系统的工作方式：每个数据采集节点在本节点监控程序的管理下周期性地工作，并且在底层对数据做必要的处理，然后定时向主控单元发送数据，该定时时间可由主控单元控制。

连接在 CAN 总线上的各 ECU 节点的工作状态很大程度上决定了 CAN 总线的使用情况，并且 ECU 工作状态之间的切换涉及信息列表中各信息的优先级设置、总线的唤醒策略和故障排除与自修复等问题。该系统中 ECU 的工作状态可分为以下五类。

（1）上电诊断状态：ECU 上电后，有一个初始化过程。在完成本模块的初始化后，发送网络初始化信息，同时监听其他节点的网络初始化信息。通过网络初始化信息的交换，ECU 判断整个网络是否完成初始化过程，一旦网络上出现主控 ECU 发来的启动命令则进入正常工作状态。

（2）正常工作状态：在正常工作状态下，ECU 之间通过以 CAN 总线进行通信，以实现传感器测量数据的共享、控制指令的发送和接收等。当休眠条件满足时，ECU 从正常工作状态转入休眠状态；当 CAN 模块故障计数器的计数值为 255 时，ECU 从正常工作状态转入总线关闭状态。

（3）休眠状态：该状态下，ECU 及其模块处于低功耗模式。一旦接收到本地唤醒信号（本地触发信号）或远程唤醒信号（以 CAN 总线激活信号），就从休眠状态转入正常工作状态，其间需要使用网络初始化信息。

（4）总线关闭状态：处于总线关闭状态的 ECU 延迟一段时间后，复位 CAN 模块，然后重新建立与总线的连接；若连续几次都无法正常通信，则 ECU 尝试通过看门狗去复位整个 ECU，并向主控节点请求重新进入工作状态。

（5）掉电状态：关闭电源时，ECU 所处的状态。

根据系统的工作方式以及各 ECU 工作状态，可以制定通信协议，其目的是根据各 ECU 节点发送与接收数据的信息，定义适合系统特点的具体协议，就是要将各种命令或数据以 CAN 协议所规定的帧格式进行传送。按照这一协议，使系统的通信达到有效、快速、可靠。

在本系统中，由于节点数不多，而且传送的数据信息也不多，所以采用 CAN 2.0A 协议，并且遵守 Philips 公司的 SJA1000 与 P87C591 芯片的相关规定。为了叙述准确，在这里定义：数据从模块传向中央处理单元的传送方向为上行；反之，数据从中央处理单元传往各节点的方向为下行。按照 CAN 2.0A 协议，其帧格式包括 2 B 的标识段和 0~8 B 的数据字段。在 P87C591 还有 1 B 的帧信息，所以在 P87C591 中一个完整的数据帧包括 11 B。具体的结构见表 2-6。

表 2-6　数据帧的结构

位	7	6	5	4	3	2	1	0
第 0 字节	FF	RTR	0	0	DLC.3	DLC.2	DLC.1	DLC.0
第 1 字节	ID.28	ID.27	ID.26	ID.25	ID.24	ID.23	ID.22	ID.21
第 2 字节	ID.20	ID.19	ID.18	RTR	0	0	0	0
第 3 字节	D7	D6	D5	D4	D3	D2	D1	D0
第 4 字节	D7	D6	D5	D4	D3	D2	D1	D0
第 5 字节	D7	D6	D5	D4	D3	D2	D1	D0
第 6 字节	D7	D6	D5	D4	D3	D2	D1	D0
第 7 字节	D7	D6	D5	D4	D3	D2	D1	D0
第 8 字节	D7	D6	D5	D4	D3	D2	D1	D0
第 9 字节	D7	D6	D5	D4	D3	D2	D1	D0
第 10 字节	D7	D6	D5	D4	D3	D2	D1	D0

根据系统的功能，上行数据是定时发送的，而下行数据则是按照需要，如在系统初始化或有控制数据要发送时才发送。所以系统中数据传递的特点是：上行数据量大而且多为数值类数据：下行数据多为控制类命令数据。在这里规定：下行数据帧的数据长度均为 3 B，对于无定义的字节用 0 填充；而上行数据帧长度，则根据实际的情况而定，或为 3 B，或为 4 B。为了保证数据传输的可靠性，所有下行命令以及下位机节点之间发送的报警信息都要求有返回帧，即节点收到命令后，要发一返回帧表示确认。而上行数据是由节点按中央处理单元的要求周期发送的，所以只要定时收到数据就可以判断节点工作的可靠性。

3. 数据头的定义

数据头是指 CAN 数据帧的第 0 字节(帧信息)和第 1、2 字节(识别码)。第 0 字节,这个字节的所有位定义是 Philips 公司所规定的,它位于 P87C591 的 CAN 地址 96(接收帧信息)与 112(发送帧信息),FF 位表示帧格式,FF=1,表示使用扩展帧格式;FF=0 表示使用标准帧格式。TRR 位表示发送或接收的是远程帧还是数据帧,RTR=1 表示是远程帧;RTR=0 表示是数据帧。D5、D4 位是保留位,固定为 0。DLC.3~DLC.4 表示数据区信息字节的长度,数据字节长度的范围是 0~8,编码形式如下:

数据字节数 =8 × DLC.3+4 × DLC.2+2 × DL.Cl+DLC.0

第 1 字节和第 2 字节,数据帧的标识字段,标准帧格式的识别码只有 *n* 位(ID.28~ID.18),在总线仲裁过程中最先发送到总线上,而且在仲裁过程中决定了总线访问的优先权,识别码的二进制值越低优先权越高。因此定义各种信息的优先级别见表 2-7。

表 2-7 信号的优先级

优先级	信息类型	识别码		
		ID.28	ID.27	ID.26
1	报警信号	0	0	0
2	报警信号应答	0	0	1
3	下行命令	0	1	0
4	下行数据	0	1	1
5	下行命令应答	1	0	0
6	上行数据	1	0	1
7	节点状态信息	1	1	0

最后将识别码中的 ID.25~ID.18 位作为节点的地址标识,按照这一规定,在系统中可以有 255 个节点,我们只用了 27 个节点,剩下的节点留着以后扩展其他功能。第一个节点地址分给中央处理单元节点,余下的依次为充放电控制节点,SOC 预测节点,ID.24 为数据采集节点。

4. 数据字节的定义

数据字节是所要传输数据信息从起始到结束所占的字节,是用于传递数据信息的,考虑到控制、命令信息也属于要传送的数据的一部分,要加载在数据字节中传送,所以在数据字节中应对不同的数据类型加以区别,而且同是报警信号,如温度过高信号与过放电信号在数据的标识码中并不能区别出来,只有通过在数据字节里设置标识才能区分同类型的不同信号。因此在本系统中将数据字节分成两个部分,第一部分是数据的类型,表示该数据是什么样的数据,用一个字节来表示。第二部分是纯数据信息,表示节点发送的电压数据或电流数据等具体的数据值,所占字节以信息的内容来定。对各种数据类型作如下定义,见表 2-8。

表 2-8　数据类型定义

序号	数据类型	第一数据字节的值
1	启动或停止命令	01
2	变更周期命令	02
3	温度过高报警信号	03
4	温度过低报警信号	04
5	过放电报警信号	05
6	过放电信号应答	06
7	过充电报警信号	07
8	过充电信号应答	08
9	过充过放事件处理完毕信号	09
10	节点状态信号	0A
11	电池 SOC 预测值	0B
12	续航里程	0C
13	单组电池端电压	0D
14	单组电池温度	0E
15	电池总电压	0F
16	电池总电流	10
17	重启请求信号	11
18	应答请求信号	12

其中启动或停止命令的第二字节用 FFH 表示启动工作，00H 表示停止工作。对变更周期指令的第二、三个数据字节再做这样的定义：周期的最小分度为 50 ms，即 01H 表示周期为 50 ms，02H 表示 100 ms，03H 表示 150 ms，以此类推，最大可为 3 276.8 s。

有了上述的定义，就可以在各节点中对验收滤波器进行有效的设置，以接收想要的数据。本系统中采用双滤波器标准帧的验收方式，第一个滤波器比较包括 RTR 位的整个标准标识码和报文的第一个数据字节，它由验收代码寄存器 ACR0、ACR1、ACR2、ACR3 的低 4 位和对应的验收屏蔽寄存器 AMR 组成，第二个滤波器只比较包括 RTR 位的整个标准识别码，它由验收代码寄存器 ACR2、ACR3 的高 4 位和对应的验收屏蔽寄存器 AMR 组成。

系统中设置 CAN 总线的最大传输率 500 kbps，整个总线上有 25 个采样节点，每个采样节点平均大约可分享 20 kbps 的数据流量。每个采样节点的最大采样频率约为 2 kHz。当传输的波特率确定后，要想多个节点之间通信成功，各节点必须满足一定的位定时要求，并对位定时寄存器参数进行合理的设置。使各节点之间的通信能同步，以消除各节点因采用不同的晶振以及各种延迟而带来的传输不同步的影响。

经过对电动汽车蓄电池的讲解，我们对蓄电池的特性、工作过程以及电池管理系统都有了一定的了解，下面就要考虑对电池的充电方式，怎么样对其充电才能做到对电池的伤害最小以及采用怎样的电路拓扑结构对蓄电池进行充电。

扫描二维码查看动力电池常用知识点。

问题与思考

1. 什么是电池能量密度？
2. 什么是蓄电池的端电压？
3. 什么是蓄电池开路电压？
4. 什么是蓄电池放电电压？
5. 什么是蓄电池充电电压？
6. 什么是电池记忆效应？
7. 动力电池主要分为哪几类？
8. 简述各种动力电池的工作过程。
9. 什么是电池管理系统及其主要功能？
10. 什么是 SOC？
11.SOC 测量方法都有哪些？
12. 什么是 SOH？
13.SOH 测量方法都有哪些？
14. 影响电池 SOH 的因素主要有哪些？
15. 电池 RUL 预测方法都有哪些？
16. 简述电池管理系统通信系统的主要组成部分及各部分功能。

第3章 电动汽车充电系统基础

3.1 电动汽车充电方式

电动汽车充电系统根据充电电能的传递方式可以分为有线充电和无线充电两类。有线充电是目前主要的充电方式。有线充电根据充电电流大小和充电速度，又可分为常规充电和快速充电。根据充电设备的安装位置，可分为车载式充电装置和非车载式充电装置，即地面固定式充电装置。固定式充电装置主要包括专用充电机、专用充电站、通用充电机、公共场所用充电站等。它可以满足各种电池的各种充电方式。通常非车载式充电器的功率、体积和重量均比较大，以便能够适应各种充电方式。根据电动汽车动力电池组的技术和使用特性，目前电动汽车常用的充电模式有：常规充电、快速充电、无线充电和电池组快速更换充电四种。

3.1.1 常规充电

常规充电也称作慢充，一般指通过交流充电桩为电动汽车充电的情况。蓄电池在放电终止后，应立即采用小电流的恒压或恒流方式进行充电，电流大小约为 0.2 C（容量为 75 A · h 电池充电电流约 15 A），充电时间一般为 5~8 h，有时长达 10 h 甚至超过 20 h（在特殊情况下不应超过 24 h）。因此这种方式一般用于在晚间进行充电，充电时可以充分利用电力低谷时段，有利于降低充电成本，提高充电效率并延长电池的使用寿命。电动汽车家用充电设施（车载充电机）和小型充电站多采用这种充电方式。车载充电机使用市电电源即可完成充电，将充电机作为标准配置放置在后备箱或固定于车上，便可随时随地进行充电。但是由于充电时间较长，难以满足紧急运行或者长距离运行需求，给实际应用带来不便。

3.1.2 快速充电

快速充电，通过非车载充电机采用直流大电流给动力电池直接充电，使电池在短时间内可充至 80% 左右的电量，因此也称为应急充电。通常以 150~400 A 的直流电流在 20 min~2 h 完成充电。由于充电在短时间内（15~30 min）就能使电池储电量达到 80%~90%，与加油时间相仿，因此，建设相应充电站时可不配备大面积停车场。快速充电最大优点为充电时间大为缩短，且可增加适当电池容量，提高启动性能。

3.1.3 无线充电

无线充电技术源于无线电力输送技术。无线电力传输也称无线能量传输或无线电能传输,主要通过电磁感应、电磁共振、射频、微波、激光等方式实现非接触式的电力传输。电动汽车无线充电原理如图 3-1 所示。根据在空间实现无线电力传输供电距离的不同,可以把无线电力传输形式分为短程、中程和远程传输三大类。

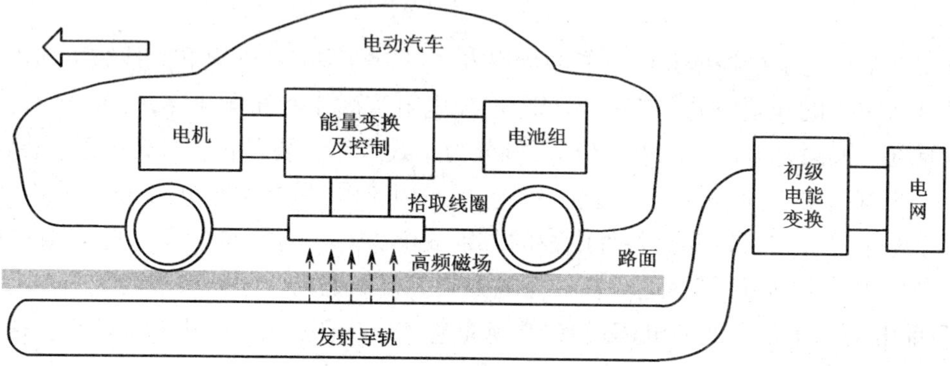

图 3-1 电动汽车无线充电原理

(1)短程传输。通过电磁感应电力传输(Inductively Coupled Power Transmission,ICPT)技术来实现,一般适用于小型便携式电子设备供电。ICPT 主要以磁场为媒介,利用可分离变压器耦合,通过初级和次级线圈感应产生电流,电磁场可以穿透一切非金属的物体,电能可以隔着很多非金属材料进行传输,从而将能量从传输端转移到接收端,实现无电气连接的电能传输。电磁感应传输功率大,能达几百千瓦,但电磁感应原理的应用受制于过短的供电端和受电端距离,传输距离上限是 10 cm 左右。

(2)中程传输。通过电磁耦合共振电力传输(Electro-magnetic Resonant Power Transmission, ERPT)技术或射频电力传输(Radio Frequency Power Transmission, RFPT)技术实现,中程传输可为手机、MP3 等仪器提供无线电力传输。ERPT 技术主要是利用接收天线固有频率与发射场电磁频率相一致时引起电磁共振,发生强电磁耦合的工作原理,通过非辐射磁场实现电能的高效传输。电磁共振型与电磁感应型相比,采用的磁场要弱得多,传输功率可达几千瓦,能实现更长距离的传输,传输距离可达 3~4 m。RFPT 主要通过功率放大器发射射频信号,通过检波、高频整流后得到直流电,供负载使用。RFPT 距离较远,能达 10 m,但传输功率很小,为几毫瓦至 100 mW。

(3)远程传输。通过微波电力传输(Microwave Power Transmission, MPT)技术或激光电力传输(Laser Power Transmission,LPT)技术来实现。远程传输对于太空科技领域如人造卫星、航天器之间的能量传输以及新能源开发利用等有重要的战略意义。MPT 是将电能转化为微波,让微波经自由空间传送到目标位置,再经整流,转化成直流电能,提供给负载。微波电能传输适合应用于大范围、长距离且不易受环境影响的电能传输,如空间太阳能电站等。LPT 是利用激光可以携带大量的能量,用较小的发射功率实现较远距离的电能传输。

激光方向性强、能量集中,不存在干扰通信卫星的风险,但障碍物会影响激光与接收装置之间的能量交换,射束能量在传输途中会部分丧失。

3.1.4　电池组快速更换

电池组快速更换充电(也称作机械充电模式)是指使用事先充满电的蓄电池更换已经耗尽电量的蓄电池,更换时间与燃油汽车加油时间相近,需要 5~10 min。快换方式最为便捷,但是需要电动汽车和车载电池实现标准化,而且快速更换过程中需要专业人员进行操作。快速更换可以在充电站完成,也可以在专用电池更换站完成。这种充电方式的优点是电动车电池不需现场充电,更换电池时间较短,但要求电池的外形、容量等参数完全统一,同时,还要求电动汽车的构造设计能满足更换电池的方便性、快捷性。电池组快速更换主要适用于出租车行业或电池租赁行业。

车主可根据具体的需要选择相应的充(换)电方式。充(换)电方式的比较见表 3-1。

表 3-1　充(换)电方式比较

方式	优缺点
常规充电	优点:交流充电模式,利用照明系统充电,在家里、停车场都可以进行充电,可利用电力低谷段充电,节约成本。对电池的损害较小,可延长电池的使用寿命。 缺点:充电电流小,充电时间较长,不能满足紧急情况,对用户来说不是很方便
快速充电	优点:直流充电模式,可对电池进行大电流快充,充电速度快,时间短,满足紧急情况的车辆充电需要。 缺点:充电电流很大,频繁快速充电对电池寿命有一定影响;同时对充电技术和充电安全性要求高,充电设施成本较高,适用于标准的充电站
无线充电	优点:不用布线,节省了大量空间。 缺点:传输功率小,受制于传输距离;无线充电技术属前沿技术,仅试点运营,产业化尚未实现;无线充电选址、硬件投资大且需要专业维护
电池组快速更换	优点:换电方式一般可在几分钟内完成换电过程,便捷性高;同时对电池进行集中充电可采取慢充方式,避免快充而引起的电池寿命缩短问题,也可避免大规模电动汽车随机充电对电网运行带来的不利影响。 缺点:换电模式存在着要求电池等标准统一的问题;换电站的建设既要考虑地价因素及交通便利性,又要顾及电网接入的问题,站址选择不够灵活;换电站均需配置充电机、电池箱换电设备等,投资大且需要专业维护,日常运营成本高

随着电池技术和电动车技术的发展,各种充电方式的差异将会越来越小,充电模式将会变得更高效、更节约、更便利。

3.2　电动汽车交直流充电系统结构

充电系统将电动汽车外部的能量转化为动力电池的能量储存起来,主要由充电接口、车载充电机、高压控制盒、动力电池系统等组成,连接控制关系如图 3-2 所示,整车位置示意如

图 3-3 所示。从连接关系可以看出,快充直流充电桩是通过高压控制盒直接连接到动力电池系统为动力电池直流充电。

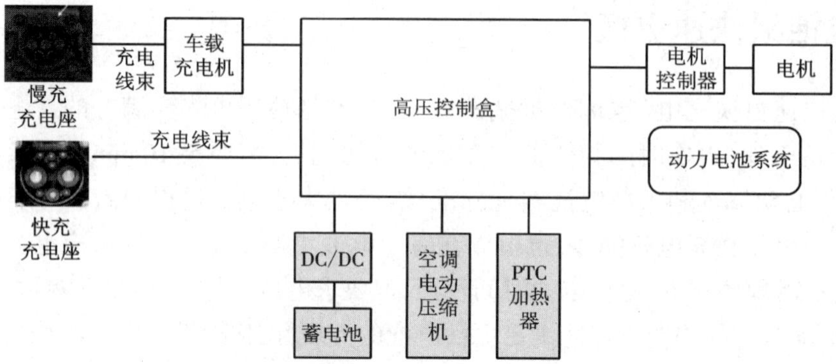

图 3-2　电动汽车充电系统连接控制示意

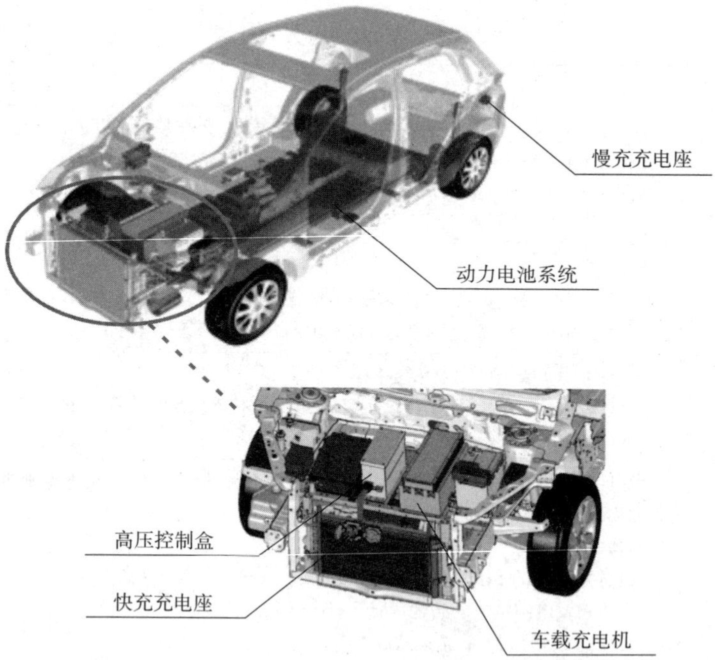

图 3-3　电动汽车充电系统结构示意

目前纯电动汽车的充电设备主要是交流充电桩、直流充电桩和车载充电机。交流充电桩提供电力输出,需连接车载充电机为电动汽车动力电池充电;车载充电机充电灵活,结构简单体积小,耐受恶劣工作环境,但一般功率较小;直流充电桩是将公共电网的交流电能转换为供给蓄电池充电用的直流电能,功率较大,结构体积较大,其核心是充电电源模块。

3.2.1　充电设备系统结构

（1）车载充电机是指固定安装在电动汽车上，具有为电动汽车动力电池安全、自动充满电的能力，充电机依据电池管理系统（BMS）提供的数据，能动态调节充电电流或电压参数，执行相应的动作，完成充电过程，外形如图 3-4 所示。

图 3-4　车载充电机外形结构

车载充电机具备高速 CAN 网络与 BMS 通信的功能，判断电池连接状态是否正确；获得电池系统参数及充电前和充电过程中整组和单体电池的实时数据。充电机依据 BMS 提供的数据，能动态调节充电电流或电压参数，执行相应的动作，完成充电过程。可通过高速 CAN 网络与车辆监控系统通信，上传充电机的工作状态、工作参数和故障报警信息，接受启动充电或停止充电控制命令。同时具有如下完备的安全防护措施。

①交流输入过压保护功能。

②交流输入欠压报警功能。

③交流输入过流保护功能。

④直流输出过流保护功能。

⑤直流输出短路保护功能。

⑥输出软启动功能，防止电流冲击。

⑦在充电过程中，充电机能保证动力电池的温度、充电电压和电流不超过允许值；并具有单体电池电压限制功能，自动根据 BMS 的电池信息动态调整充电电流。

⑧自动判断充电连接器、充电电缆是否正确连接。当充电机与充电桩和电池正确连接后，充电机才能允许启动充电过程；当充电机检测到与充电桩或电池连接不正常时，立即停止充电。

⑨充电联锁功能，保证充电机与动力电池连接分开以前车辆不能启动。

⑩高压互锁功能，当有危害人身安全的高电压时，模块锁定无输出。

⑪具有阻燃功能。

(2)交流充电桩是一种利用标准电动汽车充电接口,为备有车载充电机的电动汽车提供交流电能,并提供友好的人机操作界面,进行相应的控制操作、计量计费和通信管理的电动汽车专用交流供电装置。交流充电桩系统要求的功能规范如下:

①可以提供 AC 220 V 供电能力;

②具备漏电、短路、过压、欠压、过流等保护功能,确保充电桩安全可靠运行;

③具备显示、操作等必需的人机接口;

④交流充电计量;

⑤设置刷卡接口,支持多种刷卡方式,并可配置打印机,提供票据打印功能;

⑥具备充电接口的连接状态判断、控制导引等完善的安全保护控制逻辑。

(3)直流充电桩有三种结构:共交流母线结构、共直流母线结构、输出扩流模式结构。共交流母线结构如图 3-5 所示,充电机的输入端为交流电压源,所有的充电机共用一条交流母线,这种结构的优点是,充电机可以模块化设计,单独调整,缺点是每个充电机都需要整流装置。共直流母线结构如图 3-6 所示,充电系统由一个大功率的 PWM 整流器将电网提供的交流电压转换成直流电压形成直流母线,直接给动力电池组充电的多个 DC/DC 变换器连接在直流母线上,这种结构便于对电能质量进行统一治理。输出扩流模式结构如图 3-7 所示,为了增大充电机的功率可以将多个小功率充电机输出端并联使用,增加输出电流。在纯电动汽车充电站中,通常根据具体情况混合使用这三种充电结构,部分充电机由直流母线供电,部分充电机由交流母线供电,部分充电机输出端并联给动力电池组充电。

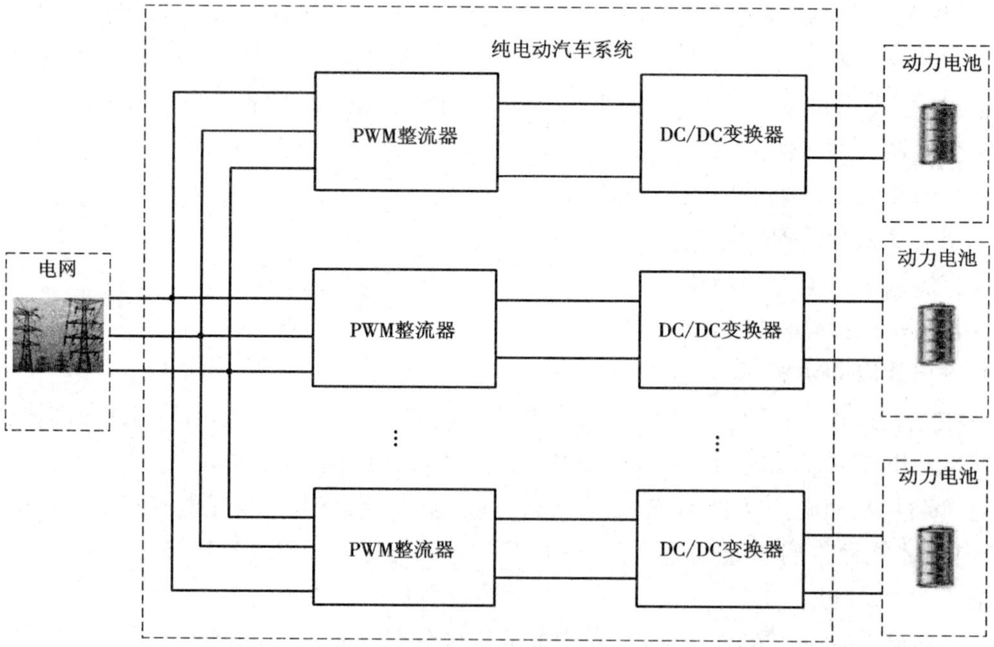

图 3-5 共交流母线结构图

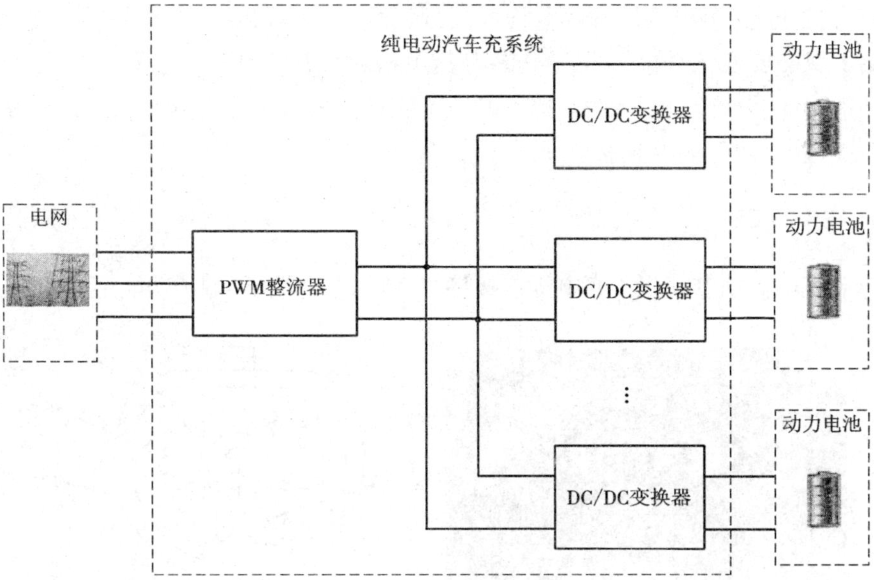

图 3-6　共直流母线结构

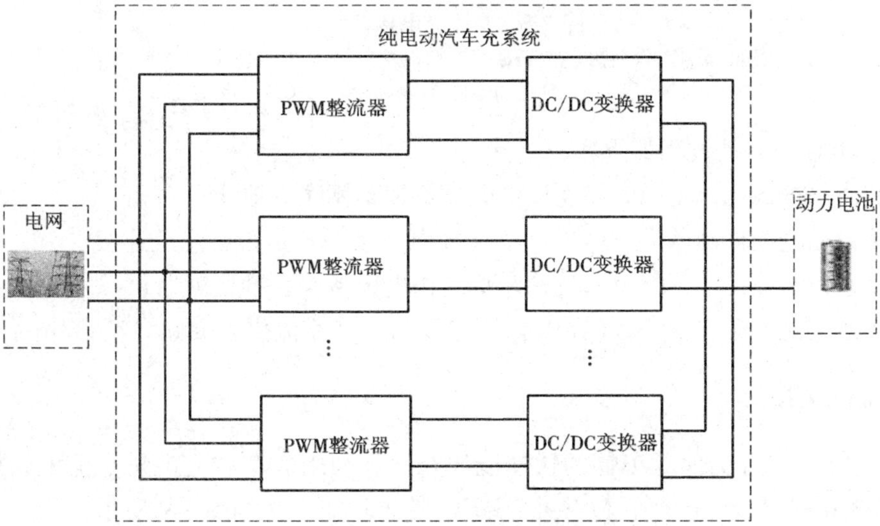

图 3-7　输出扩流模式结构

由图 3-3 至图 3-5 可知充电模块将电网输送的电能首先进行 PWM 整流，然后再经过 DC/DC 变换器得到满足电流以及电压要求的电能，给电动汽车充电。

3.2.2　充电接口定义

充电接口是指用于连接活动电缆和电动汽车的充电部件，由充电插座和充电插头两部分构成。根据充电模式的不同，充电接口分为交流充电口（图 3-8）和直流充电口（图 3-9）。

充电接口的要求如下：

（1）额定电流大，避免插座发热和故障；

(2)插头与插座接触电阻小，耦合程度高，避免火花和虚接；
(3)能实现必要通信功能，便于 BMS 与充电机对接；
(4)具备防误插功能，电源插头要有识别功能；
(5)外形合理，便于职业插拔作业。

1. 交流充电接口

具有车载充电机的电动汽车充电的连接接口，包含七个端子，端子功能定义如图 3-8 所示。

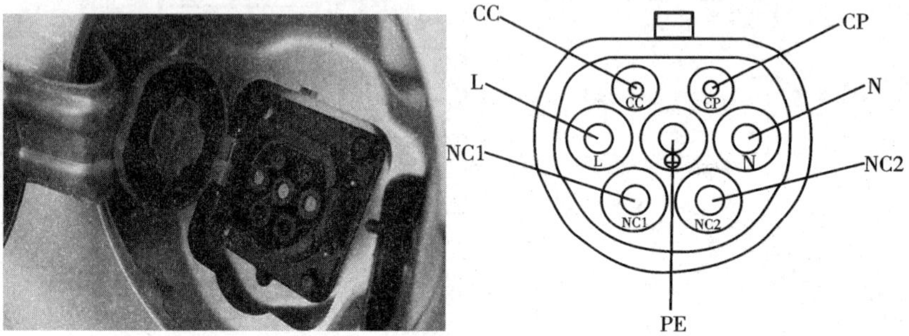

图 3-8　交流充电接口示意

L—交流电源端子；N—中线端子；PE—保护接地端子，连接供电设备和车盘底盘地线；
CP—控制确认端子；CC—充电连接确认端子；NC1、NC2—预留通信端子

交流充电接口启动过程如下：
(1)接通保护接地端子(PE)，连接供电设备和车辆底盘地线；
(2)接通充电连接确认端子(CC)，确认充电连接装置是否已完全连接；
(3)接通控制确认端子(CP)，确认车辆和供电设备是否准备就绪；
(4)接通交流电源火线端子(L)、零线端子(N)，使交流供电回路导通，充电系统启动。

2. 直流充电接口

直流充电接口可实现对车辆的快速能源补给。利用非车载充电机交流电转换成直流电，通过直流接口完成充电。它包含九个端子，端子功能定义如图 3-9 所示。

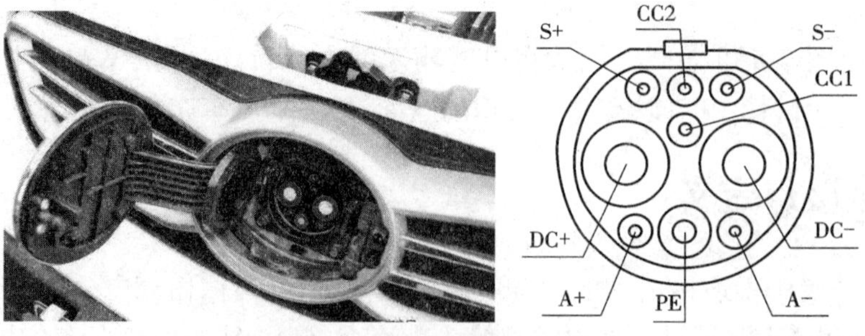

图 3-9　直流充电接口示意

DC+—直流电源正端子；DC−—直流电源负端子；S+—充电通信 CAN-H 端子；S−—充电通信 CAN-L 端子；
A+—低压辅助电源正端子；PE—保护接地端子；A−—低压辅助电源负端子；CC1—充电连接确认端子 1；
CC2—充电连接确认端子 2

直流充电接口启动过程如下：

（1）接通保护接地端子（PE），连接供电设备和车辆底盘地线；

（2）接通低压辅助电源端子（A+、A-），向电动汽车的电池管理系统供电；

（3）接通连接确认端子（CC1、CC2），确认充电连接装置是否已完全耦合；

（4）接通充电通信端子（S+、S-），电池管理系统与非车载充电设备进行通信；

（5）接通直流电源端子（DC+、DC-），非车载充电设备开始对电动汽车进行充电。

3.3　直流充电电路原理

电动汽车直流充电是将公共电网的交流电能转换为供给蓄电池充电用的直流电能，其原理框图（图 3-10）可分为主回路和控制回路两部分，主回路由三相全桥整流电路、全桥移相逆变电路、变压器、全桥整流电路组成；控制回路由 PWM 控制电路，电压、电流采样电路，通信电路，显示、键盘电路和 DSP 模块组成。

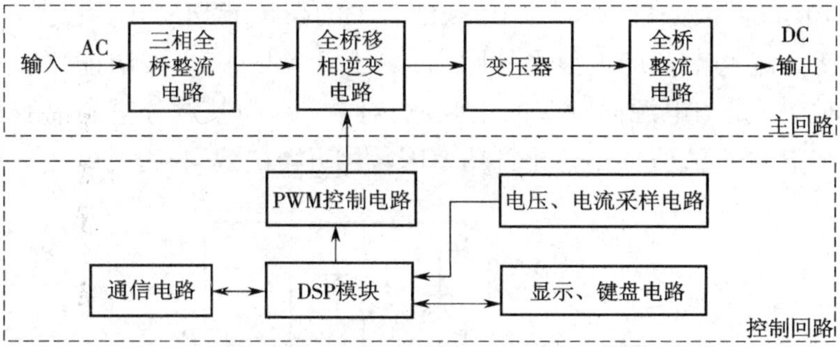

图 3-10　直流充电电路原理框图

交流市电经过三相全控桥式整流电路变换为直流电，根据选择的充电方法和电压、电流采样结果通过 DSP 模块计算，并由 PWM 电路放大触发脉冲控制全桥移相逆变电路将直流电变换为脉冲交流电经高频变压器隔离送入全桥整流电路得到所需充电过程的直流充电电压和电流，实现对蓄电池的充电。电动汽车直流充电电源作为充电系统的重要组成部分，其工作特性必须满足以下几点：

（1）采用成熟电路拓扑和技术，使得电路具有高可靠性；

（2）充电机电路工作在开关状态，其转换效率高，整个工作期间效率都在 90% 以上，不影响汽车直流发电机原有工作状态，对汽车其他设备不构成影响；

（3）采用先进的控制技术，使升降压过渡平稳；

（4）电压模式、电流模式双环路控制，电压、电流精度和稳定性高；

（5）保护电路齐全，各单元电路逐级保护；

（6）电路自身辐射小，不对汽车其他设备构成干扰，同时抗干扰能力强。

交直流充电原理图 SCH 可扫描二维码查看。

3.3.1 PWM 整流技术

脉冲宽度调制（Pulse Width Modulation，PWM）是一种开关式模拟控制方式，其根据参考信号的电平来调制 IGBT 门极或 MOS 管栅极的驱动脉冲的占空比，来实现 IGBT 或 MOS 管导通时间的改变，从而实现开关电源输出电压的改变。

PWM 整流的基本原理是：控制方式就是对逆变电路开关器件的通断进行控制，使输出端得到一系列驱动脉冲，用这些脉冲来代替正弦波或所需要的波形，也就是在输出波形的半个周期中产生多个脉冲，使各脉冲的等值电压为正弦波形，所获得的输出平滑且低次谐波少。按一定的规则对各脉冲的宽度进行调制，即可改变逆变电路输出电压的大小，也可改变输出频率。

1. 单相全桥 PWM 整流器

单相全桥 PWM 整流器（图 3-11），通过 VT_1~VT_4 进行 PWM 控制，就可在桥的交流输入端产生正弦调制 PWM 波，且 PWM 波中不含低次谐波成分，只含有和被调正弦信号波同频率且幅值成比例的基波分量以及与三角载波有关的高频谐波。由于电感 L_s 的滤波作用，高次谐波只会使交流电流 i_S 产生很小的脉动，在理想情况下，当被调正弦信号波的频率和电源频率相同时，i_S 是与电源同频率的正弦波，对 PWM 中基波分量的幅值和相位进行控制，可以达到使交流侧电流波形正弦化且功率因数接近 1 的效果。

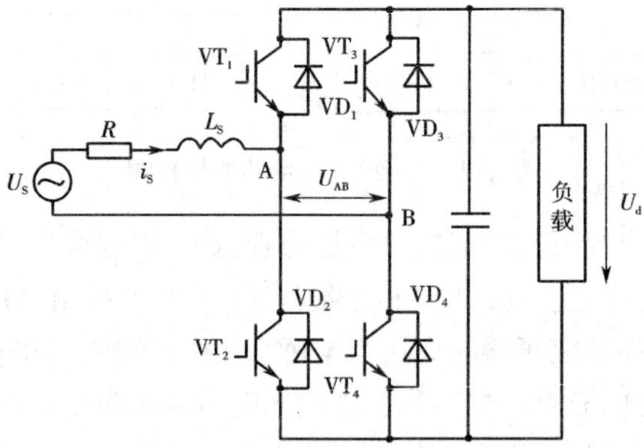

图 3-11 单相全桥 PWM 整流器

2. 三相全桥 PWM 整流器

三相全桥 PWM 整流器（图 3-12），通过对电路进行正弦波 PWM 控制，使得整流桥的交流输入端产生正弦 PWM 电压，对各相电压进行控制，就可以使各相电流 i_a、i_b、i_c 为正弦波且和电压相位相同，从而使功率因数为 1。当电路工作在整流状态下，能量从电网侧流向直流侧的负载；当电路工作在再生状态下，类似于三相 PWM 电压型逆变器，可以将直流侧的能量回馈到交流电网侧。

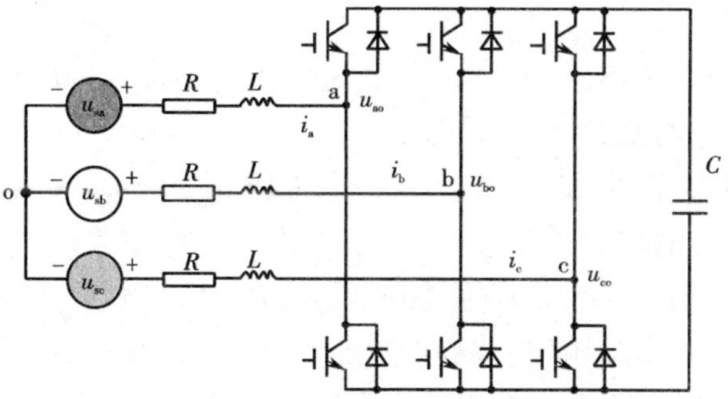

图 3-12　三相全桥 PWM 整流器

3. 维也纳整流

维也纳整流器(图 3-13)是对二极管钳位型三电平整流器的一种改进和发展。

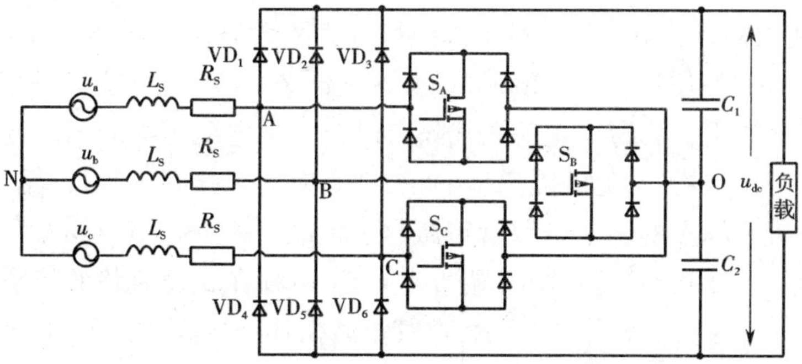

图 3-13　维也纳整流器主电路

维也纳整流器的主电路中交流侧的 L_S 为等值电感,起抑制高次谐波和平衡桥臂终端电压和电网电压的作用;R_S 为等值电阻,通常情况下较小,可以忽略不计;C_1、C_2 为滤波电容,为高次谐波电流提供低阻抗通路,减少直流电压纹波,同时还有平衡中点电位的作用。每相有一个由全控开关器件(分别是 S_A, S_B, S_C)和四个二极管组成的双向开关。以 $0 \leqslant \omega t \leqslant \pi/6$ 为例,说明三相电压在整流状态时的工作情况。在这个区间 A 相的输入电压始终为正,B、C 相的输入电压始终为负。设开关管导通时为 1,关断时为 0,则三相开关有 $2^3=8$ 种状态。

状态 0(0,0,0):开关管 S_A、S_B、S_C 关断,电压 $u_{AO}=u_{dc}/2$,$u_{BO}=-u_{dc}/2$,$u_{CO}=-u_{dc}/2$,正向电流对电容 C_1 及 C_2 充电。

状态 1(0,0,1):开关管 S_A、S_B 关断,S_C 开通,电压 $u_{AO}=u_{dc}/2$,$u_{BO}=-u_{dc}/2$,$u_{CO}=0$,正向电流对电容 C_1 充电,C_2 通过直流侧负载放电。

状态 2(0,1,0):开关管 S_A、S_C 关断,S_B 开通,电压 $u_{AO}=u_{dc}/2$,$u_{BO}=0$,$u_{CO}=-u_{dc}/2$,正向电流对电容 C_1 充电,C_2 通过直流侧负载放电。

状态 3(0,1,1):开关管 S_A 关断,S_B、S_C 开通,电压 $u_{AO}=u_{dc}/2$,$u_{BO}=0$,$u_{CO}=0$,正向电流对电容 C_1 充电,C_2 通过直流侧负载放电。

状态 4(1,0,0):开关管 S_A 开通,S_B、S_C 关断,电压 $u_{AO}=0$,$u_{BO}=-u_{dc}/2$,$u_{CO}=-u_{dc}/2$,C_1 通过

直流侧负载放电，正向电流对电容 C_2 充电。

状态 5(1,0,1)：开关管 S_A 开通，S_B 关断，S_C 开通，电压 $u_{AO}=0$，$u_{BO}=-u_{dc}/2$，$u_{CO}=0$，C_1 通过直流侧负载放电，正向电流对电容 C_2 充电。

状态 6(1,1,0)：开关管 S_A、S_B 开通，S_C 关断，电压 $u_{AO}=0$，$u_{BO}=0$，$u_{CO}=-u_{dc}/2$，C_1 通过直流侧负载放电，正向电流对电容 C_2 充电。

状态 7(1,1,1)：开关管 S_A、S_B、S_C 开通，电压 $u_{AO}=0$，$u_{BO}=0$，$u_{CO}=0$，C_1、C_2 通过直流侧负载放电。

与传统的二极管不控整流电路和晶闸管相控整流电路相比，维也纳整流器是一种性能优良的三电平 PFC 拓扑结构，具有功率密度等级高、谐波含量小、耐压等级高、无须考虑死区、开关器件少等优点。维也纳整流器可以实现较小的交流侧电压变化率和更低的输入电流谐波含量，因而非常适合中、大容量的整流应用场合。

3.3.2 DC/DC 变换技术

目前，经常使用的开关电源拓扑结构大致可分为两大类，即隔离型与非隔离型。常见的非隔离型变换器拓扑结构有 Buck、Boost、Cuk、Sepic、Zeta 等，这些变换器拓扑结构简单，适合在中小功率场合使用。而为了实现电气隔离以及输出电压等级的灵活调节，通常采用带变压器的隔离型拓扑结构，常见的隔离型 DC/DC 变换器拓扑有正激式、反激式、推挽式、半桥式、全桥式等，研究较多的主要有双管正激、全桥和半桥三种，其结构如图 3-14 所示。其中，双管正激电路中的两个开关管同时导通或关断，不存在直通短路的问题，因此通常使用在对可靠性要求较高的航空电源上，然而，双管正激拓扑结构为硬开关，其开关损耗大，效率低下，并且输出需要较大的滤波电感，导致体积较大；半桥式和全桥式拓扑结构凭借其低电压应力及软开关特性在工程中被广泛使用。

对于 PWM 型 DC/DC 变换器，散热器以及磁性元件占整个变换器中体积的大部分比重，为了满足高功率密度，高集成性的要求，必须不断寻求减小磁性元件和散热器体积的新方法。然而，这两个目标是相互约束的。要想减小磁性元件的体积，可以通过增大变换器的开关频率的方法实现，但是开关频率的提高会导致开关损耗和导通损耗的增加，尤其是硬开关电路，而变换器的功率损耗又会引起变换器发热增加，因此需要更大的散热器。此外，为了满足掉电维持时间的要求，需要变换器可以在宽输入电压范围内运行，为此，谐振变换器受到越来越多的重视。谐振变换器控制相较于传统的 PWM 控制来说，具有开关频率高，开关损耗小、允许输入电压范围宽、效率高、重量轻、体积小、EMI 噪声小、开关应力小等优势。

当前谐振变换器主要有 LC 串联谐振变换器（Series Resonant Converter，SRC）、LC 并联谐振变换器（Parallel Resonant Converter，PRC）以及 LCC 串并联谐振变换器（Series Parallel Resonant Converter，SPRC）。

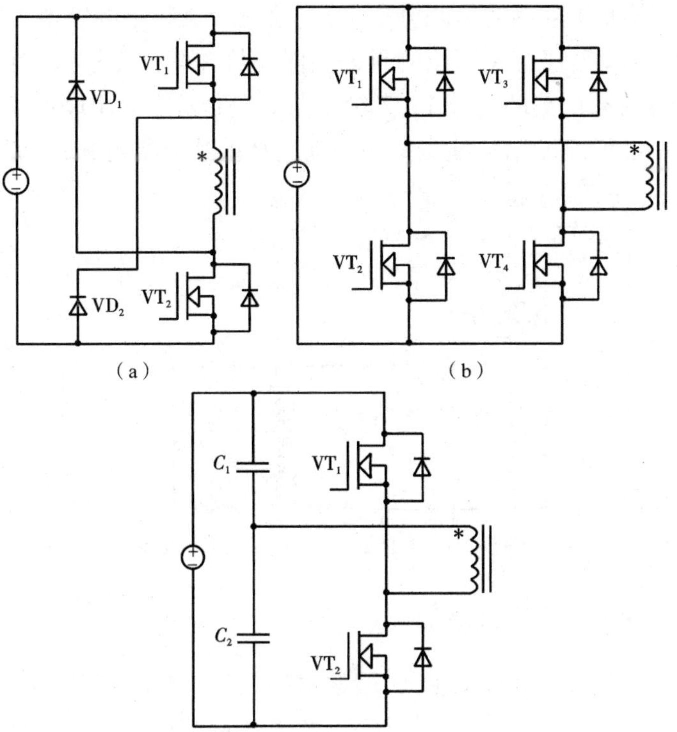

（a）（b）（c）

图 3-14　DC/DC 变换器原边拓扑结构

（a）双管正激电路结构　（b）全桥电路结构　（c）半桥电路结构

1. LC 串联谐振变换器

从图 3-15 中可以看出，谐振电感与谐振电容串联，因此称为串联谐振，由于分压关系，该谐振变换器的直流增益总小于 1，在谐振频率点，谐振腔的阻抗很小，全部输入电压均通过谐振腔作用在负载上，因而谐振频率点也称为最大直流增益点。但是串联谐振变换器具备轻载电压调整范围低，高谐振能量以及高输入电压时的较大关断电流的弊端。

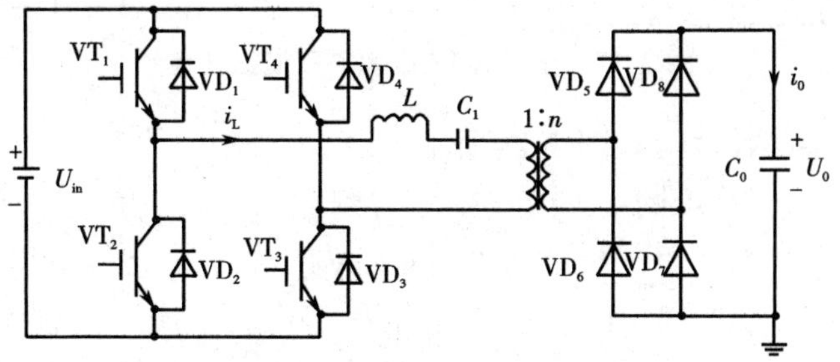

图 3-15　LC 串联谐振变换器

2. LC 并联谐振变换器

对半桥式 LC 并联谐振变换器（图 3-16）而言，输出负载与谐振电容并联，其本质上是负载与电容的并联阻抗和电感的串联分压，通过改变开关频率能够改变谐振网络的等效阻抗，从而改变输出电压，实现变频调压的目的。但是从并联谐振输入端讲，负载与谐振电容为并联连接，即使在没有负载的情况下，仍然存在一个非常小的串联谐振阻抗，因此，即使负载为零，也会有一个非常高的谐振能量循环流动。从上述分析可知，并联谐振变换器具备高谐振能量以及高输入电压时的较大关断电流的弊端。

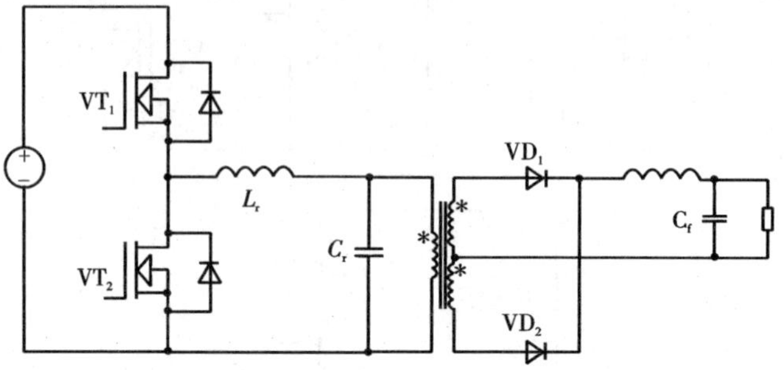

图 3-16　半桥式 LC 并联谐振变换器

3. 全桥式 LCC 串并联谐振变换器

图 3-17 为具有电容型滤波器的 LCC 谐振变换器，其中 VT_1~VT_4 为四只开关管，VD_1~VD_4 为它们的反并二极管，C_1~C_4 为并联电容，C_S 为串联谐振电容，L_S 为串联谐振电感，它包含了变压器的漏感，C_p 为并联谐振电容，它包含了变压器折算至原边的绕组分布电容，T_r 为高压变压器，副边对原边的匝比为 K，VD_{R1}~VD_{R4} 为整流二极管，C_o 是输出滤波电容，R_{Ld} 为负载。

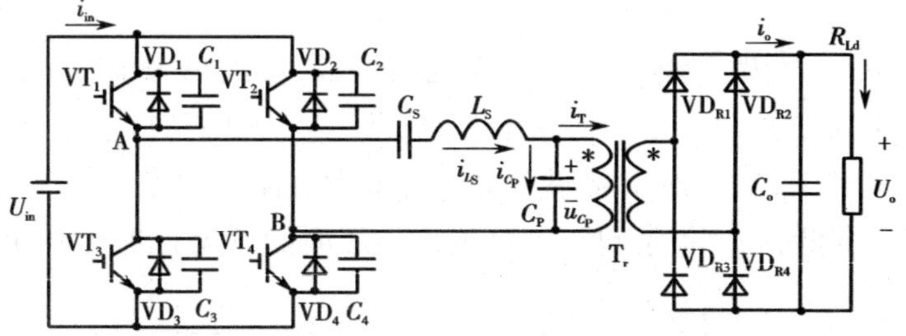

图 3-17　全桥式 LCC 串并联谐振变换器

LCC 谐振变换器工作波形如图 3-18 所示。

（1）开关模态 1（t_0~t_1）（图 3-19）。在 t_0 时刻之前，VD_1 和 VD_4 导通，将 VT_1 和 VT_4 的电压箝在零位，t_0 时刻开通 VT_1 和 VT_4，因此 VT_1 和 VT_4 是零电压开通。电感电流 i_{L_S} 为负，流经 VD_4、T_r、L_s、C_s 和 VD_1，L_s 和 C_s 谐振工作。整流二极管 VD_{R2} 和 VD_{R3} 导通，并联谐振电容 C_p 两端电压 U_{Cp} 被输出电压箝位在 $-U_o/K$。原边向副边传递能量，同时谐振网络的储能回馈给输入电源。t_1 时刻，电感电流 i_{L_S} 谐振到零点，VD_{R2} 和 VD_{R3} 自然截止，为零电流关断。

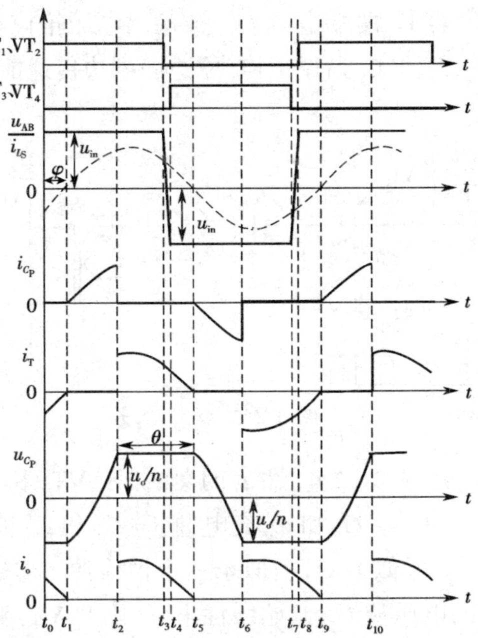

图 3-18　LCC 串并联谐振变换器工作波形

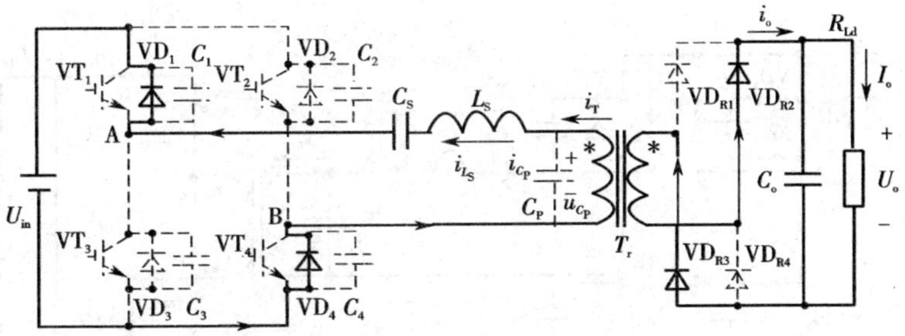

图 3-19　t_0~t_1 阶段

（2）开关模态 2（t_1~t_2）（图 3-20）。在 t_1 时刻，电感电流 i_{L_S} 由负方向过零，并且向正方向增加，流经 VT_1、C_s、L_s、C_p 和 VT_4，L_s、C_s 和 C_p 谐振工作。i_{L_S} 给 C_p 充电，U_{Cp} 从 $-U_o/K$ 升高。副边整流二极管均截止，变压器原副边脱离，负载由输出滤波电容供电。

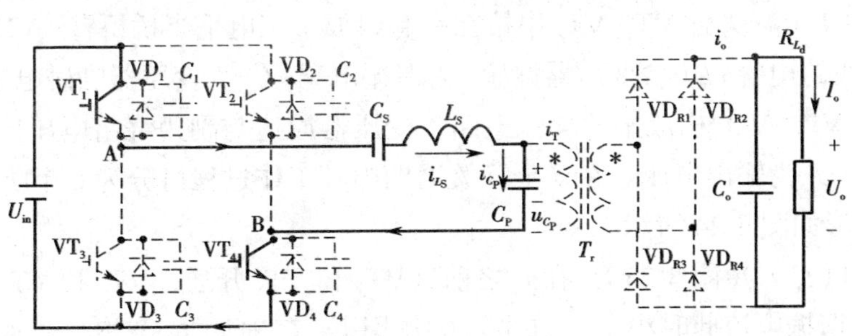

图 3-20　t_1~t_2 阶段

（3）开关模态 3（t_2~t_3）（图 3-21）。在 t_2 时刻，U_{Cp} 电压上升到 U_o/K，整流二极管 VD_{R1}

和 VD_{R4} 导通，并联谐振电容 C_p 两端电压 U_{Cp} 被输出电压箝位在 U_o/K。电感电流 i_{L_s} 为正，流经 VT_1、C_s、L_s、T_r 和 VT_4，L_s 和 C_s 谐振工作，原边向副边传递能量。

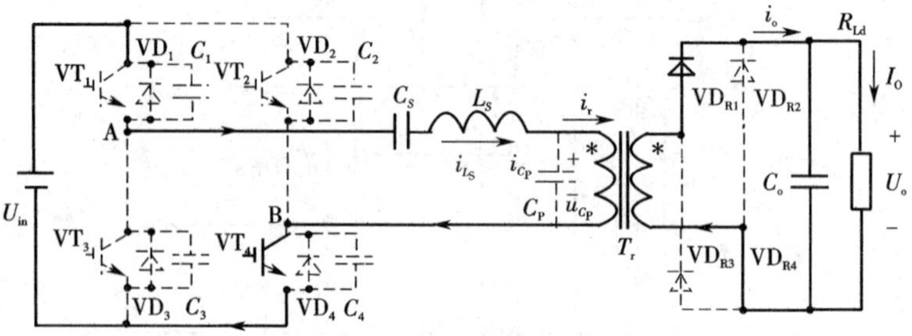

图 3-21 t_2~t_3 阶段

（4）开关模态 4（t_3~t_4）（图 3-22）。在 t_3 时刻，关断 VT_1 和 VT_4，原边电流 i_{L_s} 从 VT_1 和 VT_4 转移到 C_1、C_2、C_3 和 C_4 中，给 C_1 和 C_4 充电，同时 C_2 和 C_3 被放电。在这个阶段里，由于谐振电感较大，可以认为 i_{L_s} 近似不变，类似于一个恒流源。电容 C_1 和 C_4 的电压从零开始线性上升，电容 C_2 和 C_3 的电压从 U_{in} 开始线性下降，因此 VT_1 和 VT_4 是零电压关断。在 t_4 时刻，C_2 和 C_3 的电压降到零，此时可以零电压开通 VT_2 和 VT_3。从 t_4 时刻起，变换器开始另一半周期的工作，其工作情况类似于上述的半个周期。

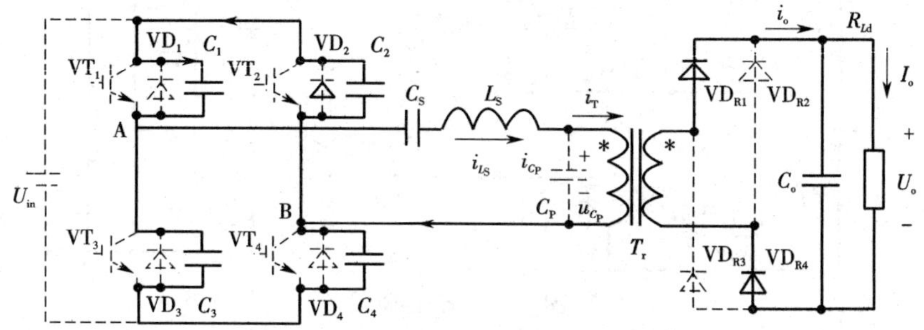

图 3-22 t_3~t_4 阶段

4. LLC 串并联谐振变换器

图 3-23 中 4 个开关管 VT_1~VT_4 串接在一起组成了三电平半桥桥臂，VD_5、VD_6 为钳位二极管，C_s 为飞跨电容，L_r（含变压器漏感）为谐振电感，L_m 为变压器励磁电感，C_r 为谐振电容。输出侧由 VD_1~VD_4 构成全桥整流电路。变压器原边与副边绕组电压比为 $n:1$，U_i 为输入电源电压，U_o 为输出电压。在半个开关周期内其工作过程可分为 6 个阶段。

其工作波形如图 3-24 所示。

（1）阶段 1（t_0~t_1）（图 3-25）。在 t_0 之前，VT_1 和 VT_3 开通，VT_2 和 VT_4 关断。在 t_0 时刻，VT_3 关断，谐振电流此时小于 0，在电流的作用下，C_3 通过 C_s 充电，C_2 通过 C_s 放电。L_r 和 C_r 发生谐振，L_m 在 $-nU_o$ 的作用下线性减小。到 t_1 时刻，C_3 两端电压为 $U_i/2$，C_2 两端电压为 0。

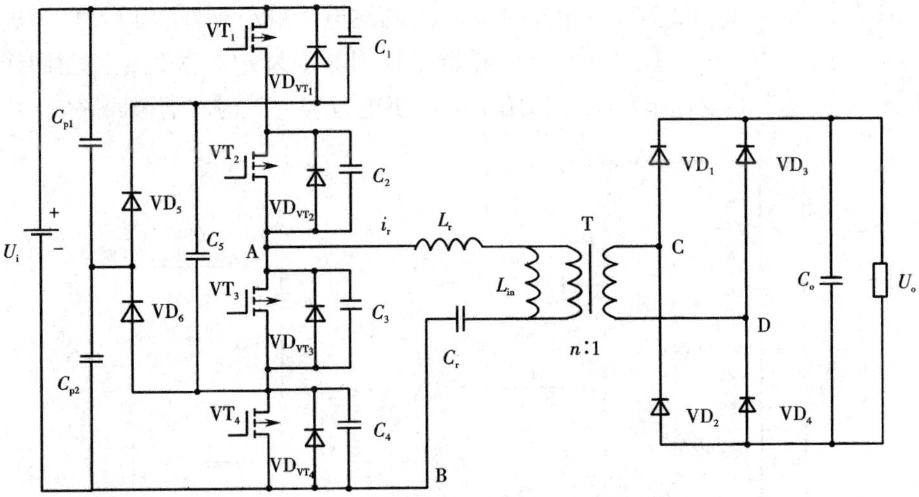

图 3-23　三电平 LLC 串并联谐振变换器主电路

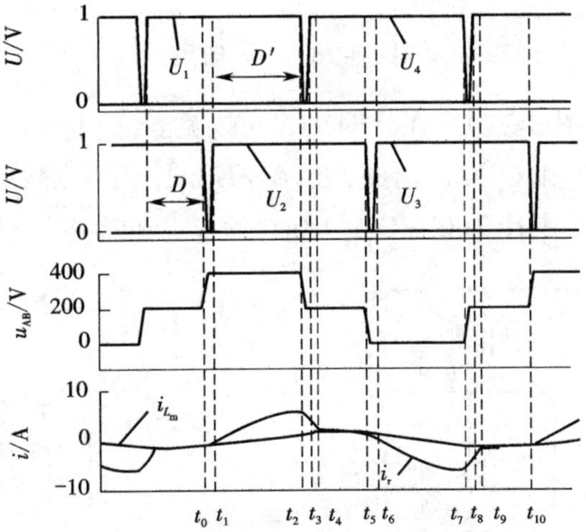

图 3-24　LLC 串并联谐振变换器工作波形

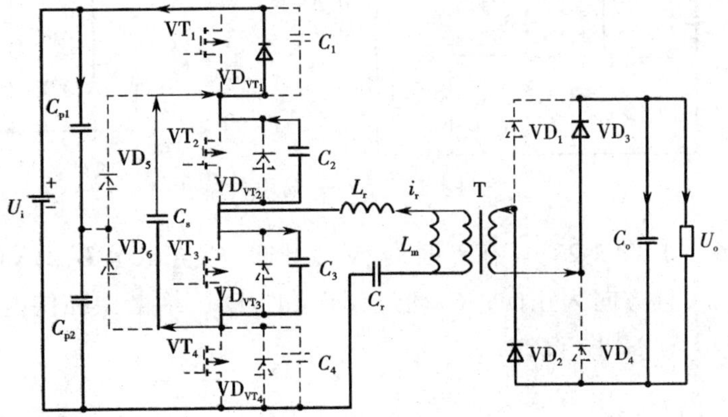

图 3-25　t_0~t_1 阶段

（2）阶段 2（t_1~t_2）（图 3-26）。在 t_1 时刻，C_2 两端电压减小到 0，所以 VT_2 零电压导通，谐振电流由负向变为正向，$U_{AB} = U_i$。励磁电感两端电压为 nU_o，励磁电流正向线性增大，输入电压和折算过来的输出电压的差值给谐振腔供电，L_r 和 C_r 构成谐振回路。

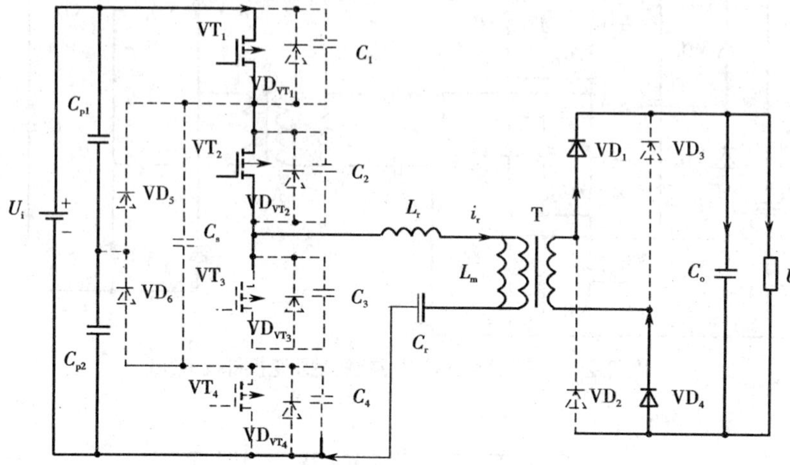

图 3-26 t_1~t_2 阶段

（3）阶段 3（t_2~t_3）（图 3-27）。在 t_2 时刻，VT_1 关断，此时谐振电流大于 0，在这一阶段内，C_1 充电，C_4 放电。L_r 和 C_r 发生谐振，L_m 在 nU_o 的作用下继续线性增大。到 t_3 时刻，C_1 两端电压为 $0.5U_i$，C_4 两端电压为 0，VD_{VT_4} 导通，为 VT_4 的零电压导通提供条件。

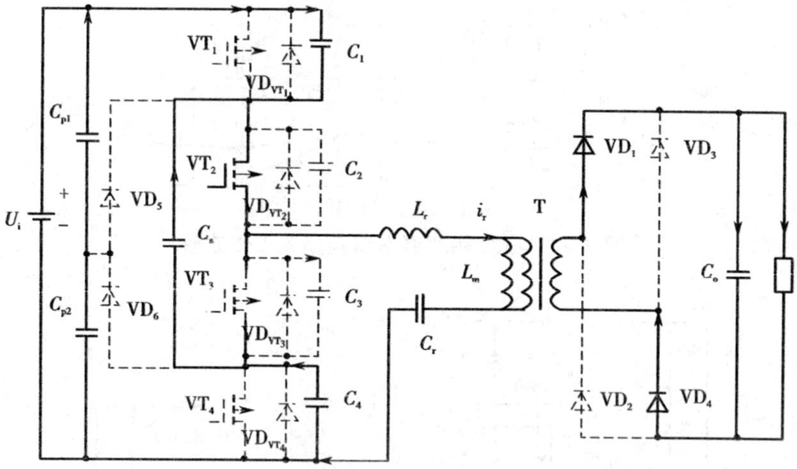

图 3-27 t_2~t_3 阶段

（4）阶段 4（t_3~t_4）（图 3-28）。在 t_3 时刻，VT_4 开通，C_1 充电至 $U_i/2$，VD_5 导通，谐振电流此时大于励磁电流，且方向为正向，C_s 通过 VT_2 和 VD_{VT_4} 给谐振腔供电。L_r 和 C_r 发生谐振，L_m 继续线性增大，i_r 减小，直到 $i_{L_m} = i_r$。

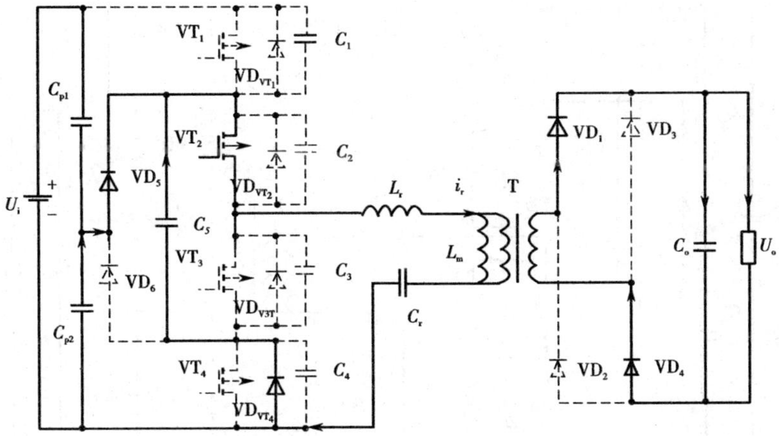

图 3-28　$t_3 \sim t_4$ 阶段

（5）阶段 5（$t_4 \sim t_5$）（图 3-29）。t_4 时刻，谐振电流等于励磁电流，即 $i_{L_m} = i_r$，变压器副边二极管全部截止，和变压器原边隔离开来，L_m 开始参与谐振，此时的谐振频率变为 $f_{r2} = 1/(2\pi\sqrt{L_m + L_r})$。由于 L_m 很大，所以谐振周期会很长，电流在这段时间内变化不大，副边电容 C_o 给负载供电。

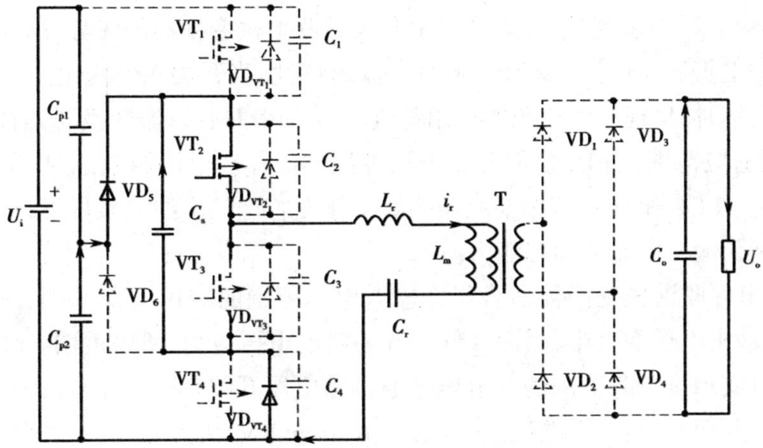

图 3-29　$t_4 \sim t_5$ 阶段

（6）阶段 6（$t_5 \sim t_6$）（图 3-30）。t_5 时刻，VT_2 关断，在这一阶段内，C_2 充电，C_3 放电。谐振电流通过 C_s 给 C_2 充电，C_3 放电，C_2 两端电压 U_{C_2} 迅速增大，而 C_3 两端电压 U_{C_3} 迅速减小。当 U_{C_3} 减小到 0 时，VT_3 导通，实现零电压导通。

5. 各谐振变换器特点

（1）串联谐振变换器能防止高频变压器偏磁，而且在一定的开关频率范围内，串联谐振变换器具有抗负载短路的特性。然而串联谐振电路存在的突出问题是轻载时的调压特性差，在空载时无法控制输出电压而失去电压调节能力。

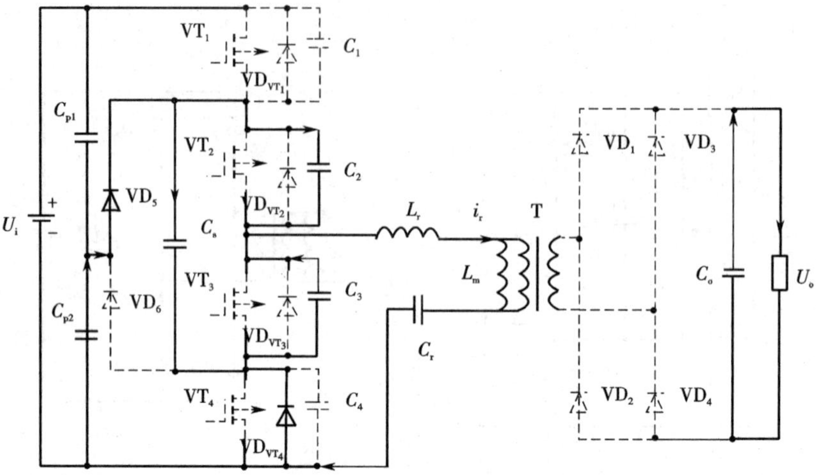

图 3-30 t_5~t_6 阶段

（2）并联谐振变换器相比于串联谐振变换器具有更好的电压调节特性，尤其是在轻载时依然如此；同时，谐振电容可以采用电路的寄生电容来替代，在一定程度上减小寄生参数对谐振网络的影响。并联谐振变换器的主要问题是其轻载时效率较低，随着负载波动，频率变化范围较大，主要适用于输出电压变化范围小、负载较为稳定的情况。

（3）LCC 串并联谐振变换器，集合了串联及并联谐振变换器的优势，当开关频率为电感 L_r 与电容 C_s 的谐振频率时，呈现出电压源的输出特性，当开关频率为电感 L_r 与电容 C_s、电容 C_p 的谐振频率时，呈现出电流源的输出特性，LCC 串并联谐振变换器具有较宽的电压调节范围和负载适应范围，当 LCC 串并联谐振变换器工作在电流源状态时，负载短路时电流不会突变，同时，LCC 串并联谐振变流器能够工作在容性输出滤波条件下，从而取代较大的滤波电感，提高了输出电流的动态能力。

（4）LLC 串并联谐振变换器适合于宽输入电压范围的应用场合；由于开关管的电压应力只为输入或输出电压的一半，因而降低了开关管的电压应力，所以适用于高压输入和高压输出的场合；可实现全负载范围的零电压导通即零电压开关（Zero Voltage Switch，ZVS）和某些条件下的零电流关断即零电流开关（Zero Current Switch，ZCS），所以系统的效率较高；由于变换器的结构对称，所以可实现能量的双向传输；LLC 串并联谐振变换器中的变压器可以工作在很高的频率下，所以变压器的体积较小，有利于提高系统的功率密度。

3.4 电池充电方式

为使锂离子动力电池的寿命和容量达到最优，需要严格控制电池的充电参数。在充电过程中，配备精确的电池电压检测功能对于延长电池寿命和提高电池效率有着重要作用。一方面，超过充电的终止电压将会导致电池过充，这在短时间内会增加电池的容量（充电的终止电压每升高 1%，电池的初始容量会增加 5% 左右），但时间长了会导致电池的性能降低，充电循环次数减少，甚至会造成电池鼓胀、发烫等安全问题。另一方面，电池欠充电虽不会造成安全隐患，但电池的存储容量会明显减少。延长电池寿命和确保电池容量的关键是进行适当的充电方法选择和参数设置，如电压、电流、温度等。锂离子动力电池的充电管理系统，对电池的特性、容量和寿命有着非常重要的影响。随着电源应用技术不断创新，电池充电方式也越来越新颖，其对电池和使用环境也有越来越明显的针对性。对于不同类型的充电电池，目前的充电方式主要有：恒流充电方式、恒压充电方式、恒流－恒压充电方式、三段式充电方式、恒流脉冲充电方式、定化学反应状态充电方式、变电流间歇 / 恒压充电方式与变电压间歇充电方式等。每一种充电方式都有各自的特点，不同的管理系统运用着不同的充电方式。BMS 在充电过程中应遵循《电动汽车传导充电用连接装置　第 3 部分：直流充电接口》（GB/T　20234.3—2015）。下面分别对各种充电方式进行介绍。

1. 恒流充电方式

恒流充电方式在充电的过程中以恒定不变的电流对锂离子电池进行充电。图 3-31 所示为其充电曲线，随着充电时间的增长，电池电压逐渐升高。该方法根据其设置的电流大小的不同，可以有标准充电、涓流充电和快速充电三种选择。不同的充电电流会使电池的充电时间和容量有相应的变化。这种充电方法操作简单、方便，但它的缺点也是很明显的。根据锂离子电池的充电特性曲线可知，随着充电过程的进行，电池的电流在最后充电阶段是逐渐减小的。因此在充电末期，如果充电电流仍继续保持不变，电池的电解质会被分解，并产生气泡。这不仅消耗了电能，还会造成电池鼓胀，甚至导致正负极活性物质的脱落，影响电池的使用寿命。

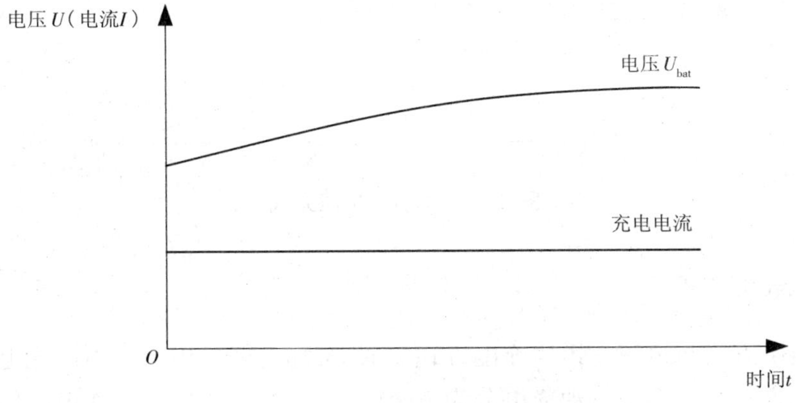

图 3-31　恒流充电方式

2. 恒压充电方式

恒压充电方式在充电过程中，采用恒定不变的电源电压对电池充电。其充电曲线如图 3-32 所示，随着锂离子电池的端电压逐渐升高，充电电流会逐渐减小。恒压充电方式与恒流充电方式相同，易于操作、简单方便，但也存在明显的缺点。在恒压充电的初期，电池的充电电流比较大，容易对电池的使用寿命造成影响。

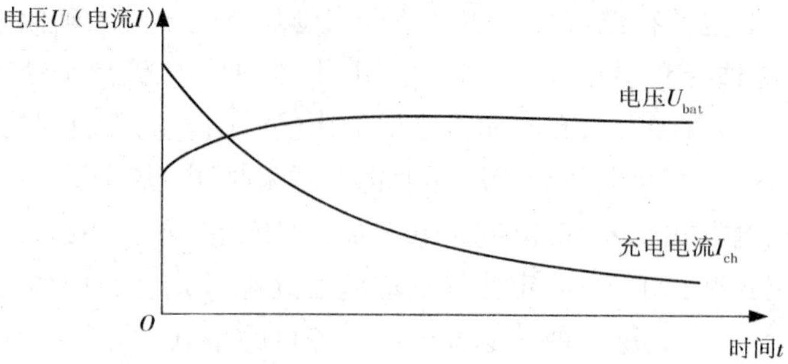

图 3-32 恒压充电方式

3. 恒流－恒压充电方式

恒流－恒压充电方式在整个充电过程中采用先以恒定的电流对电池充电，再以恒定的电压对电池充电。在恒流充电阶段，不断监测电池的端电压，当电池端电压上升到设定值后，电路自动转到恒压充电，不断监测充电电流，当电流降到设定值后，充电结束。图 3-33 所示为恒流－恒压充电曲线，在恒流充电过程中，电池以较高电流强度进行充电，充电容量可以达到电池容量的 85% 左右。在恒压的充电阶段里，电池的充电电流慢慢变小，当充电电流减小到 0.01 C 时，充电结束。

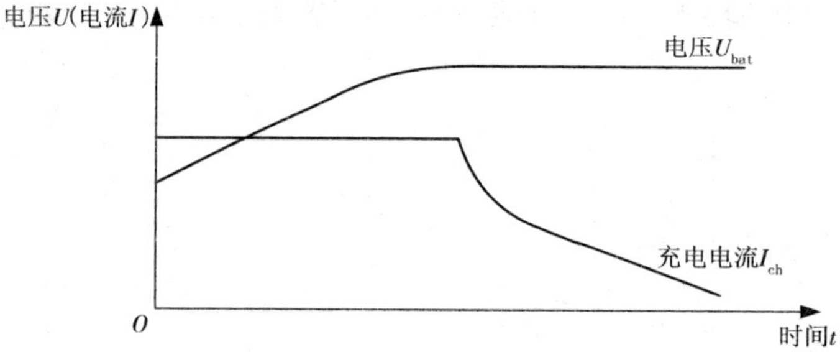

图 3-33 恒流－恒压方式

4. 三段式充电方式

三段式充电方式与恒流－恒压充电方式类似，实际上就是恒流－恒压充电方式的一种简单变体。此方式将锂离子电池充电分为三个阶段，每个阶段所采用的电压值或充电电流值不同，具有快速充电和保护电池的作用。图 3-34 所示为三段式充电的普通曲线。第一阶段是涓流电流充电，此时充电电流较小，对电池具有一定的保护作用；第二阶段为大电流充电，此阶段可以实现对电池的快速充电；第三阶段是恒压充电，以确保电池能达到满充。三段式充电方式可以延伸为以下两种。

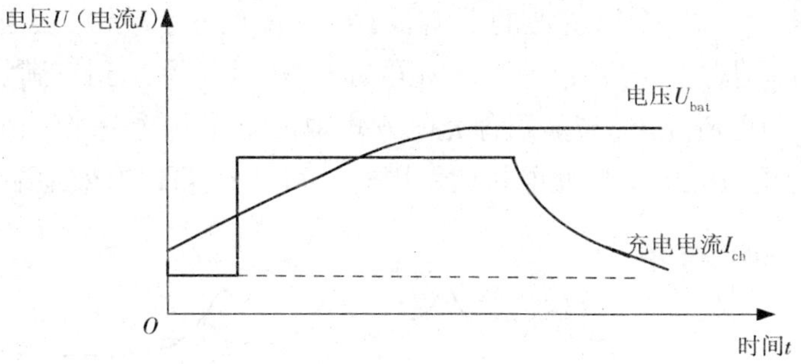

图 3-34　三段式充电方式

1）多段式智能优化充电方式

在此种多段式智能优化充电方式（图 3-35）中，蓄电池的充电过程可划分为起始态、多段恒流态（此处为两段恒流）、恒压态等。控制过程及原理简单，充电初期速度快，充电效率高。

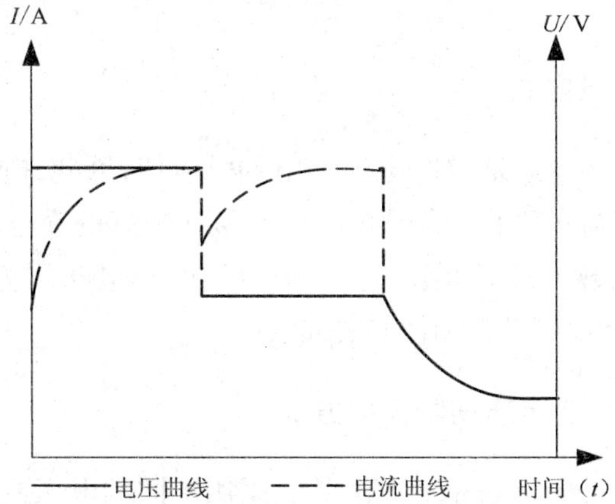

图 3-35　多段式智能优化充电方式

2）三段式均衡充电方式

在该智能优化充电方式中，选择恒流－定压－均衡的充电方法。充电过程可分为起始态、恒流态、恒压态和均衡充电态。当充电进入均衡阶段后，延迟一段时间，认为电池已充满后，充电自动结束。均衡充电方法减少了电池组内各单元电池间电解液、容量、电压等的不均，有利于各单元电池达到均衡一致的状态。

5. 恒流脉冲充电方式

恒流脉冲充电方式为一类较为新颖的方式。在充电初期，电池以恒定电流进行充电，当电池端电压上升达到设定的终止电压时，自动转入脉冲充电。脉冲充电时的充电电流与充电初期恒流充电时的电流大小相同，并间歇地对锂离子电池充电，图 3-36 所示为恒流脉冲充电曲线。每充电 t_C 时间后，充电回路自动关闭。在脉冲充电的阶段，当有电流存在时，电池的端电压会继续升高，并超过充电设定的终止电压；当充电的回路关闭时，电池的端电压将逐渐降低；当电池的端电压下降为充电终止电压后，充电回路自动打开，进行下一个充电循环。在脉冲充电阶段，电池容量逐渐饱和，电池的端电压下降速度也逐渐减慢。当电池的端电压下降为终止电压的时间到达了设定值 t_O 时终止充电，此时电池基本达到充满状态。恒流脉冲充电方式的第一阶段为恒流充电，与前两种充电方式中恒流充电这一部分相同，第二阶段为脉冲充电，与前两种充电方式的恒压充电相比使用的时间更少，可以有效地缩短总的充电时间。

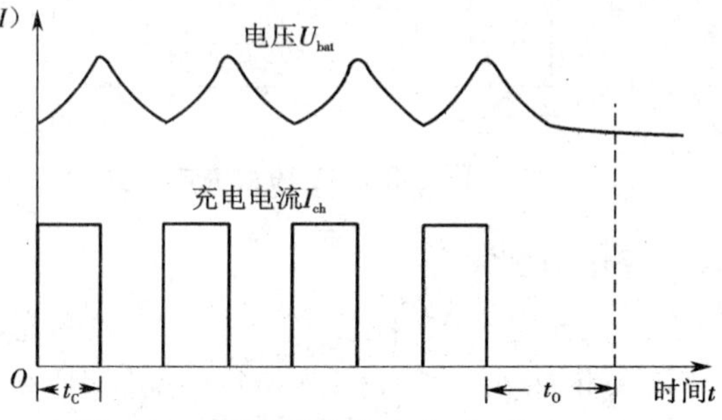

图 3-36 恒流脉冲充电方式

6. 定化学反应状态充电方式

此种方式的充电设备能动态地追踪电池充电的电流值，因此，电池的充电电流值和其可承受的电流值始终有着很好的匹配，确保充电过程是在最好的充电状态下进行。定化学反应状态充电方式的优点表现在较高的充电效率、较短的充电时间等，但是它的电路系统复杂，且价格昂贵，不容易制作，因此没有被广泛应用。

7. 变电流间歇 / 恒压和变电压间歇充电方式

这种充电方式是近年来提出的充电方法。它采用不同的电压或电流间歇性地对电池充电来提高电池的充电速度及效率。此类充电方式一般对铅酸蓄电池充电时采用。

经过前 3 章的学习，我们对于电动汽车结构以及电池和充电方式都有了一定的了解，接下来就要学习充电桩的构造以及设计使用，掌握电动汽车充电技术，方便用户实际操作。

问题与思考

1. 电动汽车充电模式有几种？简述每种模式的功能。
2. 简述充电模式的优缺点比较。
3. 简述电动汽车充电系统组成。
4. 充电设备包含哪些？简述直流充电结构功能。
5. 交流充电和直流充电接口的区别有哪些？
6. 直流充电的整流技术有哪些？
7. 直流充电的谐振变换技术有哪些？
8. 蓄电池充电方式有哪些？锂电池充电通用方式有哪些？

第 4 章　充电桩原理及安装维护

4.1　充电桩——固定式充电装置

充电桩(图 4-1)的功能类似于加油站里面的加油机,可以固定在地面或墙壁,安装于公共建筑(公共楼宇、商场、公共停车场等)和居民小区停车场或充电站内,可以根据不同的电压等级为各种型号的电动汽车充电。充电桩的输入端与交流电网直接连接,输出端装有充电插头用于为电动汽车充电。充电桩一般提供常规充电和快速充电两种充电方式,人们可以使用微信或充电卡在充电桩提供的人机交互操作界面上进行相应的充电方式、充电时间、费用数据打印等操作,充电桩显示屏能显示充电量、费用、充电时间等数据。充电桩作为电动汽车充电系统重要组成部分在电动汽车发展的道路上占有举足轻重的地位。

图 4-1　地面固定的电动汽车充电桩

4.1.1　充电桩的发展状况

电动汽车行业发展的瓶颈,就是充电桩数量严重不足,充电桩数量过少在一定程度上限制了电动汽车的普及。按照国家的相关规划,到 2020 年新能源车年销售 200 万辆、累计产销量超过 500 万辆。如果以 2016 年销量 50.7 万辆为基础, 2020 年要达到销量 200 万辆的目标,平均增速在 45% 左右。但是,随着补贴渐退,要想实现年产销 200 万辆压力不小。因此前瞻保守预测,我国新能源汽车的增速将会放缓,预计到 2022 年我国新能源汽车销量有望达 300 万辆左右。其中直流充电桩按照 3∶1 配置(充电桩配置发展趋势国内固定车位少,交流充电桩利用效率低,直流桩比例会持续提升),交流充电桩按照 5∶1 配置。分析充电桩发展前景，2017年我国新能源汽车销售79万辆，预计2018年销量在120万辆，需要直流充电桩40万个，交流充电桩24万个，按照国家电网充电桩招标价格来测算，直流充电桩的市场约为300亿元，交流充电桩的市场约为40亿元，充电桩总共的市场约为340亿元。按照《节能与新能源汽车产业发展规划（2012—2020年）》，2020年我国新能源汽车的产销能力达到200万辆，产销量累计超过500万辆，那么充电桩的市场将会超过1 000亿元。相信随着国家支持政策的不断落实，电动汽车充电设施的建设将得到快速发展。

4.1.2 充电桩具备的功能

（1）充电桩应具有定电量、定时间、手动、自动（充满为止）等充电功能。

（2）充电桩应具有人机交互功能，应设置触摸屏，可设定充电方式，显示当前充电模式、时间（已充电时间、剩余时间等）、电量（已充电电量、待充电电量）及计费信息等。

（3）充电桩应具备输出侧漏电保护、输出侧过流保护以及短路、过压、欠压等保护功能，具备绝缘监测、泄放电路、急停开关、阻燃等安全防护功能。

（4）充电桩可提供完善的通信功能，根据需要上传交流充电桩的运行状态参数，监测故障状态、充电计量等，同时接受远程控制命令。

（5）充电桩配置具有通信功能的多功能交流电度表，进行交流充电计量。

（6）充电桩应设置刷卡接口，支持RFID卡、IC卡等常见的刷卡方式，并配置打印机，提供票据打印功能。

（7）充电接口的连接状态判断、联锁、控制导引、温度控制等完善的安全保护逻辑控制系统，用以确保充电桩安全可靠运行。

（8）充电桩应满足技术先进、性能稳定、可靠性高、符合环保和节能要求。

4.1.3 充电桩的分类

（1）按安装和使用方式分类：壁挂式充电桩、落地式充电桩、便携式充电桩和分体式充电桩。落地式充电桩适合安装在不靠墙体的停车位，壁挂式充电桩适合安装在靠近墙体的停车位，便携式充电桩适合于不固定停车位，分体式充电桩适用于专用充电站、集中式充电站等。

（2）按充电接口数分类：一桩一充和一桩多充。

（3）按充电速度分类：常规充电桩（5~10 h充满）和快速充电桩（20~60 min充满）。

（4）按输出方式分类：直流充电桩和交流充电桩。

直流充电桩：就是快速充电桩，俗称“快充”，为电动汽车动力电池提供直流电源的供电装置。

交流充电桩：就是常规充电桩，俗称“慢充”，为电动汽车车载充电机提供交流电源的供电装置。

交流充电桩使用国标七芯接口，直流充电桩使用国标九芯接口，如图4-2所示。

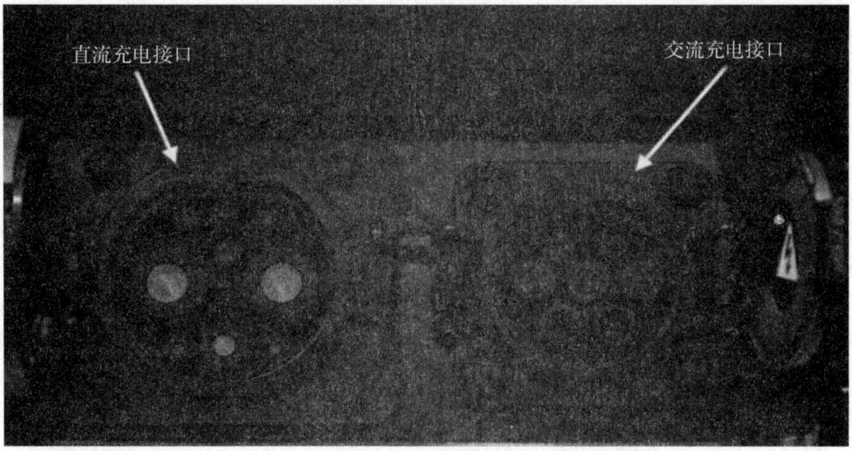

图 4-2　充电接口

4.1.4　充电桩接口要求及技术指标

关于充电桩的接口和连接器技术要求详见电动汽车传导充电用连接装置（GB/T 20234—2015）。下面仅重点介绍部分内容。

（1）交流充电接口的额定值见表 4-1。

表 4-1　交流充电接口的额定值

额定电压 /V	额定电流 /A
250/440	16
	32

（2）交流充电桩接口要求：车辆连接器具有 7 个功率或信号触头，插头和插座布置如图 4-3 和图 4-4 所示。

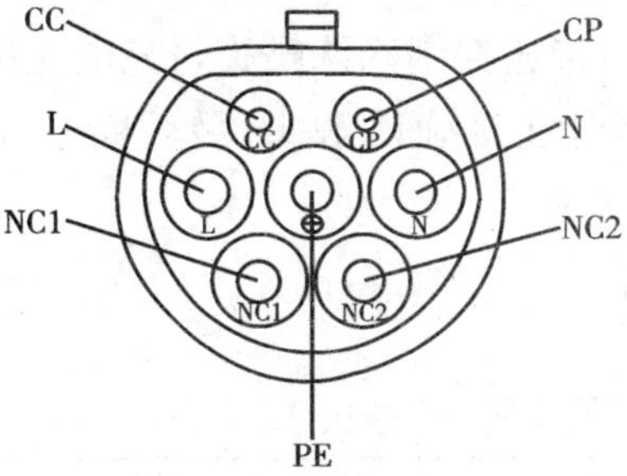

图 4-3　车辆交流充电插头

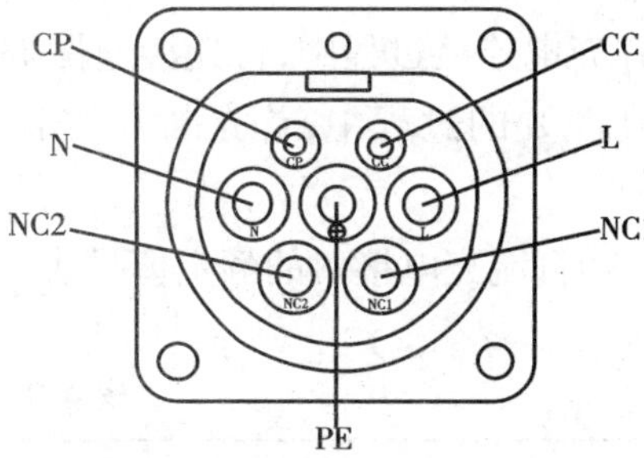

图 4-4　交流充电供电插座

交流桩车辆接口电气连接示意如图 4-5 所示。触头的电气参数值及功能定义见表 4-2。

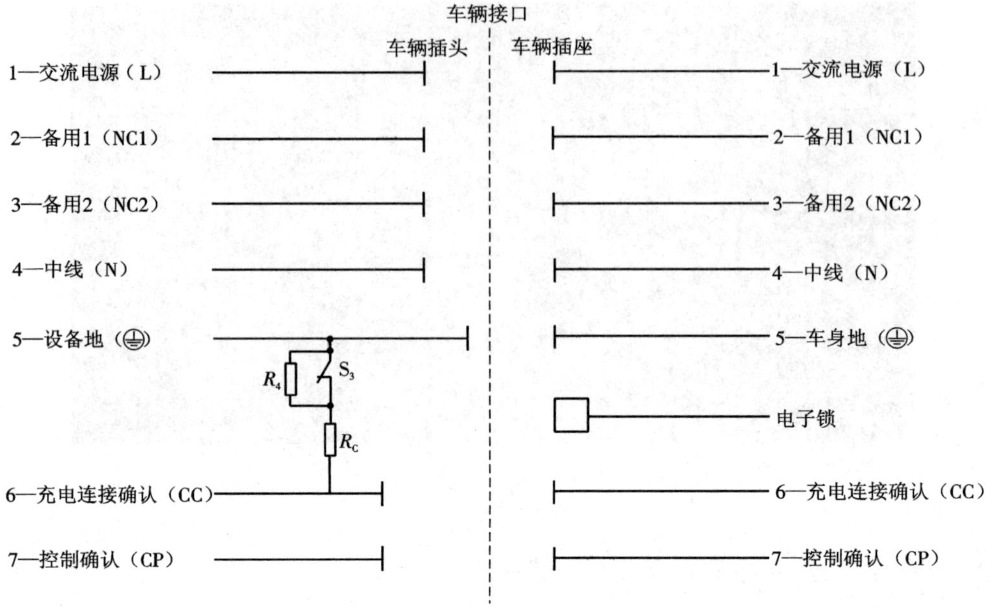

图 4-5　交流桩车辆接口电气连接示意

表 4-2　触头的电气参数值及功能定义

触头序号	额定电压和额定电流	功能
1	AC 220 V，10 A/32 A 或 AC 440 V，16 A/63 A	交流电源单相 L 线或交流电源（三相线 L1）
2	AC 440 V，16 A/63 A	交流电源三相线 L2 或备用 NC1
3	AC 440 V，16 A/63 A	交流电源三相线 L3 或备用 NC2
4	AC 220 V，10 A/32 A 或 AC 440 V，16 A/63 A	交流电源单相 N 线或交流电源三相 N 线
5	保护性接地 PE	连接供电设备地线和车辆电平台
6	DC 0~30 V，2 A	充电连接确认导引 CC
7	DC 0~30 V，2 A	控制导引 CP

在充电连接过程中，首先接通保护接地触头，最后接通控制确认触头与充电连接确认触头。在脱开的过程中，首先断开控制确认触头与充电连接确认触头，最后断开保护接地触头。

（3）直流充电接口的额定值见表 4-3。

表 4-3　直流充电接口的额定值

额定电压 /V	额定电流 /A
500/750	125
	250

（4）直流充电桩接口要求：车辆连接器具有 9 个功率或信号触头，插头和插座布置如图 4-6 和图 4-7 所示。

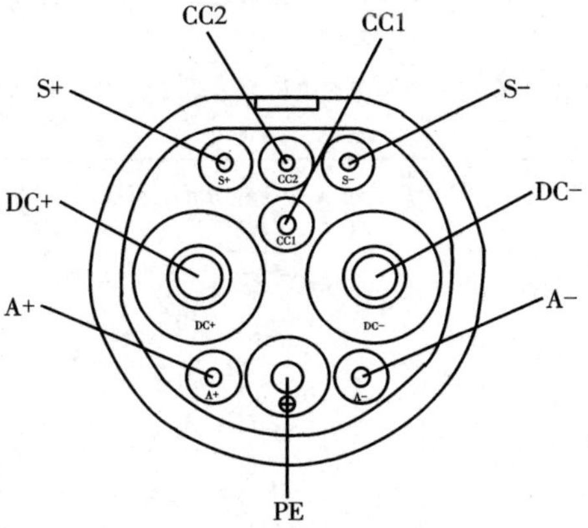

图 4-6　车辆直流充电插头

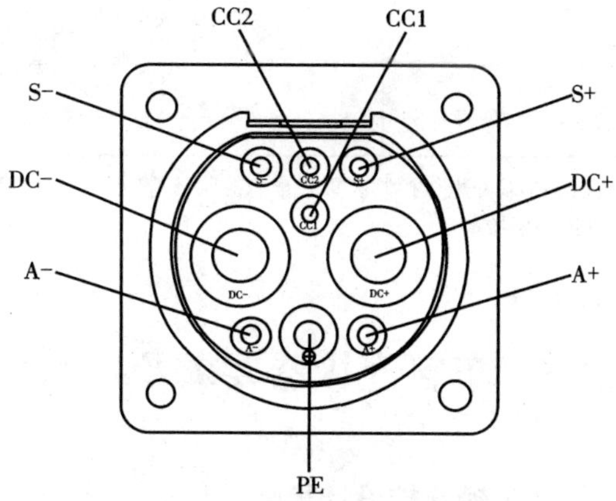

图 4-7　直流充电供电插座

直流桩车辆接口电气连接示意如图 4-8 所示。接线的电气额定值和功能见表 4-4。

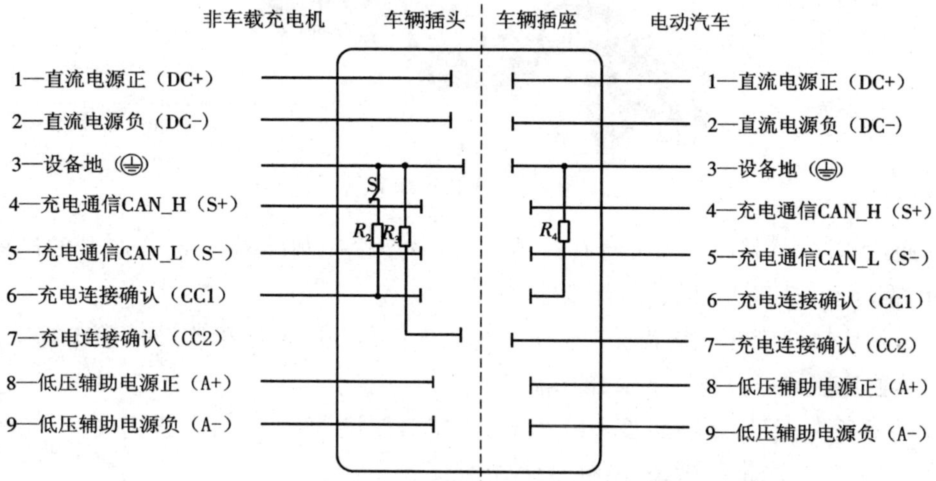

图 4-8　直流桩车辆接口电气连接示意

表 4-4　直流充电桩接口额定值和功能定义

触头编号 / 标识	额定电压和额定电流	功能
1/DC+	750 V，125 A/250 A	直流电源正，连接直流电源正与电池正极
2/DC−	750 V，125 A/250 A	直流电源负，连接直流电源负与电池负极
3/⊜	30 V，2 A	保护接地（PE），连接供电设备地线和车辆底盘地线
4/S+	30 V，2 A	充电通信 CAN_H，连接非车载充电机与电动汽车的通信线
5/S−	30 V，2 A	充电通信 CAN_L，连接非车载充电机与电动汽车的通信线
6/CC1	30 V，2 A	充电连接确认 1
7/CC2	30 V，2 A	充电连接确认 2

续表

触头编号 / 标识	额定电压和额定电流	功能
8/A+	30 V，2 A	低压辅助电源正，连接非车载充电机为电动汽车提供的低压辅助电源
9/A−	30 V，2 A	低压辅助电源负，连接非车载充电机为电动汽车提供的低压辅助电源

注：非车载充电机控制装置和车辆控制装置应有 CAN 总线终端电阻，建议为 120 Ω。通信线宜采用屏蔽双绞线，非车载充电机端屏蔽层接地

4.1.5 车辆连接器要求及技术指标

1. 车辆连接设计规则

（1）交流充电桩采用单一插头的车辆连接器（图 4-9）与电动汽车车辆插孔连接。

图 4-9 车辆连接器

（2）连接顺序：连接时应首先连接接地线，最后连接控制导引电路；在脱开的过程中，控制导引电路应该首先断开，最后断开接地。

（3）车辆连接器应有锁紧装置用于防止车辆连接器与电动汽车连接时意外断开。

（4）车辆连接器应具备防误操作功能。

（5）环境条件：工作环境温度 −40~+70 ℃，相对湿度 5%~95%，海拔高度≤ 1 000 m，特殊地区使用时，根据当地环境条件在订货时指定。

（6）防触电保护：应保证操作人员在正常使用时不会触及车辆连接器的带电部件。应保证车辆连接器端子的任意导电部分不能接触到电动汽车车辆插孔的外壳，保证电动汽车车辆插孔的任意导电部分不能接触到车辆连接器的外壳。

（7）车辆连接器寿命：空载时操作 10 000 次。

（8）充电连接装置在正常使用时应性能可靠，对使用者和周围环境没有危害。

（9）充电连接装置易触及的表面应无毛刺、飞边及类似尖锐边缘。

（10）供电插头、供电插座、车辆插头、车辆插座的外壳上应标有制造商的名称或商标、产品型号、额定电压和额定电流等信息。

2. 连接枪结构要求

（1）供电插头、供电插座、车辆插头和车辆插座应有配属的保护盖，这些保护盖与其配套的部件之间应有起固定连接作用的附件装置（如链、绳等），且不使用工具时应不能拆卸，如图 4-10 所示。

图 4-10　充电连接枪

（2）供电插头、供电插座、车辆插头和车辆插座应包括接地端子和触头，且在连接和断开过程中，接地触头应最先接通和最后断开。

（3）供电插头和车辆插头的外壳应将端子和充电电缆的端部完全封闭。

（4）供电插头和车辆插头的部件（如端子、插销、壳体等）应可靠固定，正常使用时不应松脱，且不使用工具时应不能从供电插头或车辆插头上拆卸。

（5）充电接口应保证使用者不能改变接地触头或者中性触头（如果有）的位置。

（6）供电插头和供电插座之间，车辆插头和车辆插座之间只能按唯一的相对位置进行插合，从而避免由于误插入引起插头和插座中不同功能的插针和插套的导电部分接触。

（7）供电插头和车辆插头的电缆入口应便于电缆导管或电缆保护层进入，并给电缆提供完善的机械保护。

（8）绝缘衬垫、绝缘隔层及类似部件等应具有足够的机械强度，并应固定到外壳或本体中，且应做到：①如果不将其严重损坏，则无法拆除；②设计成无法将其置于不正确的位置。

3. 连接器锁止装置

（1）充电接口应有锁止功能，用于防止充电过程中的意外断开，如图 4-11 所示。

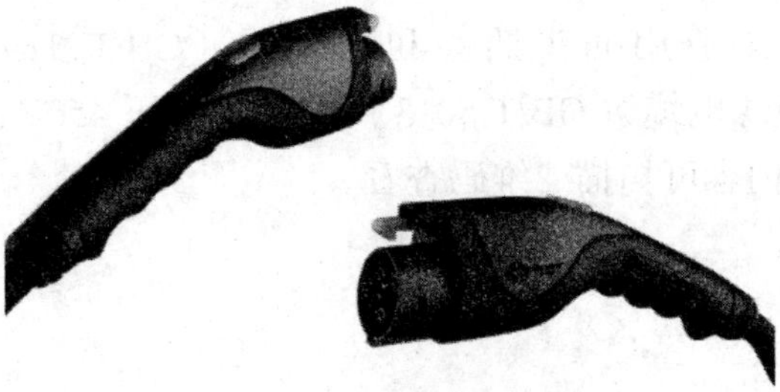

图 4-11　连接器锁止装置

（2）在锁止状态下，施加 200 N 的拔出外力时，连接不应断开，且锁止装置不得损坏。

（3）对于直流充电接口，锁止装置应使用专用方式（机械或电子）才能打开。

4. 连接器防触电保护

（1）供电插头、供电插座、车辆插头、车辆插座的防触电保护应满足 GB/T 11918—2001 中第 9 章的要求。车辆插头和车辆插座的中性端子和控制导引端子视作带电部件，信号、数据地、接地端子不视为带电部件。

（2）当插入供电插头或车辆插头时：①接地端子应最先连接；②控制导引端子应在相线端子及中性端子之后连接。

（3）当拔出供电插头或车辆插头时：① 接地端子应最后断开；②控制导引端子应先于相线端子及中性端子断开。

5. 连接器接地措施

（1）电动汽车充电连接装置的接地保护应满足《工业用插头插座和耦合器》（GB/T 11918—2014）中的要求。

（2）对电动汽车充电连接装置的接地保护进行短时间耐大电流测试，接地电路中的部件不应熔化、断开或破损。

（3）和接地端子相连的导线用绿黄双色予以标识。接地导线和中线的横截面积至少应等于相线导线横截面积。

6. 防护等级

（1）在与保护盖连接后，供电插头、供电插座、车辆插头、车辆插座的防护等级应分别达到 IP54。

（2）供电插头和供电插座、车辆插头和车辆插座插合后，其防护等级应分别达到 IP55。

7. 电缆及其连接

充电连接装置的电缆如图 4-12 所示，其连接应满足《工业用插头插座和耦合器》（GB/T 11918—2014）和《额定电压 450/750 V 及以下橡皮绝缘电缆》（GB/T 5013）和《额定电压 450/750 V 及以下聚氯乙烯绝缘电缆》（GB/T 5023）的要求。《电动汽车传导充电连接装置》（GB/T 20234—2015）、《工业用插头插座和耦合器》（GB/T 11918—2014）、《额定电压 450/750 V 及以下橡皮绝缘电缆》（GB/T 5013）和《额定电压 450/750 V 及以下聚氯乙烯绝缘电缆》（GB/T 5023）的内容可扫描二维码查看。

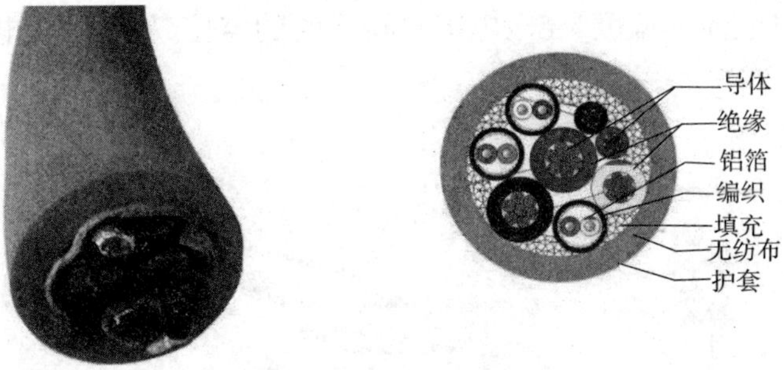

图 4-12　交流充电电缆

4.2　交流充电桩

通过公共交流电网将电缆连接至交流充电桩，再通过充电桩连接线接到车辆插口进行充电，需要通过车载充电机进行 AC/DC 转换后给动力电池充电。轿车用车载充电机目前国内市场主要是两种功率大小：3.3 kW（输入 AC 220 V/16 A，输出 DC 200~420 V/10 A）和 6.6 kW（输入 AC 220 V/32 A，输出 DC 200~420 V/20 A）。但是特斯拉的车载充电机很特别，功率高达 10 kW，国内的普通交流充电桩不能给特斯拉充电。交流充电桩系统简单，占地面积小，安装于电动汽车充电站、公共停厂场、住宅小区停车场、大型商厦停车场、路边停车位等场所，可为具备车载充电机的电动汽车提供交流电能，具备充电接口温度控制、电子锁止、绝缘检测、短路、过压、欠压、过流等保护功能，确保充电桩安全可靠运行，防护等级 IP54。使用操作简便，是小客车型电动汽车主要的充电设备。其外观如图 4-13 和图 4-14 所示。

图 4-13　带连接枪的电动汽车交流充电桩

图 4-14　带连接座的电动汽车交流充电桩

带连接枪的交流充电桩，可以利用桩上的充电枪直接给电动汽车充电，如图 4-15 所示。

带连接座的充电桩给电动汽车充电时，需配置适配线才能进行充电。但要注意大于 32 A 的三相交流充电不允许采用活动电缆充电。适配线充电示意如图 4-16 所示。

慢充对电池的影响比较小，有利于电池的长期循环使用，但是充电时间长。快充时的充电电流较大，容易引起发热导致温度过高而影响电池寿命。目前电动汽车上都有电池管理系统(BMS),可以对电池的温度、充电电流进行实时的监控,从而确保电池可以达到设计的使用寿命。

图 4-15　电动汽车交流充电示意

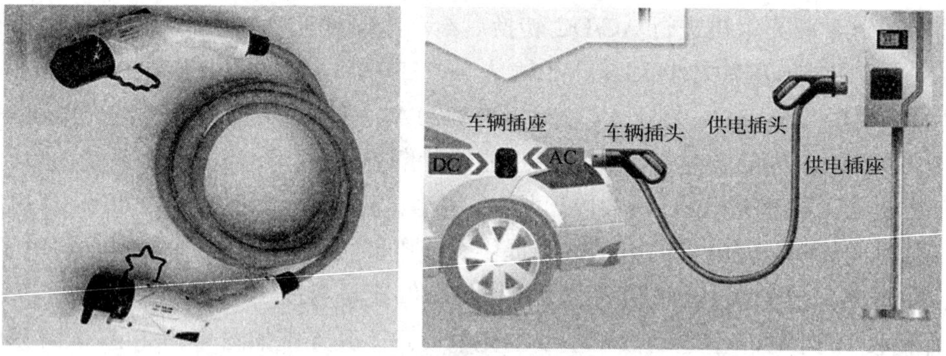

图 4-16　交流充电适配线

4.2.1　交流充电桩工作原理及电气原理

1. 交流充电桩工作原理

供电设备插头与插座连接后,供电控制装置通过图 4-17 所示的检测点 4 的电压值判断供电插头与供电插座是否已完全连接。同时电动汽车车辆控制装置通过测量检测点 3 与 PE 间的电阻值判断车辆插头与车辆插座是否已完全连接。在完成插头与插座连接状态检测后,操作人员对供电设备完成充电启动设置,则开关 S_1 从连接 +12 V 状态切换至 PWM 连接状态,供电控制装置发出 PWM 信号。供电控制装置通过测量检测点 1 的电压值判断充电连接装置是否已完全连接。车辆控制端检测无误后闭合 S_2,供电控制装置通过再次测量检测点 1 的电压值判断车辆是否准备就绪,如满足要求则通过闭合 K 使交流供电回路导通,电动汽车就准备开始充电了。

交流桩通过车载充电机充电,车载充电机(On-board Charger)将输入的交流电转换成直流电输出。车载充电机需要与充电桩、BMS、VCU 进行通信,根据动力电池需求可以调节输出功率。

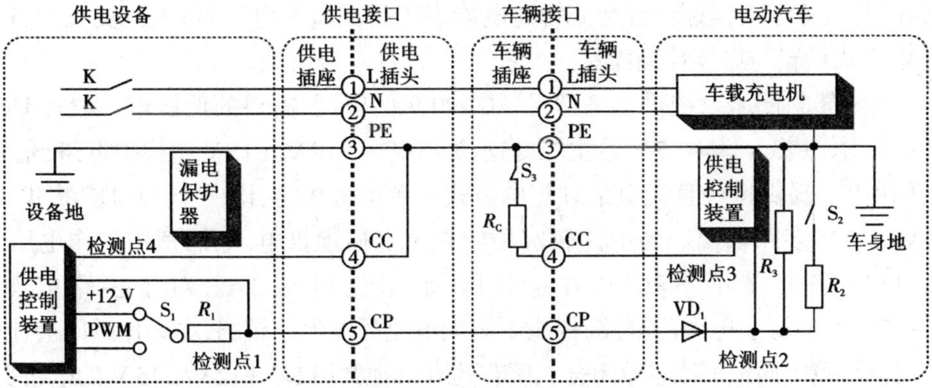

图 4-17　交流充电桩工作原理

2. 交流充电桩电气原理

1)电气系统原理

电气系统原理如图 4-18 所示。

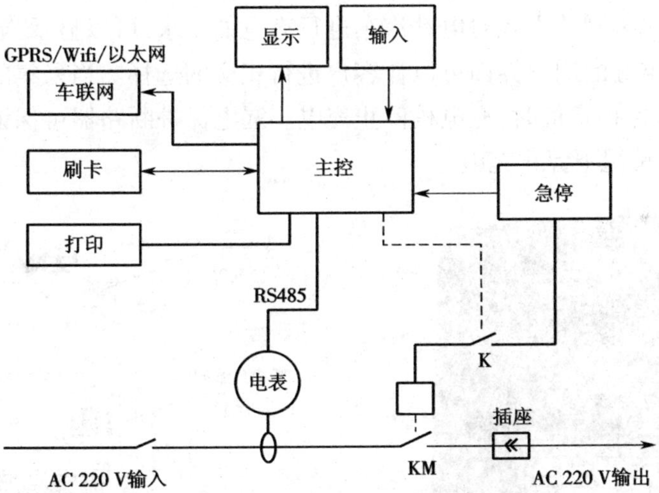

图 4-18　交流充电桩电气系统原理图

交流充电桩上因不带充电机，充电由车载的充电机完成，因此一般不需要 CAN 口与 BMS 通信，主流交流充电桩的通信主要有 RS485 和 GPRS/Wifi/ 以太网。电能表和控制单元之间的通信，一般通过 RS485 相连，完成电量的统计、消费等。Wifi、GPRS、工业以太网等，主要是跟网络、充电 APP 等互联，实现远程监控、控制等。

主回路由输入保护断路器、交流智能电能表、交流控制接触器和充电接口连接器组成；主回路输入断路器具备过载、短路和漏电保护功能；交流接触器控制电源的通断；连接器提供与电动汽车连接的充电接口，具备锁紧装置和防误操作功能。

二次回路由控制继电器、急停按钮、运行状态指示灯、充电桩智能控制器和人机交互设备（显示、输入与刷卡）组成。二次回路提供“启停”控制与“急停”操作；信号灯提供“待机”“充电”与“充满”状态指示；交流智能电能表进行交流充电计量；人机交互设备则提供刷卡、充电方式设置与启停控制操作。

交流桩内部的低压系统供电来源是 AC 220 V 的电网，需要的低压电一般是 DC +5 V、DC ±12 V 或 DC ±15 V，其中 5 V 给主控、显示等供电， ±12 V/ ±15 V 给模拟电路、充电检测、电插锁等供电。提供这些直流电最理想的方式是单电源搞定，即一个 AC/DC 提供 +5 V 和 DC ±12 V/ ±15 V 多路输出。当中比较麻烦的是给电插锁供电，电插锁的工作电压一般是 DC +12/+15 V，平时基本不耗电，在动作瞬间，电流可达 2 A。对于多路电源而言， ±12 V/ ±15 V 一般属于电源的辅路，提供瞬态大电流的能力比较弱，在动作瞬间会让电压快速下跌，可能导致电插锁不能有效闭合 / 断开，也让其他共用 DC ±12 V/ ±15 V 的电路受影响。

2)SN-GS32A 交流充电桩电路分析

SN-GS32A 交流充电桩是全国职业院校新能源汽车技能大赛的指定充电设备，它除了具有充电桩功能还具有常见故障设置、检测等教学功能(扫描二维码查看)。SN-GS32A 交流充电桩由主控电路、LCD 触摸屏、打印机、RS485 接口的电能表、漏电保护断路器、交流接触器、读卡器和 LED 灯等基本部分组成，如图 4-19 所示。LCD 触摸屏可以提供友好的人机操作界面和快捷简单的操作方式，满足客户按照不同的方式对电动汽车进行充电的要求，可以显示当前充电状态、充电电量和充电费用，友好的用户界面可以让客户进行相应的选择。当采集的电压超过过压保护定值或低于欠压保护定值时，充电桩停止充电。漏电保护断路器可保证在充电过程中发生漏电等紧急故障情况下停止充电。

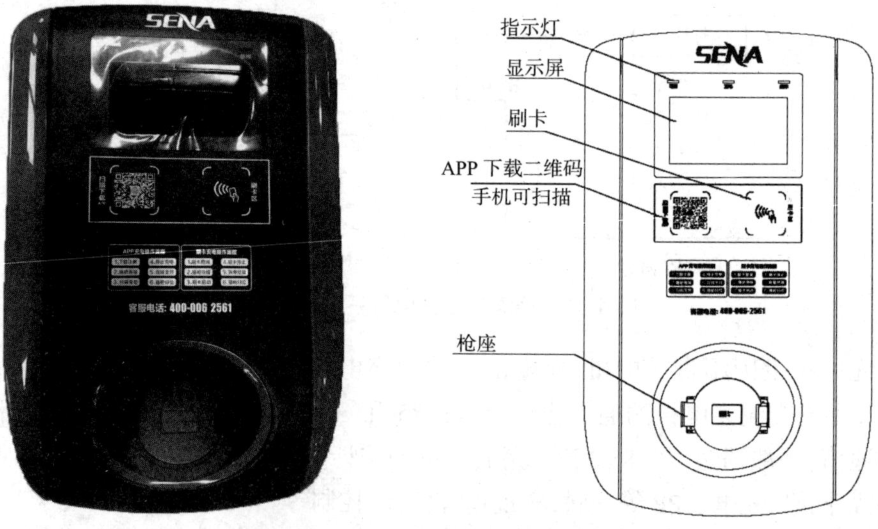

图 4-19 SN-GS32A 交流充电桩面板

Ⅰ. 主控电路微控制单元(Micro Controller Unit，MCU)选择

主控制器选择意法半导体的 STM32F107VCT6 微控制器。STM32F107VC 互联型系列使用高性能的 ARM Cortex-M3 32 位的 RISC 内核，工作频率为 72 MHz。该器件包含 2 个 12 位的 A/D 转换器、4 个通用 16 位定时器和 1 个 PWM 定时器，还包含标准和先进的通信

接口:多达 2 个 I2C,3 个 SPI,2 个 I2S,5 个 USART、1 个 USB 和 2 个 CAN。该器件同时提供了以太网接口,极大地方便了电路设计。

Ⅱ. 串行接口电路

系统共使用了 4 个串行接口分别与 LCD 触摸屏、热敏打印机、读卡器和 RS485 接口的电能表通信。LCD 触摸屏和热敏打印机为 RS232 电平,经过电平转换与 MCU 通信, LCD 触摸屏与 MCU 的通信协议采用 Modbus RTU 通信协议, MCU 作为主机, LCD 触摸屏作为从机。热敏打印机根据打印机模块提供的协议进行通信。读卡器为 TTL 电平,可以直接与 MCU 相连,采用读卡器模块提供的协议进行通信。充电计量的电能表采用多功能单相表,电表选用 2.0 等级的电能表,电流规格为 5(40)A。电表提供 RS485 接口,通过 DL/T 645—2007 通信协议与 MCU 通信。通过读取电能表的电能值作为充电桩的电能计量值,通过读取电表电流和电压值来判断充电过程中是否出现过流和过压的情况,并加以处理。

Ⅲ.CAN 总线接口电路

根据《电动汽车车载充电机与交流充电桩通讯协议》征求意见稿中的相关说明,该征求意见稿推荐车载充电机与交流充电桩之间的通信系统采用 CAN 总线,所以设计 CAN 总线接口。数据链路层为物理连接之间提供可靠数据传输,本系统车载充电机与交流充电桩之间的数据帧格式符合 CAN 总线 2.0B 版本的规定,使用 CAN 扩展帧的 29 位标识符。

Ⅳ. 充电电压测量电路

电压测量首先需要通过测量互感器将电压和电流转换为可以测量的小信号。例如对 220 V 的电压信号的测量,采用的互感器变比为 2 mA/5 mA,可知在 220 V 时互感器的输出恰好为 5 mA。忽略大电阻分流的影响,则 27 Ω 相当于是一个采样电阻。由于采样的信号为交流电,信号有正负之分,而 A/D 转换器的输入范围为 0~3.6 V,所以不能直接将采样电压输入到 A/D 转换器中。在运放的正输入端接入一个正的参考电压,再选择合适的放大倍数,使输出在 A/D 转换器的输入范围即可很好的解决该问题。采用准同步采样后,数据采用矩形自卷积窗算出其有效值。

Ⅴ. 控制导引电路

控制导引电路是防止充电接口被误插拔的通信保护回路。该电路由 12 V 脉冲信号、开关 S、2 个电阻、2 个控制点 CP/PE、检测点构成。当触头 CP 和 PE 未能有效连接时,检测点 1(CP)电压为 12 V,充电接口完全连接 CP 的电压为 9 V,此时 S_1 切换至与 PWM 连接状态。PWM 的占空比(5%~80% 区间)决定车载充电机输出功率,车辆根据这个信号判断充电设备能提供的最大电流。充电接口完全连接准备就绪后,车辆闭合开关 S_2,检测点 1 电压为 6 V,充电桩监测到 6 V 电压,闭合接触器使交流供电回路导通,进入正常充电状态。若回路中出现任何断点,检测点电压将变为 9 V/12 V,充电桩会立刻断开接触器、断开供电负荷,为整个充电过程提供有效的安全保证。

Ⅵ. 桩体电气部分设计

交流充电桩的电气部分主要完成充电的控制与充电过程的保护等功能。具有漏电、短路、过流、过压、欠压保护等功能。除短路和漏电保护外,其他保护功能通过充电控制器控制接触器实现,以实现自恢复;短路和漏电保护选用带漏电保护的微型断路器实现。此外系统还具有防雷模块,防雷模块标称放电电流不小于 20 kA,保护电压水平小于等于 1.5 kV。单相供电时防雷模块的接线方式选用 P+N 接线方式。充电桩具备急停按钮,以便在紧急情况时能够强行终止充电。

原理图 SCH 文件及 PCB 文件可扫描二维码查看。

3. 充电控制流程

(1)交流供电:车辆停稳熄火,取充电桩插枪连接车辆交流充电座。

(2)低压唤醒整车控制系统:充电唤醒。

(3)检测充电需要。

(4)BMS 给车载充电机发送充电需求信息,并闭合正负极母线继电器。

(5)车载充电机开始工作,进行充电。

(6)电池检测充电完成后,给车载充电机发送停止指令。

(7)车载充电机停止工作,电池断开继电器。

(8)充电桩监测到输出断开后,切断交流输出,充电完成并结算。

4.2.2 交流充电桩的特点

(1)配备高清触摸屏,提供人机交互操作,提供交流充电接口。

(2)具备充电接口的连接状态判断、联锁、控制导引等完善的安全保护控制逻辑。

(3)交流输出配置交流智能电能表,可以进行交流充电电量计量。

(4)具备完善的通信功能,充电桩智能控制器通过 RS485 获取智能电能表的计量信息,完成充电计费和充电过程的联动控制。

(5)能够智能检测充电桩运行过程中的各种故障,并通过触摸屏准确显示。

(6)交流输入配置过载保护开关,具备输入侧的过载保护。

(7)支持微信 APP 向充电桩发控制指令,控制充电桩启动与停止,获取充电状态信息。

微信 APP 操作流程如下。

①停车熄火插枪:车停好熄火后,将充电桩充电插头拔下与车辆的充电插座相连,检查确保连接到位并自锁好。

②启动充电:使用微信扫描充电桩屏幕上的二维码,启动充电;或者在 APP 中选择相应充电站中的充电桩,启动充电。

③充电状态:如果启动充电成功,屏幕页面跳转充电页面,并且会显示电压、电流、已充电量等信息。在 APP 上随时可以查看充电信息。

④结束充电:充满后充电桩会自动停止充电,如果想提前停止充电,可以在 APP 充电页面点击“结束充电”,也可以直接拔下充电插头结束充电。充电停止后,充电订单会自动结算并直接推送账单信息。

⑤插枪归位:结束充电后,将充电插头从车上拔下,归位到充电桩再驶离。

(8)支持 RFID 卡、IC 卡充电操作模式。

刷卡操作流程如下。

①刷卡查询：第一次刷卡查询卡号和金额，将充电插头接入汽车充电接口，锁紧，进入下一步操作。

②刷卡充电：第二次刷卡启动充电，充电灯亮起，屏幕页面跳转至充电信息页面。

③刷卡停止：第三次刷卡停止充电，充电灯熄灭，页面跳转至结算信息页面充电完成，等待页面跳转至初始页面进行下一个充电流程。

4.2.3　交流充电桩的人机操作方式

交流充电桩与需要充电电动汽车通过充电枪进行连接，这时充电枪会自锁如图 4-20 所示，然后充电桩会进行下面一系列操作。以 SN- 土 VA 220 V/32 A 交流充电桩（图 4-21）为例介绍人机操作方式。充电桩的充电状态由指示灯表示如下。

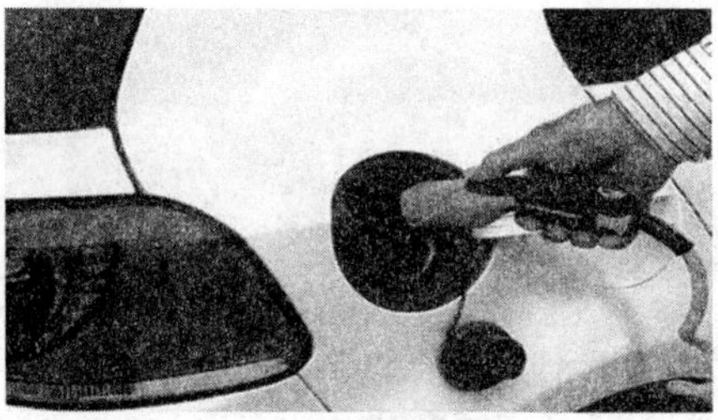

图 4-20　充电枪插拔示意

图 4-21　SN- 土 VA 220V/32A 交流充电桩

（1）黄色常亮：正常待机，可以提供充电服务。

（2）绿灯常亮：正在充电中，严禁插拔充电插头。

（3）红灯闪烁：设备异常，暂停充电服务。

交流充电桩人机交互的具体过程如下。

1. 系统自检界面

充电桩上电后，自动进入自检程序，检查外部设备通讯状态，如图 4-22 所示。

图 4-22　系统自检界面

自检合格后，出现“自检合格，请使用”提示信息，如图 4-23 所示。

图 4-23 自检合格

2. 主界面

自检合格后跳转到主界面，如图 4-24 所示。

图 4-24 主界面

单击“操作指南”按钮，进入到操作步骤说明界面，使用前请详细阅读，如图 4-25 所示。

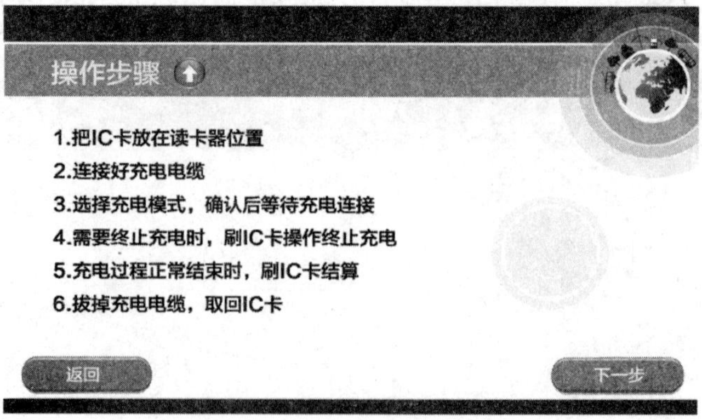

图 4-25 操作步骤说明界面

单击“返回”按钮返回到“主界面”，单击“下一步”按钮，进入指示灯状态提示界面，如

图 4-26 所示。

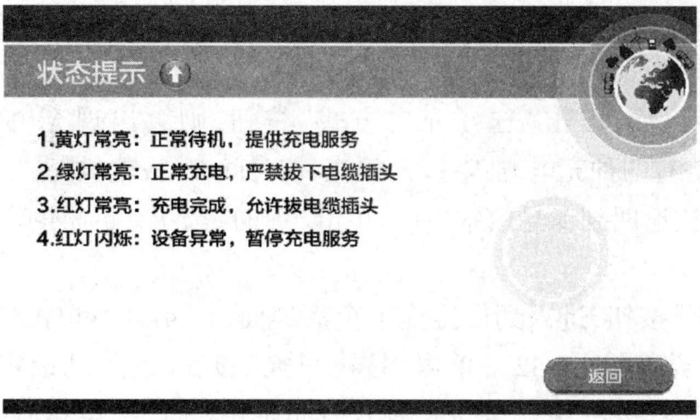

图 4-26 指示灯状态指示界面

单击“返回”按钮返回到操作步骤界面。

3. 卡号信息界面

在“主界面”状态刷 IC 卡，跳转到卡号信息界面，如图 4-27 所示。

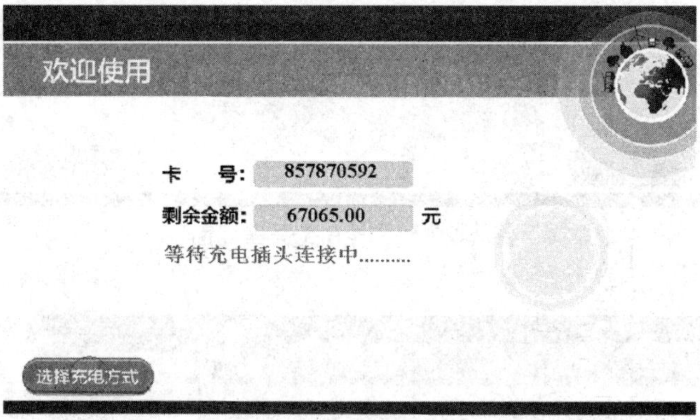

图 4-27 卡号信息界面

界面中显示卡号和卡内剩余金额信息以及充电插头连接状态，如图 4-28 所示。

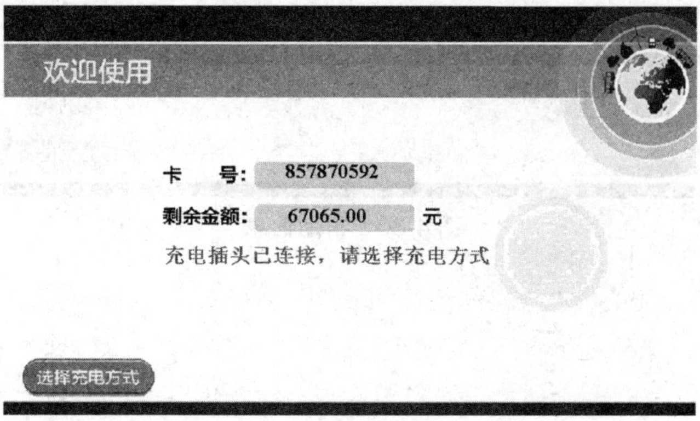

图 4-28 充电插头连接状态

注:如果充电插头未连接,则“选择充电方式”按钮触控无效。

4. 充电方式选择界面

充电插头连接以后,点击“选择充电方式”按钮,则会出现充电方式选择界面(图4-29),本交流充电桩有四种充电方式:按金额充、按时间充、按电量充、自动充满。

单击“返回”按钮返回到卡号信息界面,单击“帮助”按钮在屏幕的左侧会出现帮助信息(图4-30)。

单击“按金额充”按钮,进入到设定充电金额界面(图4-31);单击“按时间充”按钮,进入到设定充电时间界面(图4-32);单击“按电量充”按钮,进入到设定充电电量界面(图4-33);单击“自动充满”按钮,进入到充电模式自动充满界面(图4-34)。

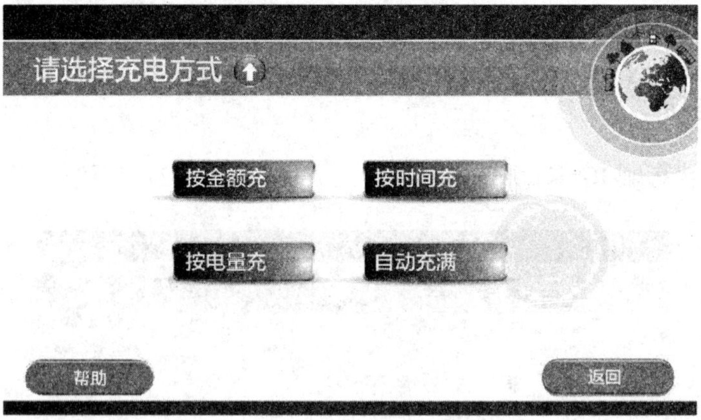

图4-29 充电方式选择界面

图4-30 帮助信息

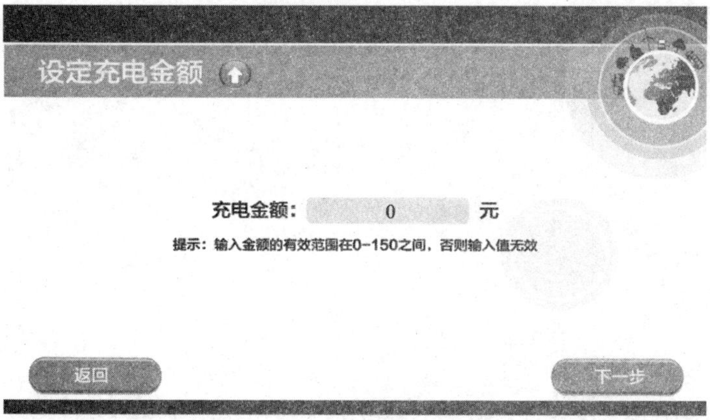

图 4-31　设定充电金额界面

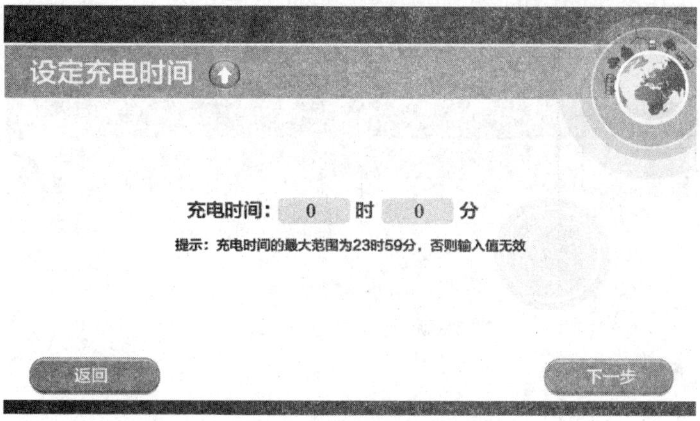

图 4-32　设定充电时间界面

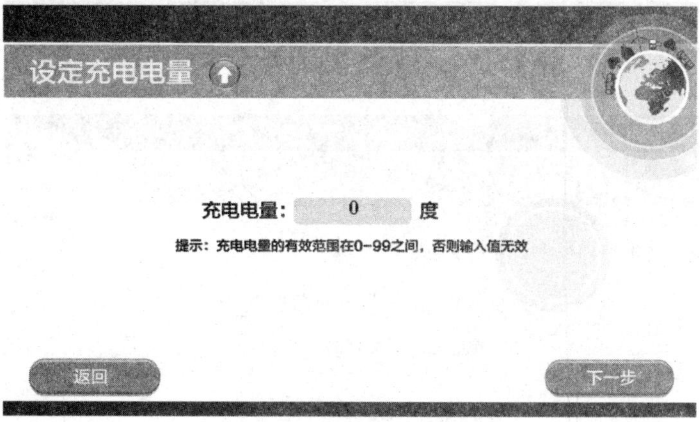

图 4-33　设定充电电量界面

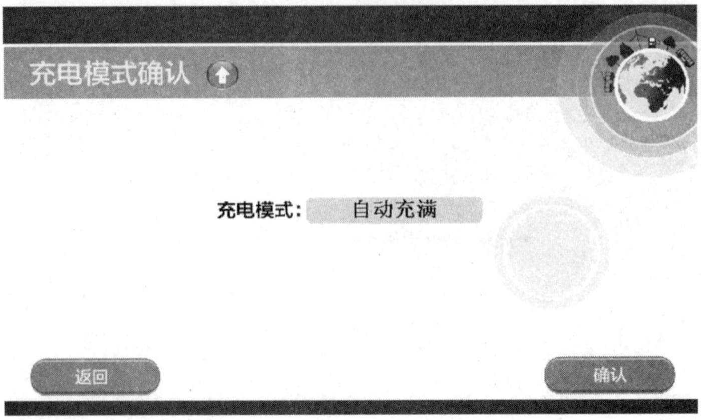

图 4-34 充电模式自动充满界面

单击四种充电方式界面中的“返回”按钮，返回到充电方式选择界面，单击相应界面的“下一步”按钮，进入到相应充电模式的数值输入确认界面，如图 4-35 至图 4-37 所示。

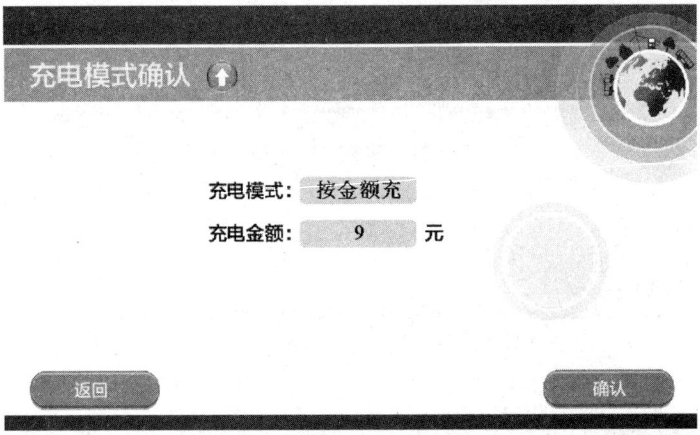

图 4-35 按金额充

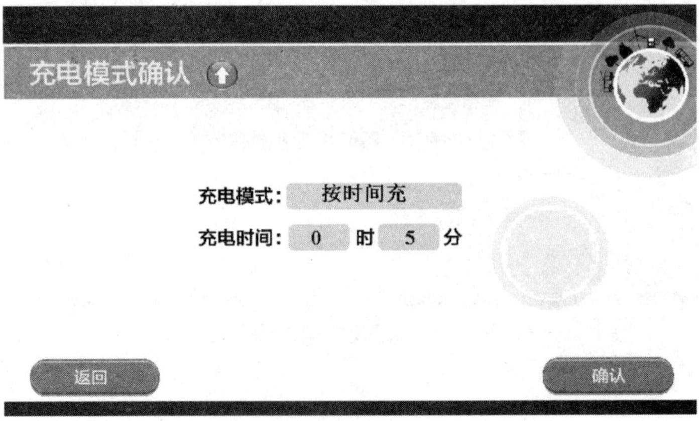

图 4-36 按时间充

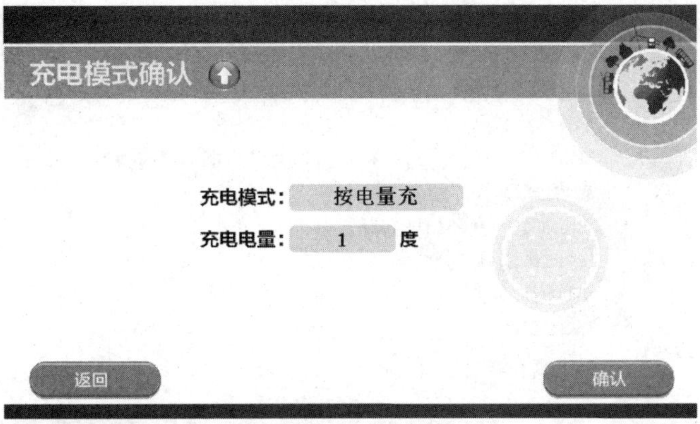

图4-37　按电量充

单击“返回”按钮返回到充电方式选择界面，单击“确认”按钮则会显示连接等待界面。

5. 连接等待界面

连接等待界面如图4-38所示。

图4-38　连接等待界面

6. 充电信息界面

刷IC卡完成后会跳转到对应模式的充电信息界面，如图4-39至图4-42所示。

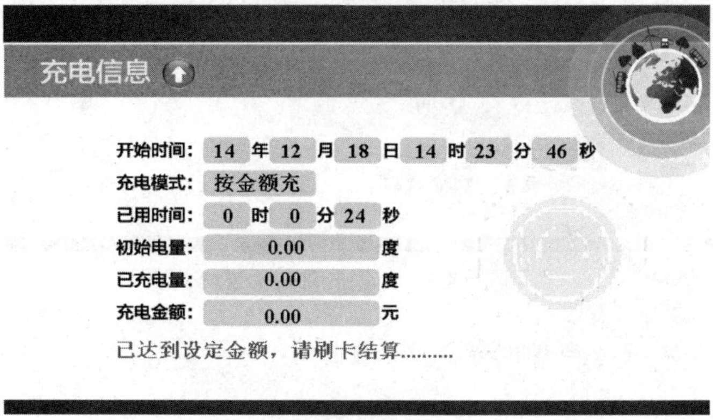

图4-39　按金额充电信息

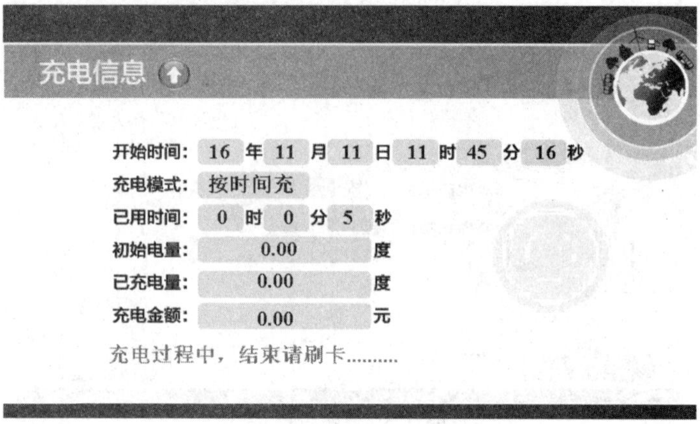

图 4-40　按时间充电信息

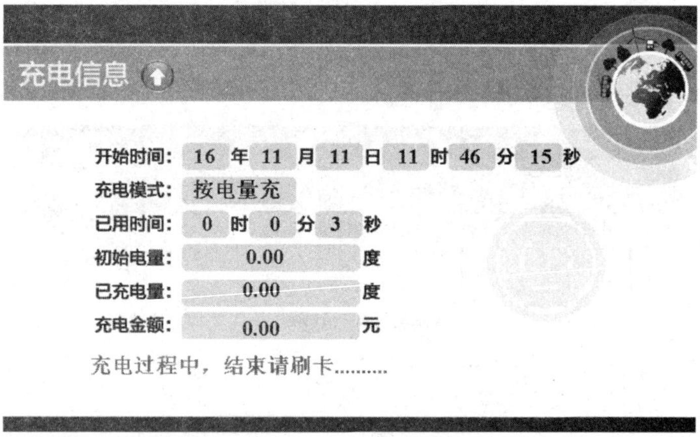

图 4-41　按电量充电信息

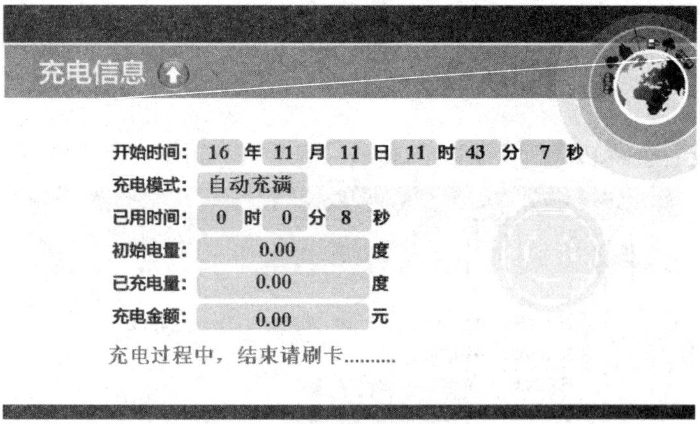

图 4-42　自动充满充电信息

充电过程中出现以下几种情况会导致充电停止：

(1)卡内余额不足；

（2）充电插头松动或者充电插头被拔出；

（3）电动汽车充满电；

（4）系统故障；

（5）选择按电量充模式已达到设定电量；

（6）选择按时间充模式已达到设定时间；

（7）选择按金额充模式已达到设定金额。

如果系统在充电过程中想结束充电，刷 IC 卡；如果出现以上情况会停止充电，提示刷卡结算。

7. 刷卡结算界面

刷卡后，则会出现相应结算信息界面，如图 4-43 所示。

单击“终止充电”按钮则会出现如图 4-44 所示界面。

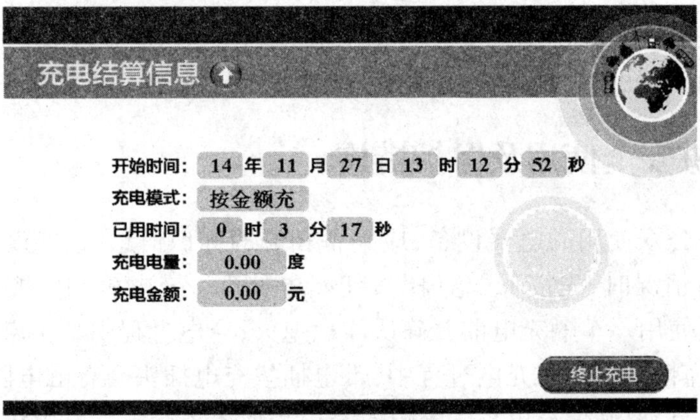

图 4-43　结算信息界面

图 4-44　充电结束界面

此时取走 IC 卡和拔掉连接插头则会跳转到系统自检界面。

8. 系统故障界面

如果在进入充电过程中出现异常,按下“急停”按钮则会出现系统故障界面(图 4-45)。

图 4-45 系统故障界面

如果故障解除,松开“急停”按钮系统会自动跳转到主界面。

4.2.4 交流桩安全使用及保护措施

充电桩作为公众使用的电器设备,应具备相应的标识信息,包括设备铭牌和安全警示标识。遇紧急情况时,先按下“急停”按钮断电处理。充电枪和电缆出现裂痕、磨损、破裂等情况严禁使用。车辆充电前要确认停稳熄火,充电过程中禁止启动车辆。如遇暴雨打雷天气,请谨慎充电。在充电过程中,带电插拔充电插头会有触电隐患,国家标准对控制引导提出规范,要确保充电桩未充电时充电插座不能带电。充电桩必须具备以下保护措施。

(1)过流保护:电子设备不允许超过额定电流使用,不然会烧坏设备。过流保护就是在电流超过设定电流后,自动断电,来保护设备芯片和主板不被烧坏,避免设备故障。

(2)短路保护:短路不仅容易损坏电源,严重的甚至引发火灾。一旦发现短路情况,电动汽车充电桩将立刻断电,防患未然。

(3)漏电保护:漏电事故一般发生在操作过程中,对人体伤害很大,引发心脏停搏。漏电保护系统回收剩余电流,如果电流过大难以回收,将立刻切断电流。

(4)过压保护:主要保护电动汽车充电桩供电线路,当电压超过预订的最大值,立即控制电压降低或直接切断电源。

(5)欠压保护:欠压一般是由于短路引起的,会给电动汽车充电桩的线路和设备本身带来损害。欠压保护便是在设备由于各种原因被切断电源后,电压被降低到临界电压时,保护电动汽车充电桩不会受损,可延长电动汽车充电桩的使用期限。

(6)急停保护:“急停”按钮是操作员在判断设备出现故障却没有自动停止的情况下紧急做出停止运行电动汽车充电桩的按钮,是发生在无法判断的紧急情况下立刻做出的急救操作。

(7)防雷击浪涌保护:当电气回路或者通信线路中因为外界的干扰突然产生尖峰电流或者电压时,浪涌保护器能在极短的时间内导通分流,从而避免浪涌对回路中其他设备的损害。

(8)充电枪插拔保护:对充电插拔过程中的漏电进行回收和处理,避免伤害人体。

(9)充电桩需要设有经过使用培训以及安全教育的人员,作为充电桩站点专项负责人,进行充电桩站点的日常维护、充电管理、安全充电指导。

4.2.5　交流充电桩日常维护和常见故障

充电桩维修难,是因为充电桩应用技术人才短缺,造成运营、维修相互脱节。运营的不管维修,维修的也不管运营;目前阶段充电桩只能监控状况,一旦出现故障,还是得依赖人工维护维修,各充电区域应指定专门人员进行管理维护。维护人员应配备充电桩维护工具(万用表、钳形表、电笔、绝缘胶布、大小螺丝刀、老虎钳、尖嘴钳、套筒、扳手等常用工具),每个月做一次充电桩安全检查及维护,检查内容如下。

(1)外观安全检查:

①充电桩是否破损,变形,掉落;

②充电枪接口防护罩是否脱落;

③充电桩充电接口防水保护罩是否掉落,破损;

④充电桩门锁是否损坏,柜门是否关闭;

⑤充电桩内部接地线是否脱落、松动,断路器、防雷器外观是否有损伤;

⑥充电桩内部是否有异味,有烧糊、黑色灰尘;

⑦充电桩内部电源、通信接线是否牢靠,有无松动;

⑧充电桩外部配电管道或桥架卡扣螺丝是否有松动,脱落。

(2)电气及控制系统检查:

①进线电缆和枪头的选用是否适合充电桩输入电压以及额定电流;

②充电桩应良好地接地,端子有明显的标志;

③充电桩独立电气回路对地及回路间的绝缘电阻应不低于规定;

④电缆的接线端子是否连接紧密并牢固;

⑤充电桩配电电线及内部控制线有无老化;

⑥检查充电桩控制电路板,内部各个设备有无老化;

⑦检查充电桩供电端电压、对地电压是否在正常值范围;

⑧检查充电桩漏电电压、电流是否在正常值范围;

⑨检查防雷器上小撞针或指示窗口,如果撞针突出来或窗口变成红色,则表示防雷器已经损坏,应立即更换。

维修维护人员必须具有电工职业资格证,并经专业培训,须具备电气基本知识、电气安全知识、充电桩安全操作流程、触电急救及紧急处理等各项能力。同时要熟练掌握交流充电桩能正常充电的条件：

（1）充电线连接确认信号正常；

（2）充电桩供电电源正常（含 220 V 和 12 V）及车载充电机工作正常；

（3）充电导引控制信号输出正常（6 V/9 V/12 V）；

（4）充电桩、VCU、BMS 之间通信正常；

（5）动力电池电芯温度 >5 ℃ /<45 ℃；

（6）单体电池最高电压与最低电压差 <0.3 V(300 mV)；

（7）单体电池最高温度与最低温度差 <15 ℃；

（8）绝缘性能 >20 MΩ；

（9）实际单体最高电压不大于额定单体电压 0.4 V；

（10）高、底压电路连接正常（远程开关关闭状态）。

1. 日常维护

1）充电枪

（1）不使用时尽量避免枪头直接暴露在外面，应插回插座，防止损坏。

（2）拔枪时注意枪柄卡扣位置，避免野蛮拖拽；保持枪头干燥，禁止积水存在。

2）桩体检测

（1）桩体外壳：是否生锈，漏水。

（2）显示屏：显示信息是否完整，是否会花屏。

（3）指示灯：是否能正常指示。

（4）设备门锁：是否有损坏，是否上锁。

（5）“急停”按钮：是否有损坏。

3）功能检测

（1）绝缘检测：绝缘性能 >20 MΩ。

（2）充电功能：电压、电流输出是否正常。

（3）刷卡功能：刷卡是否反应正常。

（4）急停功能：“急停”按钮是否能正常操作，反应是否正常。

（5）后台数据：是否连接上服务器，整理后台数据与总电量数进行对比，是否有差别。

4）内部组件检查

（1）内部线缆：是否有损坏，是否有脱落的线缆。

（2）螺丝检查：检查螺丝孔位是否有松动的现象，特别是强电侧。

（3）空开的漏电保护按钮：是否漏电检测启动正常。

（4）交流输入空开：是否能正常开关闭合。

5）数据记录

（1）电量记录：一天记录两次电表电量，作为后续运营数据分析。

（2）故障记录：针对发现的故障进行记录跟进。

6）除尘

对充电桩内部的灰尘进行清理，主要针对电源模块、主控 PCB 电路、散热出风口处的灰尘进行处理。

2. 常见故障

下文介绍两种典型故障，更多案例可扫描二维码查看。

（1）枪插上去了，界面没有显示已连接或没有显示“开始充电”按钮？

检查充电枪是否连接可靠，充电枪的卡扣是否卡紧；检查充电枪连接后，车辆仪表是否有电（桩会给车辆提供电源）。

检查方法：①测量充电枪的 L/N/CC/CP/PE 脚和车辆端的 L/N/CC/CP/PE 脚导通，阻值小于 0.5 Ω，不符合则需更换。

②测量充电线车辆端充电枪的 CC 脚和 PE 脚的阻值，16 A 充电线阻值应为 680（1 ± 3%）Ω，32 A 充电线阻值应为 220（1 ± 3%）Ω，不符合则更换充电线总成。（注：测量时充电枪的解除锁止按键需保持在弹起状态）

③测量 CP 端电压：如为 0，充电桩导引控制电路问题；如为 12 V，再次确认插枪与插座连接完好后，应检查车辆插座连接线；如为 6 V/9 V，证明已连接而没有显示，判断是软件问题，返回重启或更新。

（2）电动汽车为什么在某些交流充电桩不能充电？

出现这种问题主要原因是充电桩或电动汽车厂家没有严格遵守国家标准，出现了在自家充电桩可以充电，用别人的充电桩可能就无法充电的情况，这涉及充电桩导引控制的问题。①车的原因：当电动汽车准备就绪后，电动汽车没有按照标准给出 6 V 信号，导致充电桩无法检测到 6 V 电压信号，进而无法启动充电。②桩的原因：充电桩检测到充电桩枪已经完全连接，但还没有检测到 6 V 电压信号，就闭合了接触器启动充电。此时电动汽车动力电池管理系统（Battery Management System，BMS）认为是不安全充电模式，拒绝充电。

4.3　直流充电桩

直流充电桩也称作非车载充电机，俗称快充，美国特斯拉公司取了个名字叫“Super-Charger”，翻译为中文是“超级充电桩”。它可直接接入车辆的快速充电口，在充电桩与车辆完成物理连接、低压辅助上电、充电握手阶段和充电参数配置阶段后，就可以较高的直流电压和较大的电流直接给车辆动力电池进行充电，不需要经过车载充电设备。

直流充电桩是固定安装在电动汽车外、与交流电网连接，直流充电桩的输入电压采用三相四线 AC 380 V（± 15%），频率 50 Hz，输出可调的交流电，由于直流充电桩采用三相四线制供电，可以提供足够大的功率，输出的电压和电流调整范围大（适用于乘用车和大巴车的电压需求），可以实现快充。适合电动汽车充电站、公共停车场、住宅小区停车场、大型商厦停车场、路边停车位等场所安装，是目前电动汽车新能源领域较为普遍的充电设备。常见外观如图 4-46 所示。

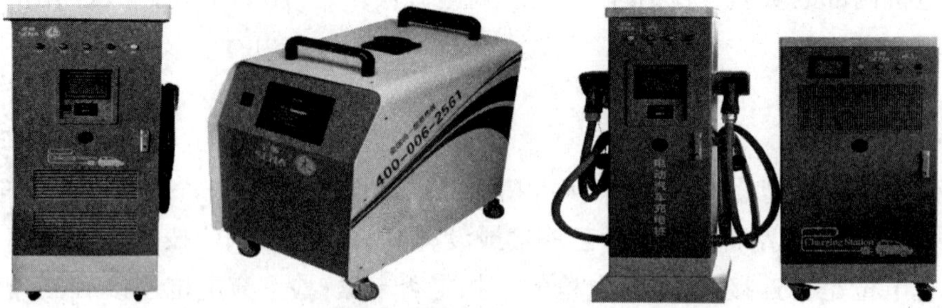

图 4-46 电动汽车直流充电桩

4.3.1 直流充电桩工作流程及原理

1. 直流充电桩工作流程

充电过程是由一系列简单的动作组成:拔枪—插枪—刷卡—充电—充电结束—再拔枪—挂枪。整个充电过程包括六个阶段:物理连接、低压辅助上电、充电握手、充电参数配置、充电和充电结束。流程图如图 4-47 所示。

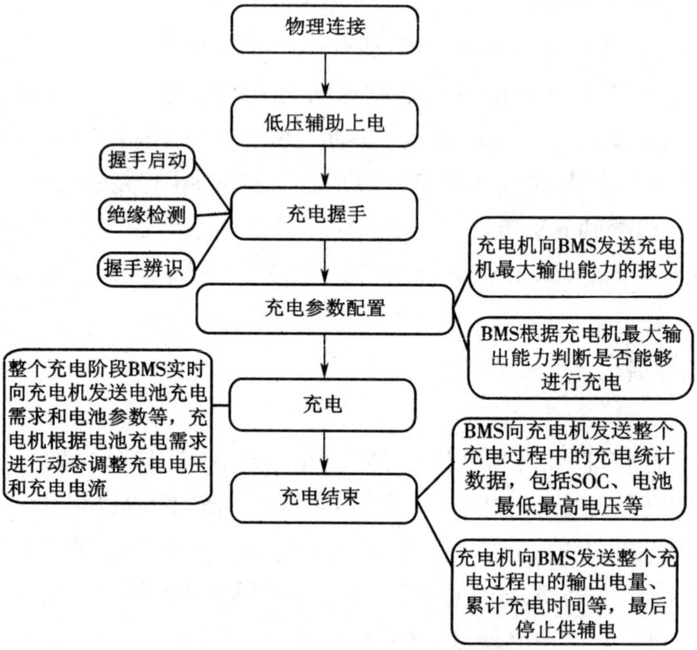

图 4-47 直流充电流程图

1)给充电桩供电

380 V 三相交流电输入到充电桩,从配电侧需要连接五条电缆给充电桩,分别是三相交流输入 U、V、W,地线 PE 和中线 N。电缆的规格根据充电桩的输入电流大小决定。充电桩的三相交流电上电后，面板上的电源指示灯被点亮，此时充电桩处在“待机”状态。在充电站投入运营的充电桩大都一直处在“待机”状态。

2）从充电桩桩体的充电枪“插座”或“固定座”上拔出充电枪

多数充电桩上面安装的是“固定座”，只是起到固定摆放充电枪的作用，没有任何电气连接；也有部分充电桩使用“插座”，这种设计中，用户需要先“刷卡或扫描二维码”启动计费，再“摘枪”，否则枪是被锁在充电桩上的。插座外观如图 4-48 所示。

(a)　(b)　(c)

图 4-48　固定座和插座形式

(a)直流充电桩固定座　(b)直流充电桩插座(带盖)　(c)直流充电桩插座(不带盖)

3）将充电枪插入车身的直流充电插座

将充电枪插入车辆充电插座后，机械锁和电子锁联动，锁止充电枪。上述三个步骤完成了前述充电总体流程的第一个阶段：物理连接。

4）刷卡或扫描二维码

刷卡或扫描二维码相当于给充电桩一个“Enable”信号，充电桩控制器接收到这个信号后，开始执行自检相关的一系列动作。充电标准中都没有明确提出刷卡或扫描二维码的这个节点，但是这个动作对于充电桩运营显然是很重要的。目前主流充电桩都具有此项功能。

5）自检

自检过程中用户看到充电桩显示屏上显示出一系列的步骤说明和进行状态，这过程包括前述总体流程的三个阶段：低压辅助上电、充电握手、充电参数配置。在此过程中，充电桩实现绝缘检测，启动泄放电阻将绝缘检测时的高压泻放到 60 V 以下；检测充电接口温度监控、电子锁功能；充电桩上的辅助电源给 BMS 供电，BMS 开始工作，充电桩和车辆 BMS 之间进行数据交互、握手、配置充电相关参数（BMS 告知充电桩电池相关信息）；充电桩控制器执行系列程序，充电桩和车辆上的三组开关执行断开或闭合的一系列动作。

6）充电阶段

完成上述操作后，充电桩下发指令，充电模块按指令要求的输出电压和输出电流开始工作，持续给电动汽车动力电池充电。在充电过程中，BMS 和充电桩控制器在实时地通信。

7）充电结束

有三大类情况会产生“充电结束”：人为因素、充电桩出现故障、BMS 发终止信息。

Ⅰ. 人为因素

充电进行过程中，人为刷卡可结束充电，或通过 APP 执行中止充电的指令也可结束充电。当然，人为将三相交流输入断掉也可结束充电，如按下“急停”按钮。

Ⅱ. 充电桩出现故障

(1)充电桩出现不能继续充电的故障。

(2)发生通信故障:3 次通信超时即判断为通信故障。

(3)充电枪和车辆之间的物理连接被断开,包括开关由闭合变为断开,车辆接口由连接变为断开。

(4)充电桩输出电压高于电池的最高允许电压。

Ⅲ. BMS 发终止信息

车辆电池已充满自动结束充电;车辆有异常,不能接受继续充电, BMS 向充电桩控制器下发中止充电的报文。

8)拔枪,挂枪

结束充电后,充电桩的输出电压泄放到 60 V 以下之后,电子锁和机械锁将解开,用户才能将枪从车辆的充电插座上拔出来,放回充电桩的固定座或插座上。至此,充电全过程结束。

2. 直流桩工作原理

图 4-49 左边是非车载充电机,右边是电动汽车,两者通过车辆插座相连。图中的 S 是一个常闭开关,与直流充电枪头上的按键(即机械锁)相关联,当按下充电枪头上的按键, S 开关即打开。而图中的 U_1、U_2 是一个 12 V 上拉电压, R_1~R_5 是阻值约 1 000 Ω 的电阻, R_1、R_2、R_3 在充电枪上, R_4、R_5 在车辆插座上。在车辆接口完全连接后,充电桩将闭合 K_3、K_4,使低压辅助供电回路导通,为电动汽车控制装置供电(车辆得到供电后,将根据检测点 2 的电压判断车辆接口是否连接,若电压值为 6 V,则车辆装置开始周期发送通信握手报文),接着闭合 K_1、K_2,进行绝缘检测,所谓绝缘检测,即检测 DC 线路的绝缘性能,保证后续充电过程的安全性。绝缘检测结束后,将投入泄放回路泄放能量,并断开 K_1、K_2,同时开始循环扫描周期性地发送通信握手报文。

接下来,就是电动汽车与直流充电桩相互配置的阶段,车辆控制 K_5、K_6 闭合,使充电回路导通,充电桩检测到车辆端电池电压正常(电压与通信报文描述地电池电压误差 $\leqslant \pm 5\%$,且在充电桩输出最大、最小电压的范围内)后闭合 K_1、K_2,那么直流充电线路导通,电动汽车就准备开始充电了。

在充电阶段,车辆向充电桩实时发送电池充电需求的参数,充电桩会根据该参数实时调整充电电压和电流,并相互发送各自的状态信息(充电桩输出电压电流、车辆电池电压电流、SOC 等)。

3. 电气原理图

电气原理图如图 4-50 所示,直流充电桩基本构成包括:功率单元、控制单元、计量单元、充电接口、供电接口及人机交互界面等。三相 380 V 交流电经过 EMC 等防雷滤波模块后进入到三相四线制电表中,三相四线制电表监控整个充电机工作时的实际充电电量。且根据实际充电电流及充电电压的大小，充电机往往需要并联使用，因此就要求充电机具有均流输出的功能，充电机输出经过充电枪直接给动力电池进行充电。在直流充电桩工作时，辅助电源给主控单元、显示模块、保护控制单元、信号采集单元及刷卡模块等控制系统进行供电。另外，在动力电池充电过程中，辅助电源给 BMS 系统供电，由 BMS 系统实时监控动力电池的状态。具有功能如下。

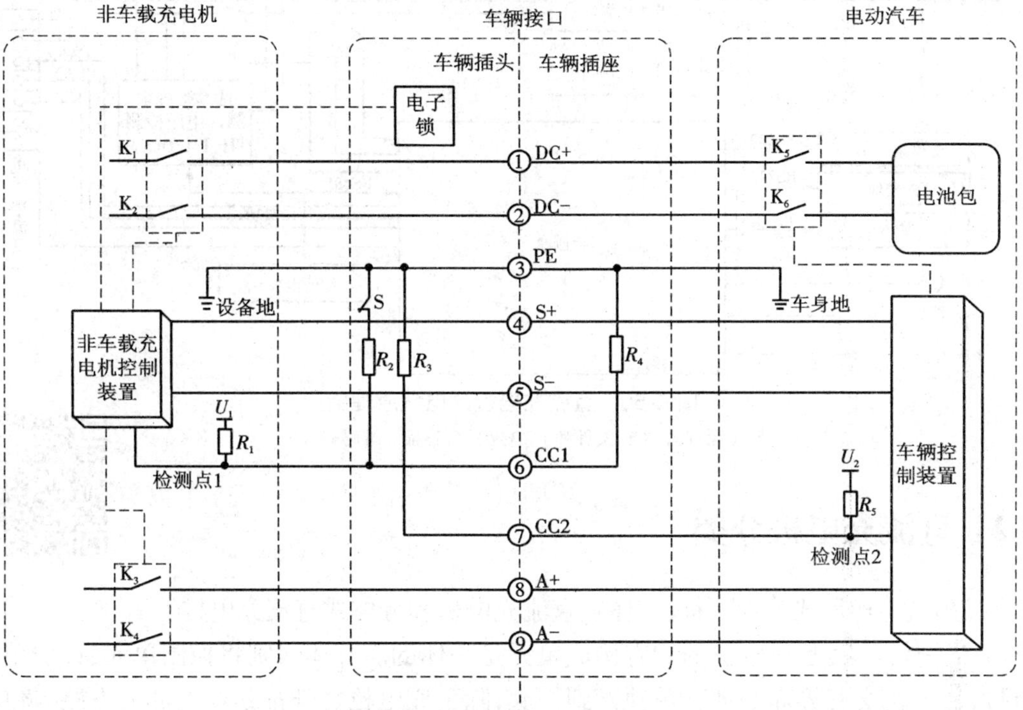

图 4-49　直流充电工作原理

（1）单个充电模块只有 15 kW，不能满足功率要求，需要多个充电模块并联在一起工作，通过 CAN 总线实现多个模块的均流。

（2）安全监测电路有机械锁或电子锁监测、绝缘检测、泄放电路、充电口温度监测等。

（3）电池是否接受充电，是由电池的大脑 BMS 决定：BMS 下发“是否允许充电，是否终止充电，可以接受多大电压，多大电流充电”的指令给控制器，控制器再下发给充电模块。因此，需要实现控制器和 BMS 之间 CAN 通信，控制器和充电模块之间 CAN 通信的作用。

（4）控制器通过 Wifi 或 3G/4G 等网络通信模块和后台连接，实现远程监控。

（5）安装电表、读卡器实现计费功能。

（6）三个指示灯分别表示充电、故障、电源。

（7）直流充电桩的风道设计是关键。充电桩散热结构方式决定充电桩是否具备稳定的性能和使用寿命，风道设计结构上既要保证通风量，同时还要防尘、防雨，易保养维护。虽然充电模块里面都有风扇，但充电桩的系统散热量要大得多，需要整体散热设计。

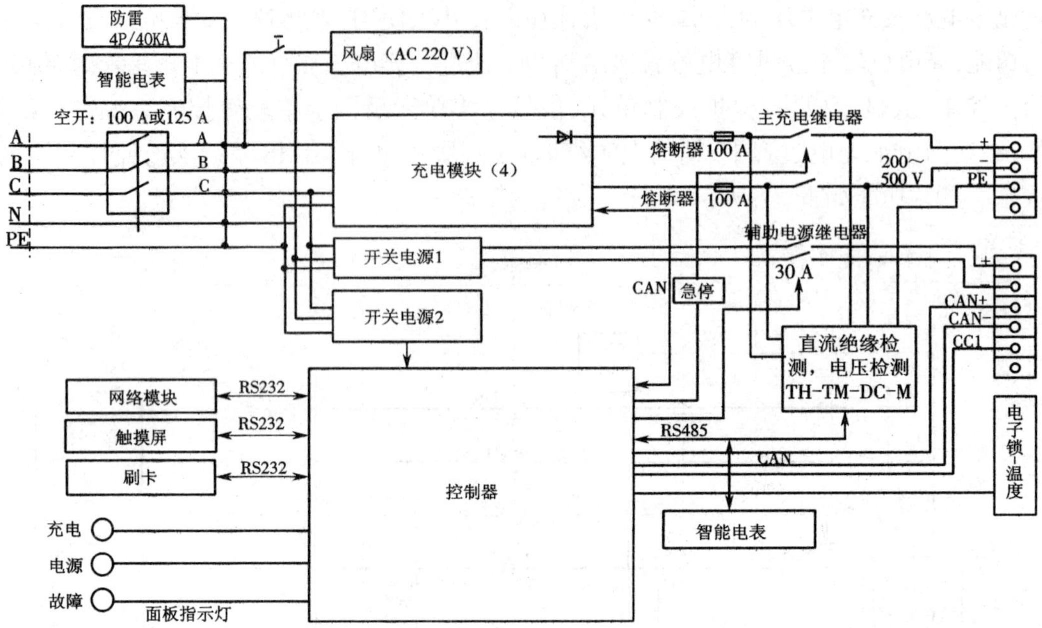

图 4-50 直流充电桩的电气原理图

（原理图 SCH 文件和 PCB 文件可扫描二维码查看）

4.3.2 直流充电桩分类

（1）按照结构形式分为两种：一体式直流充电桩和分体式直流充电桩。

所谓一体式，就是充电桩的所有构成单元是一体的。分体式则将控制单元、计费单元、充电接口、人机交互界面等部分单独做到一起，除了充电枪之外都是弱电部分电路，将功率单元（主要包括充电模块，强电的配电电路部分等）集中在一起，对于大功率的充电桩，采取这种方式的比较多。超大功率分体直流桩也被称作直流堆。

（2）按照安装方式有：落地式、便携移动式、壁挂式。

大多数直流充电桩是落地式的，不管是一体式还是分体式都是落地的。但是，在其他的一些应用场合也需要便携式和移动式。便携式充电桩外形小巧，安装有滑轮及电源电线，可根据需要移动到充电的位置，适合于乘用型电动汽车充电。壁挂式充电桩安装在墙上，不占用车辆停车空间，适合于家庭和公共停车场、居民小区。

（3）按照功率大小：现在主流的功率大小有 30 kW、60 kW、120 kW、150 kW、180 kW 等直流充电桩，出租车、物流车、乘运车一般使用 30 kW、60 kW 的，公交大巴则使用 120 kW 甚至更大功率的。因为充电模块主流的是 10 kW、15 kW，所以充电桩的功率总是 10/15 kW 的倍数。

（4）按照充电枪多少通常有单枪和双枪，还可以有更多的枪。

从市场的需求和实用角度应该是双枪为主，因为单枪的效益太低。安装了一个充电桩，占了那么大的空间，花费那么多费用，同时能给两辆车充电性价比高。

注：双枪充电有轮充、均充和动态充电之分。譬如 180 kW 的充电桩，当只给一辆车充电时，一个枪上的功率是 180 kW，充满一个再给另一个充电，是轮充；可以给两辆车同时充电时，两个枪上的功率分别是 90 kW，是均充。还有可以根据车辆的功率需求动态分配，也称作柔性充电。

4.3.3　直流充电桩的相关标准介绍

与直流充电桩相关的标准有三类：国家标准、行业标准和企业标准。

由中国电力企业联合会提出并归口，以国家标准形式发布的直流充电桩相关标准有四个：

（1）《电动汽车传导充电系统　第 1 部分：通用要求》（GB/T 18487.1—2015）；

（2）《电动汽车传导充电用连接装置 第 1 部分：通用要求》（GB/T 20234.1—2015）；

（3）《电动汽车传导充电用连接装置　第 3 部分：直流充电接口》（GB/T 20234.3—2015）；

（4）《电动汽车非车载传导式充电机与电池管理系统之间的通信协议》（GB/T 27930—2015）。

此外，还有一个和交流充电桩相关的标准：《电动汽车传导充电用连接装置 第 2 部分：交流充电接口》（GB/T 20234.2—2015）。

由中国电力企业联合会提出，由能源行业电动汽车充电设施标准化技术委员会归口，由国家能源局发布的直流充电直流充电桩相关的行业标准有两个：

（1）《电动汽车非车载传导式充电机技术条件》（NB/T 33001—2018）；

（2）《电动汽车充电设备检验试验规范　第 1 部分：非车载充电机》（NB/T 33008.1—2013）。

由国家电网公司营销部提出，由国家电网公司科技部归口，由国家电网公司发布的直流充电桩相关的企业标准有三个：

（1）《电动汽车非车载充电机通用要求》（Q/GDW 1233—2014）；

（2）《电动汽车非车载充电机　通信协议》（Q/GDW 1235—2014）；

（3）《电动汽车非车载充电机检验技术规范》（Q/GDW 1591—2014）。

此外，国家电网还发布了针对计费控制单元与充电控制器通信协议标准。

由南方电网公司生产设备管理部归口，南方电网公司发布的直流充电桩企业标准有两个：

（1）《电动汽车非车载充电机技术规范》（Q/CSG 1211013—2016）；

（2）《电动汽车非车载充电机检验技术规范》（Q/GDW 1591—2014）。

此外，南方电网公司还发布了和交流充电桩相关的技术规范《电动汽车交流充电桩技术规范》（Q/CSG 1211013—2016）。

以上标准可扫描二维码查看。

4.3.4 直流充电桩系统软件的控制过程

要想真正理解控制过程，就要熟读《电动汽车传导充电系统 第1部分：通用要求》(GB/T 18487.1—2015)附录B，最好能和《电动汽车非车载传导式充电机与电池管理系统之间的通信协议》(GB/T 27930—2015)附录A(以下简称“附录A”)结合起来研究。

图4-50给出了直流充电的基本方案示意图，最左边大实线方框上方标识有“非车载充电机”，也就是直流充电桩；中间的大实线方框上方写着“车辆接口”，实际产品形态是充电枪的枪头部分和充电枪插座部分，两者中间用虚线示意；最右边大实线方框表示电动汽车。

下面将详细说明充电过程中硬件和软件分别执行了哪些动作，实现了哪些功能。

(1)将枪从充电桩上取出，第一个动作是用手按住充电枪上面的机械锁开关即图4-51中间大实线方框中的S，该开关是常闭开关，按住后，S由常闭变成了常开。图4-51中的检测点1实际上是充电桩控制器里面的A/D采样口。将机械锁开关S按住后，检测点1检测到的电压从6 V变成12 V，如图标识出检测点1的检测回路，U_1是12 V电压，经过电阻R_1和R_2串联之后在检测点1分压得到的电压是6 V。S断开之后检测点1的电压是12 V。图中的R_1，R_2，R_3，R_4，R_5都是1 kΩ，充电枪插入电动汽车后，“车身地”和充电桩的“设备地”共地。

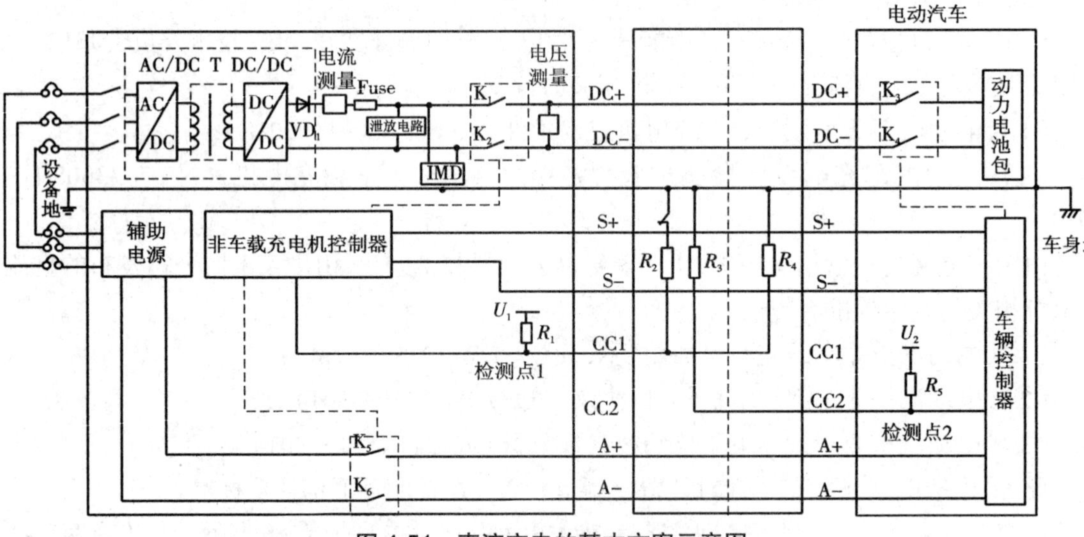

图4-51 直流充电的基本方案示意图

注1：图中二极管VD_1防止反向电流，可采用其他电路替代。

注2：泄放电路中应具备投切功能。

注3：绝缘检测电路应具备投切功能。

(2)持续按住充电枪的机械锁开关S，将充电枪插入车辆插座。此时，检测点电压从12 V变成了6 V。图4-51中的R_4被接入检测回路，这时的S仍然是常开的，U_1的12 V电压经过R_1和R_4分压，检测点1电压为6 V；充电枪和车辆连接后，U_2经过R_5和R_3分压之后，检测点2电压由此前的12 V变成了6 V。

(3)紧接着松开S，电阻R_2接入检测点1的检测回路，检测点1的电压降低为4 V。此

时 R_2 和 R_4 并联，再和 R_1 串联，U_1 经过 1 kΩ 和 0.5 kΩ 的分压之后，在检测点 1 的电压就从 6 V 变成了 4 V。至此，物理连接完成。

（4）充电桩控制器的软件程序在物理连接之后做出下面两个判断。

①判断检测点 1 的电压是否为 4 V。如果是 4 V，通过充电桩控制器的 I/O 输出信号控制辅助电源，给电子锁供电，电子锁被供电之后，电子锁内部的继电器吸合，锁止充电枪并给出反馈信号给充电桩控制器的 I/O 输入，充电桩控制器根据该 I/O 输入信号来判断电子锁是否锁止。

②判断 CC2 点电压是否为 0，确认车和充电桩可靠共地。

（5）完成物理连接之后，专门供给电动汽车上的 BMS 的辅助电源开关 K_3、K_4 闭合。桩和车确认了物理连接之后，K_3、K_4 闭合，BMS 开始工作，车辆控制单元（Vehicle Control Unit，VCU）和 BMS 之间通信；开关 K_3、K_4 闭合，软件上充电桩控制器做出判断，控制电子锁的动作，控制 K_3、K_4 的闭合。

（6）充电握手启动阶段：当充电桩和电动汽车物理连接并完成上电，且电压检测正常后，由充电桩控制器向 BMS 每隔 250 ms 定期发送一次充电机握手报文（Charger Handshake Message，CHM），报文内容是充电机通信协议的版本号。BMS 收到 CHM 报文后，每隔 250 ms 向充电桩控制器定期发送 BMS 握手报文（BMS Handshake Message，BHM），报文内容是 BMS 最高允许充电总电压。充电桩控制器和 BMS 之间的通信网络采用了 CAN2.0B 通信协议，通信速率采用 250 kbit/s。在环境恶劣的场合，可采用 50 kbit/s 通信速率。CAN 物理层符合《道路车辆 控制器局域网络》（ISO 11898-1：2003）、美国汽车工程协会（SAE）的推荐标准《路面车辆操作规程》（SAE J 1939-11：2006），协议层符合《数据链路层》（SAE J 1939-21：2006）和《应用层诊断》（SAE J 1939-73：2006）。两者之间握手时间如果超过 5 s，任何一方接收不到对方的握手报文，充电结束。

（7）双方握手成功之后，充电桩开始检测充电桩直流输出的主接触器 K_1、K_2 并判断接触器外侧电压是否小于 10 V。如果接触器异常，充电结束并上报故障。

（8）绝缘检测阶段：检测 K_1、K_2 正常后，启动绝缘检测电路，并立即闭合 K_1、K_2，充电桩控制器下发开机指令和检测电压指令给充电模块输出电压，开始绝缘检测。

（9）泄放充电桩直流输出端口电压至 DC 60 V 以下：绝缘检测结束后，充电模块停止工作，绝缘检测电路关闭，泄放电路工作，负责泄放电阻投切的继电器闭合；泄放完毕，负责泄放电阻投切的继电器断开，直流主接触器 K_1、K_2 断开。根据《电动汽车传导充电系统 第 1 部分：通用要求》（GB/T 18487.1—2015）标准要求，泄放回路应在 1 s 内将充电接口电压降到 DC 60 V 以下。电桩控制器在软件上判断 K_1、K_2 的外侧电压是否为 60 V 以下，从泄放电路投切开始计时，5 s 内达到 60 V 以下，断开泄放电路的接触器，断开充电桩 DC 主回路接触器 K_1、K_2。超过 5 s 不小于 60 V，视为充电故障。

（10）充电握手辨识：当充电桩控制器和 BMS 之间通过握手确定，并确定绝缘检测正常后，充电桩控制器和 BMS 之间互发辨识报文。充电桩控制器每隔 250 ms 定期发送一次充电机辨识报文（Charger Recognize Message，CRM）给 BMS，用于确认充电机和 BMS

之间通信链路正确。报文内容是充电机通信协议的版本号。BMS 收到 CRM 报文后，每隔 250 ms 向充电桩控制器定期发送 BMS 握手辨识报文(BMS Recognize Message, BRM)，报文内容是车辆辨识信息，包括协议版本，电池类型、容量、电池电压、车辆识别号码(Vehicle Identification Number, VIN)。

(11)充电参数配置阶段：BMS 定期发送电池充电参数(Battery Charger Parameters, BCP)报文给充电桩控制器，充电桩控制器定期发送充电机时间同步(Charger Time Synchronization, CTS)信息和充电机最大输出能力(Charger Maximum output Level, CML)报文给 BMS。BMS 判断充电机参数合适，闭合电动汽车内部的接触器 K_5、K_6，电动汽车开始负责整个系统的绝缘检测。充电桩控制器判断充电电压正常，闭合直流接触器 K_1、K_2，开始直流充电。

BCP 报文信息包括单体电池的电池最高允许充电电压、最高允许充电总电压、最高允许充电电流、标称总能量、最高允许温度、SOC、当前电压等。CML 报文信息包括最高输出电压、最低输出电压、最大输出电流、最小输出电流。显然，充电前交互这些信息是必要。

(12)充电阶段：充电模块按照预充电电压输出电压之后，K_1、K_2 和 K_5、K_6 都已经闭合，充电就算开始了。BMS 开始定期发送电池充电需求(Battery Charging Level, BCL)报文和电池充电总状态(Battery Charging State, BCS)报文给充电桩控制器，充电桩控制器定期发送充电机状态(Charger Charging State, CCS)报文给 BMS。接收报文若超时，充电结束。充电阶段，BMS 还定期发送电池状态信息(Battery Status Message, BSM)、电池单体电压(Battery Monomer Voltage, BMV)、电池单体温度(Battery Monomer Temperature, BMT)、电池预留(Battery Status Persist, BSP)等报文给充电桩控制器。

(13)充电结束：一旦充电结束条件满足，充电桩控制器发送充电机中止充电(Charger Stop Transmitted, CST)报文给 BMS，让 BMS 确认充电机即将结束充电以及结束充电原因。BMS 发送电池系统中止充电(Battery Stop Transmitted, BST)报文给充电桩控制器，让充电机确认 BMS 将发送中止充电报文以令充电机结束充电过程以及结束充电原因。随后，两者互发统计数据报文电池统计数据(Battery Statistical Data, BSD)和充电机统计数据(Charger Statistical Data, CSD)。当电流值降到 5 A 以下之后，充电桩断开 K_1、K_2，投切泄放电压电路，BMS 断开 K_5、K_6。充电桩控制器确认收到 BSD 报文后断开 K_3、K_4，电子锁解锁。BMS 确认收到 CSD 报文后进入休眠状态。

充电桩与充电模块之间流程如图 4-52 所示。

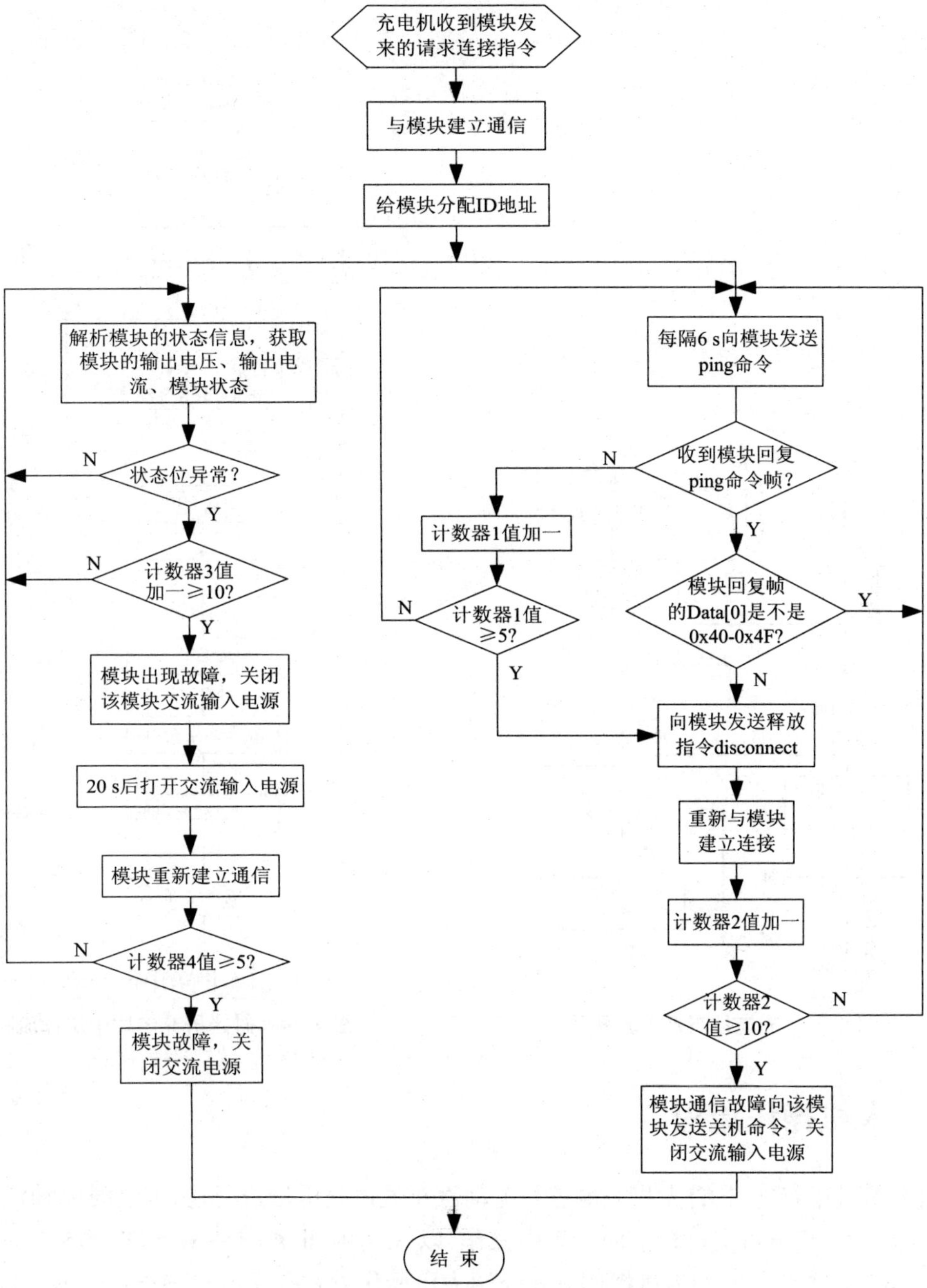

图 4-52　充电桩与充电模块控制软件流程

系统的充电控制程序流程如图 4-53 所示。

刷卡操作流程如图 4-54 所示。

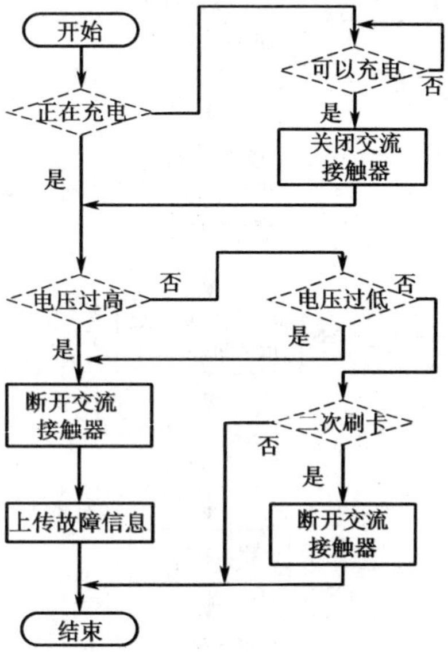

图 4-53 充电控制系统流程图

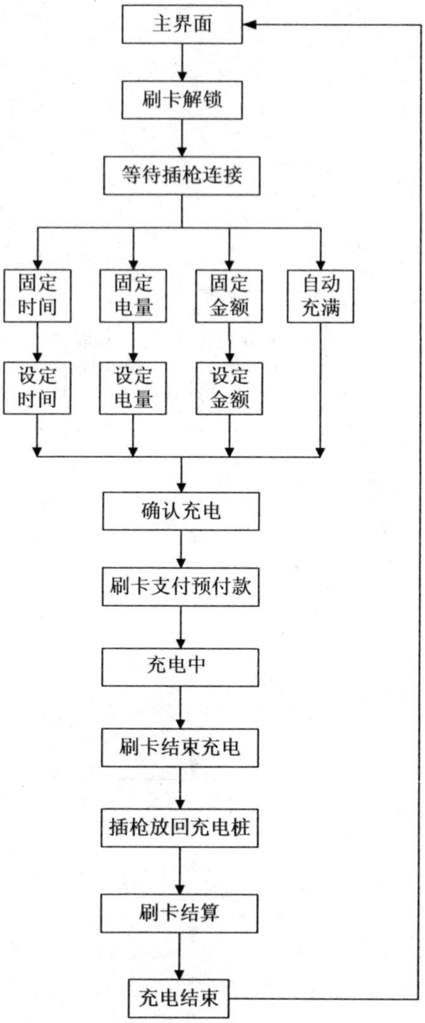

图 4-54 触摸屏充电刷卡工作流程

4.3.5 人机操作流程

当电动汽车充电时，首先将充电桩与电动汽车通过充电枪进行连接，这时电动汽车会自锁充电枪，然后充电桩会进行下面一系列操作，以 SN- 木 Ⅱ AY30KW/500V（750）一体式直流充电桩图 4-55 为例介绍人机操作方式介绍人机操作方式。充电状态指示灯如下。

（1）电源指示灯：白色常亮，系统已正常上电。

（2）连接指示灯：黄色常亮，充电接口已连接（充电插枪已接入）。

（3）充电指示灯：绿色常亮，充电桩已正常工作，该状态禁止拔枪操作。

（4）故障指示灯：红色闪烁，充电桩出现故障，暂停充电服务。

图 4-55　SN 直流充电桩

人机操作使用说明如下。

1. 系统自动检测界面

充电桩上电后，系统自动进入系统自动检测界面，自动检测系统内部通信和交流电源输入是否正常，如图 4-56 所示。

图 4-56　系统自动检测界面

如果自检合格，提示“自检合格，请使用”，如图 4-57 所示。

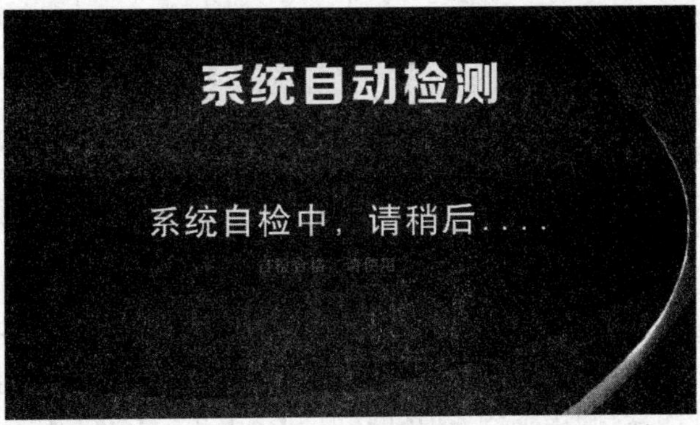

图 4-57　自检合格

2. 主界面

自检合格后,系统界面跳转到主界面,如图 4-58 所示。

图 4-58　主界面

3. 卡内信息界面

主界面中单击“充电”按钮触摸屏跳转到卡内信息界面,如图 4-59 所示。

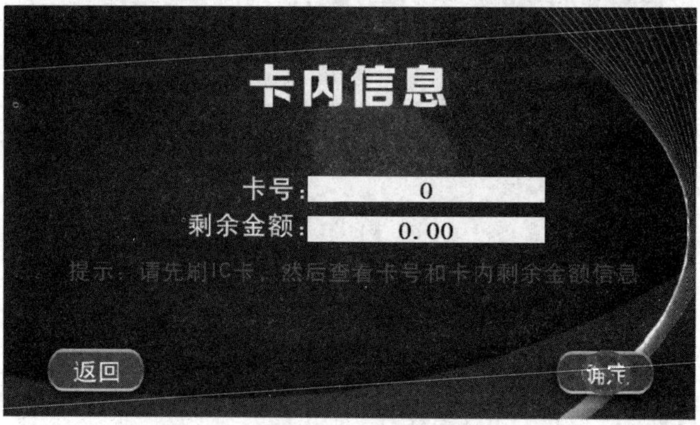

图 4-59　卡内信息界面

用户进入图 4-58 所示界面时应先阅读红色提示内容,刷 IC 卡后显示卡号和剩余金额信息。

注:在未刷卡之前“确定”按钮触控无效,刷卡之后“确定”按钮触控有效。

单击“返回”按钮返回到主界面,单击“确定”按钮触摸屏会跳转到自动充电方式选择界面。

4. 自动方式界面

充电一共有四种模式:固定金额、固定时间、固定电量、自动充满,如图 4-60 所示。

图 4-60　自动方式界面

单击对应充电模式按钮会进入到相应的充电模式参数设置界面(图 4-61 至图 4-64),输入相应参数,即可实现按对应方式自动充电功能。若单击“自动充满”按钮,会直接进入到插枪连接确认界面,无须进行参数设置。

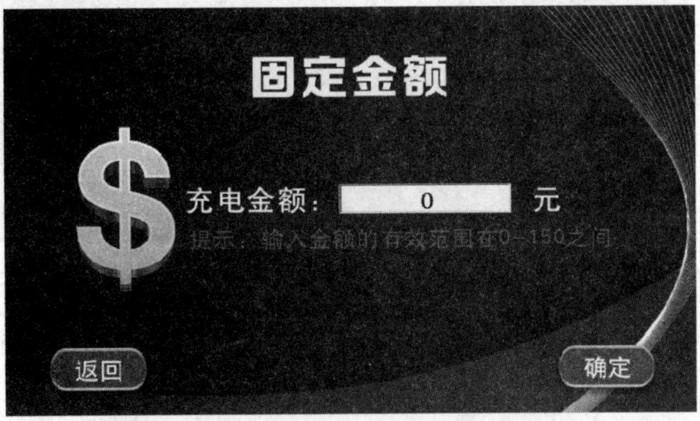

图 4-61　固定金额参数设置界面

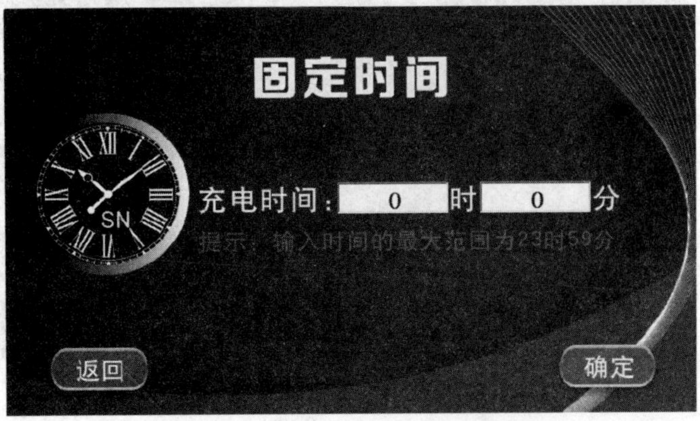

图 4-62　固定时间参数设置界面

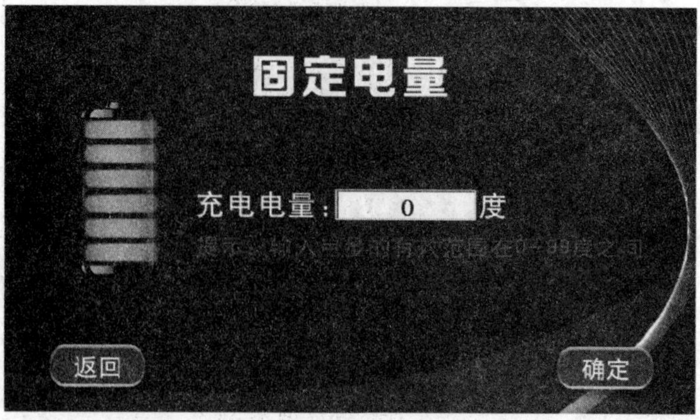

图 4-63 固定电量参数设置界面

图 4-64 插枪连接确认界面

注：如果插枪未能正常与电动汽车连接，会提示“插枪连接异常，请检查”此时“确定”按钮触控无效，如图 4-65 所示。

图 4-65 插枪未连接提示界面

5. 充电确认界面

单击“返回”按钮返回到自动充电方式选择界面，单击“确定”按钮进入到充电确认界面,如图 4-66 所示。

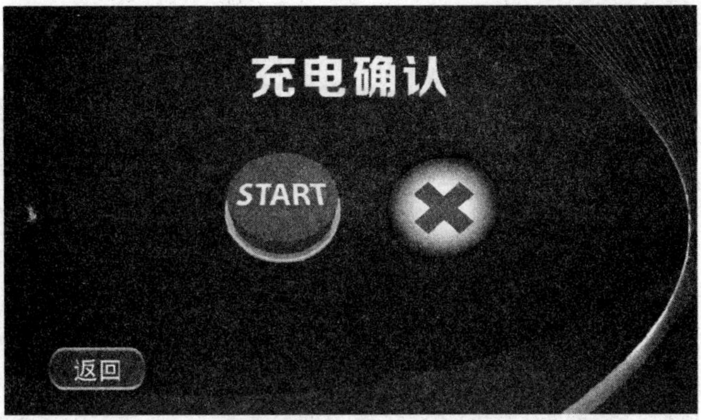

图 4-66　充电确认界面

单击“START”按钮,界面会提示“开机已确认,正在连接请刷卡”,刷卡之后即可自动充电。单击“取消”按钮触摸屏返回到主界面。单击“返回”按钮返回到卡内信息界面。

6. 充电信息界面

充电确认界面中会提示用户刷 IC 卡,用户刷卡后会进入到充电信息界面,如图 4-67 所示。充电信息界面中显示充电过程中的各类信息,包括充电时间、充电模式、充电金额、充电电量、电池类型、荷电状态、剩余充电时间等。

充电桩设有故障报警功能,如果充电过程中无任何异常,则运行指示灯显示绿色,故障指示灯显示红色;如果充电过程中出现了异常,充电桩会自动停止充电,此时界面中的运行指示灯显示红色,故障指示灯显示绿色。

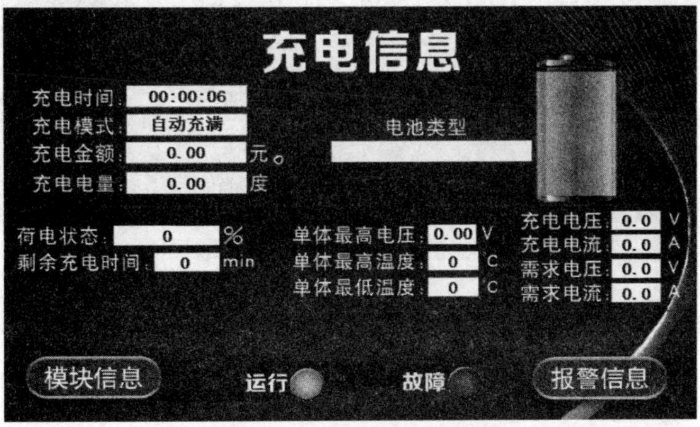

图 4-67　充电信息界面

7. 手动方式

在自动充电方式选择界面,单击“自动方式”处会进入手动充电方式操作界面,手动充电方式是用于给负载设备充电使用，设有保护密码，用户如需要此功能，请提前与销售人员沟通。

单击自动方式界面中的“自动充满”按钮会进入到参数密码设置界面，如图 4-68 所示。

图 4-68　参数密码设置界面

8. 手动方式选择界面

输入正确密码后，单击“确定”按钮后，进入到手动方式界面（图 4-69），单击“返回”按钮返回到自动方式界面。

图 4-69　手动方式选择界面

手动方式有三种充电模式：按金额充、按时间充、按电量充。单击需要的充电模式，进入到相应的充电模式参数设置界面（图 4-70 至图 4-72）。单击“返回”按钮返回到自动充电方式选择界面。

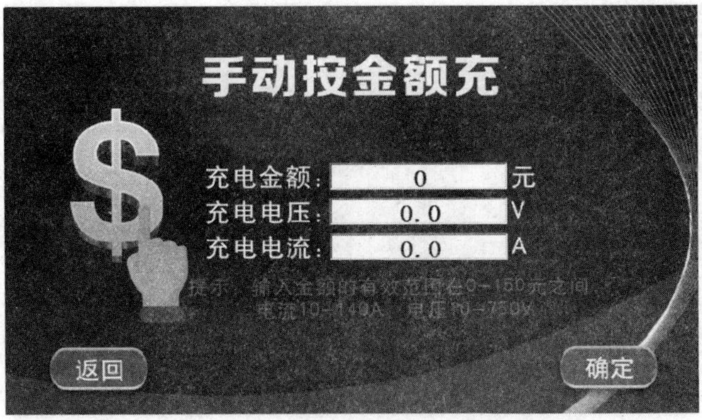

图 4-70 手动按金额充参数设置界面

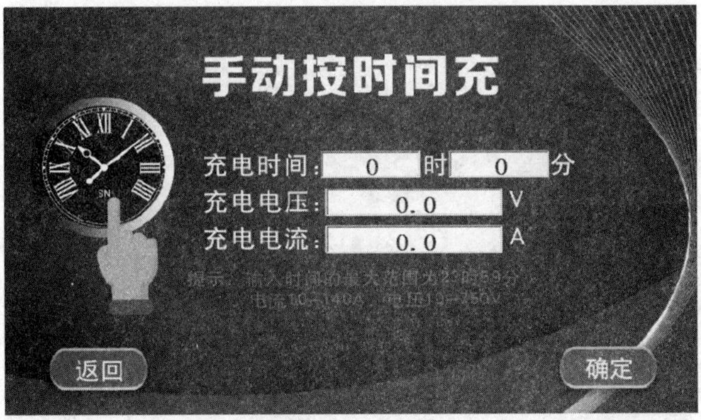

图 4-71 手动按时间充参数设置界面

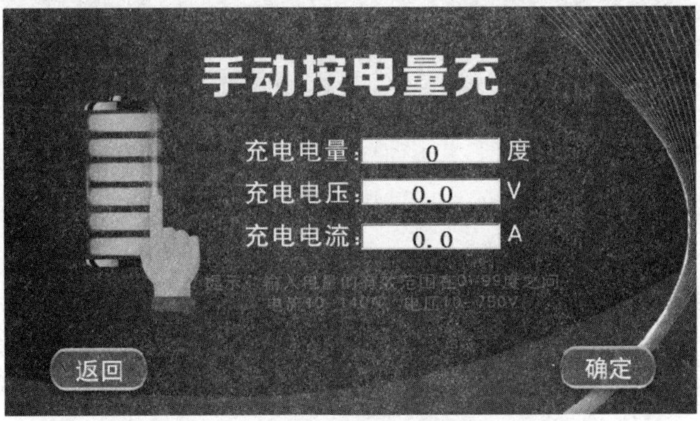

图 4-72 手动按电量充参数设置界面

参数设置完成以后单击“确定”按钮进入到充电确认界面，单击对应参数设置界面中的“返回”按钮返回到手动方式界面。

充电完成后，充电信息界面提示“充电已完成，请刷卡结算”，如图 4-73 所示。

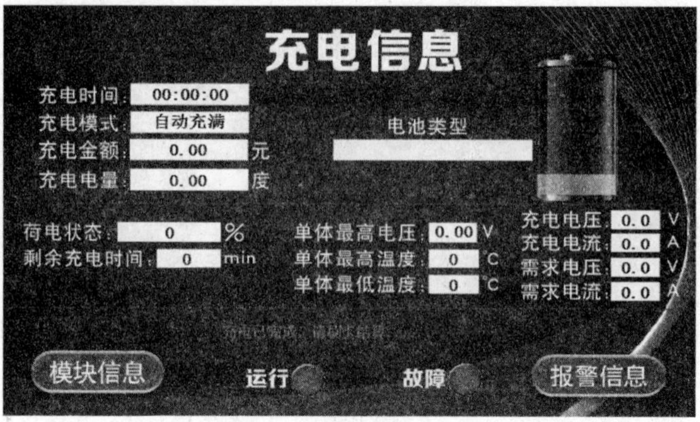

图 4-73　充电完成提示

9. 模块信息界面

在充电信息界面中单击“模块信息”按钮，界面跳转到模块信息界面，如图 4-74 所示。

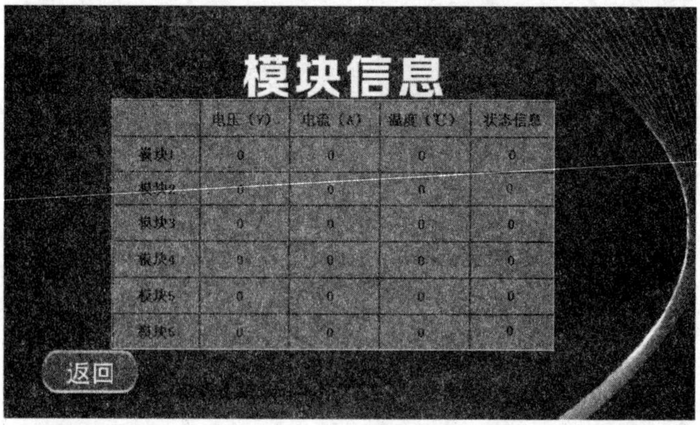

图 4-74　模块信息界面

模块信息界面中详细地记录了各个模块的充电电压、充电电流、模块温度和状态信息。

10. 报警信息界面

如果充电过程中出现异常，用户可以单击“报警信息”按钮查看具体报警信息，如图 4-75 所示。

报警信息界面中记录了每一次出现报警的时间及具体报警内容。

11. 充电结束界面

用户充电完成后，刷 IC 卡进入到充电结束界面，如图 4-76 所示。

充电结束界面，显示此次充电所采用的充电模式，所用的充电时间、充电金额、荷电状态信息。在充电结束界面单击“终止充电”按钮返回到主界面。

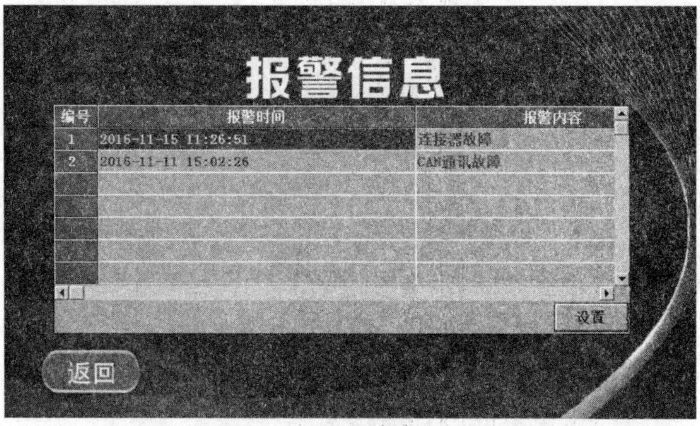

图 4-75　报警信息界面

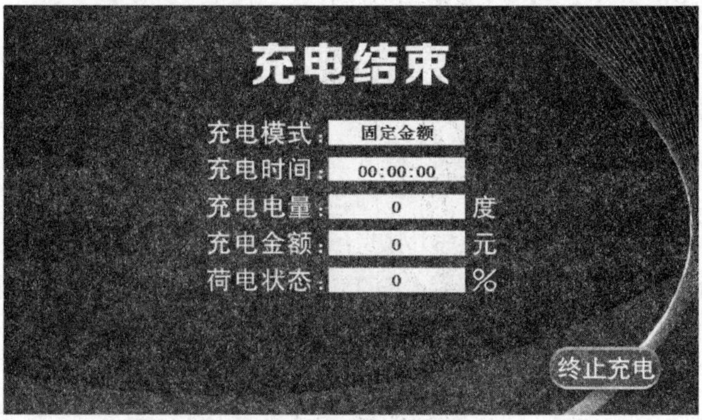

图 4-76　充电结束界面

12. 系统异常界面

充电过程中如出现异常状况，请按下“急停”按钮，系统会跳转到系统异常界面，如图 4-77 所示。

图 4-77　系统异常界面

异常状况排除后，松开“急停”按钮，单击“返回”按钮返回到主界面。

4.3.6 直流充电桩安全使用及保护措施

直流充电桩具有和交流充电桩一样的保护措施，同时还应加强以下几点：

（1）充电枪必须要有锁止，在刷卡操作或微信APP操作确认后才能开锁拔出；

（2）单枪或多枪充电桩严格执行国标导引标准，插拔枪时不能带电；

（3）充电枪插入车辆插座时也要有锁止功能；

（4）充电桩必须是自带线缆，两者形成一体，不能取走线缆；

（5）充电桩必须具备倾倒停机断电功能；

（6）交流输入是电网大功率供电，需要输入端安装空气开关、防雷开关和漏电开关；

（7）充电桩的输出是直流高压、大电流，输出要有熔断器；

（8）安全监测电路有绝缘检测、泄放电路、充电口温度监测等。

直流充电桩输出直流高压500 V/750 V，使用需注意的安全隐患如下。

1. 电击危险

（1）充电桩作为一个非专业人士可以操作的电气设备，总输入选用空气开关加漏电保护是必需的，《电动汽车传导充电系统》（GB/T 18487）标准也做了要求。目前市面上有一些桩用的是普通热磁空开，有接地故障时充电桩不能与电网脱开。

（2）外露可导电部分没有接地或者接地阻抗大、接地故障时会造成操作人员遭受电击。

（3）电气间隙、爬电距离不够，异常情况下会导致绝缘击穿。

2. 能量危险

（1）老型桩体充电枪上没有电子锁，充电时可以拔枪，直流电压本身灭弧就比较困难，这么高电压大能量的拉弧，是非常危险的。没有电子锁的老桩改造是一个必须做的工作。

（2）老的桩体充电枪无温度检测，如果长时间使用导致充电枪老化或者枪的品质问题导致枪体过热融化甚至导致起火。

（3）个别厂家桩体交流进线端装的是间隙放电的B级防雷器，但没有加C级防雷器及退耦器。由于整流模块端是D级防雷电路，如果有雷击电流侵入，整流模块基本必坏无疑。

（4）整流模块输出侧有大容量的电容，泄放电路不能省掉，一些便携式的小桩和老桩没有泄放电路。

3. 辐射危险

直流充电桩这种大功率设备，电磁辐射的能量非常大，如直流充电桩的EMC发生故障或检测不合格，会对人身造成伤害。这是一个大家看不到的，容易被忽略的危险，但伤害比较大。如果手机在直流充电桩旁边不能接听电话时，有可能已经有电磁辐射了。

4. 防盗问题

充电桩的大截面积电缆将是剪电缆偷盗者的目标。

4.3.7　直流充电桩维护及常见故障

下文介绍了几个典型故障，更多故障案例可扫描二维码查看。

1. 直流充电桩不能连续充电，出现充电异常中止故障

（1）首先排查充电桩有无意外进水或异物进入、环境温度骤变等。充电过程中，如出现上述问题，充电桩不能继续充电，这时会向车辆周期发送“充电机中止充电报文”并控制充电桩停止充电，在 100 ms 内断开 K_1、K_2、K_3 和 K_4（图 4-49）。

（2）通信故障。在充电过程中，如发生通信超时（如通信线路故障等），则充电桩停止充电，并在 10 s 内断开 K_1、K_2、K_5、K_6；发生 3 次通信超时即确认通信中断，并在 10 s 内断开 K_1、K_2、K_3、K_4、K_5、K_6，充电桩停止充电同时黄色故障灯点亮。

（3）输出电压问题。在充电过程中，直流充电桩输出电压若大于车辆最高允许充电总电压（如充电桩输出限压功能失效等），充电桩应该在 1 s 内停止充电，并断开 K_1、K_2、K_3、K_4。

2. 车辆插头、车辆插座引起的充电异常中止情况

（1）充电枪上按键失灵或误触发等。在充电过程中，直流充电桩控制电路通过对检测点 1 的电压进行检测，如果判断开关 S（图 4-49）由闭合变为断开，应在 50 ms 内将输出电流降至 5 A 或以下。

（2）车辆意外移动、充电枪线缆被意外扰动等。在充电过程中，充电桩控制电路通过对检测点 1 的电压进行检测，如果判断车辆接口由完全连接变为断开，则控制非车载充电机停止充电，应在 100 ms 内断开 K_1、K_2、K_3、K_4。

3. 电动汽车引起的充电异常故障

（1）在充电过程中，如果车辆出现不能继续充电的故障（如 BMS 系统误报电池实时状态、车辆控制装置误关断充电回路接触器等），则向充电桩发送“车辆中止充电报文”，并在 300 ms（由车辆根据故障严重程度决定）内断开 K_5 和 K_6。

（2）充电桩显示连接正常，动力电池信息显示正常，但无充电电流。检查电动汽车前机舱低压电器盒 FB02 保险丝是否损坏，如损坏则对低压电机线束进行检测，未损坏则检查保险丝供电低压；无电压时测量保险丝盒的供电端子与 FB02 保险丝，如不导通则更换低压电器盒，导通则检查低压主保险。

（3）检测车辆快充接口各连接端子有无损坏。

①检查快充口连接端子导电圈是否脱落。

②测量 4 针和 7 针的电阻值是否为(1 000 ± 50)Ω,如果阻值与标准不符则更换快充线束。

③测量快充口 8 针与车身负极的阻值小于 0.5 Ω,如果测量 8 针与接地线端子不导通则更换快充线束,如果 8 针与接地阻值不符,如螺丝松动、接触面锈蚀、螺纹处油漆未处理干净。(注:如果快充口 8 针与车身连接不良,会出现快充桩无法操作,无法与车辆通信;当打开点火开关后可以快充并通信正常)

④插座绝缘是否合格,快充线束绝缘阻值测量方法(图 4-78):绝缘表测试表笔分别与快充线束 5 和 6 充分连接,负极表笔与车身充分有效连接测得绝缘阻值为 500 MΩ,低于 500 MΩ 则判定为绝缘阻值不合格,应更换快充线束总成。

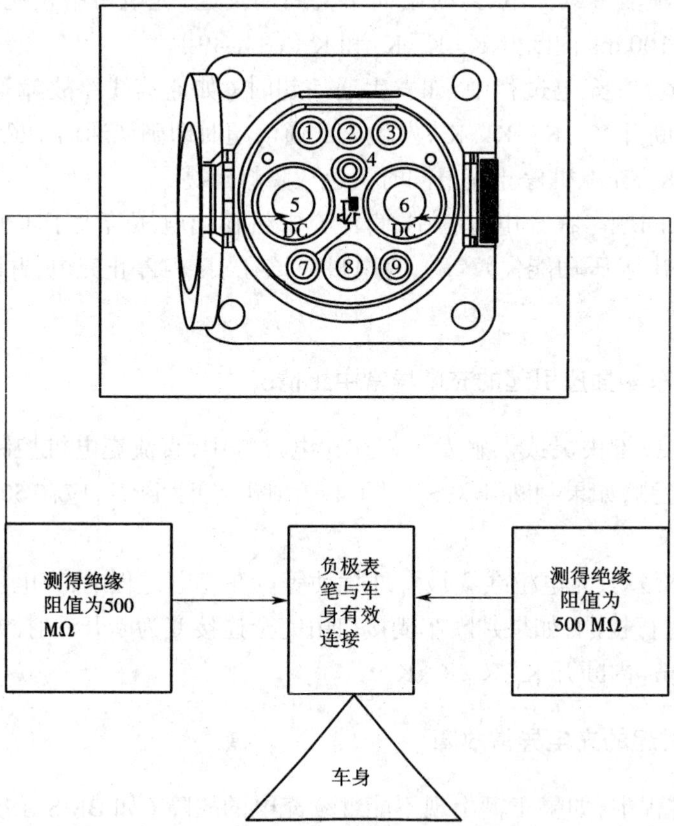

图 4-78 快充线束绝缘阻值测量方法

4.4 交直流充电桩安装

4.4.1 充电桩安装的规范要求

1. 充电桩安装施工及验收应遵循的技术标准

（1）《电动汽车充电站设计规范》（GB/T 50966—2014）。
（2）《建筑设计防火规范》（GB 50016—2014）。
（3）《电力设备典型消防规程》（DL 5027—2015）。
（4）《低压配电设计规范》（GB 50054—2011）。
（5）《建设工程施工现场供电安全规范》（GB 50194—2014）。
（6）《通用用电设备配电设计规范》（GB 50055—2011）。
（7）《供配电系统设计规范》（GB 50052—2009）。
（8）《电气装置安装工程　电气设备交接试验标准》（GB 50150—2016）。
（9）《电气装置安装工程电缆线路施工及验收规范》（GB 50168—2006）。
（10）《电气装置安装工程低压电器施工及验收规范》（GB 50254—2014）。
（11）《建筑电气工程施工质量验收规范》（GB 50303—2015）。
（12）《施工现场临时用电安全技术规范》（JGJ 46—2012）。
（13）《建筑施工安全检查标准》（JGJ 59—2011）。

2. 选址要求

（1）选址宜接近供电电源端，并便于供电电源线路的进出。
（2）选址需考虑地势和排水，不可建设在地势低洼易积水处。
（3）选址宜选择利于施工和充电的位置，减少施工对原现场的破坏。
（4）选址不可在老人和小孩室外公共休息的场所（如社区花园、社区儿童游乐场等）。
（5）选址应选择在进出车便利的场所，不宜选择在支路和交叉道路路口附近。

3. 土建工程要求

1）充电桩基础设置

（1）在无法壁挂安装的情况下，交流充电桩应安装于专用的基础（底座）上，基础高出地坪 200 mm 以上，安装基础可以现场混凝土浇筑或预制混凝土基础，基础上应预埋螺栓，并配齐相应的平垫、弹垫或螺母。

（2）安装基础的尺寸根据充电设备实际尺寸而定，如图 4-79 所示。

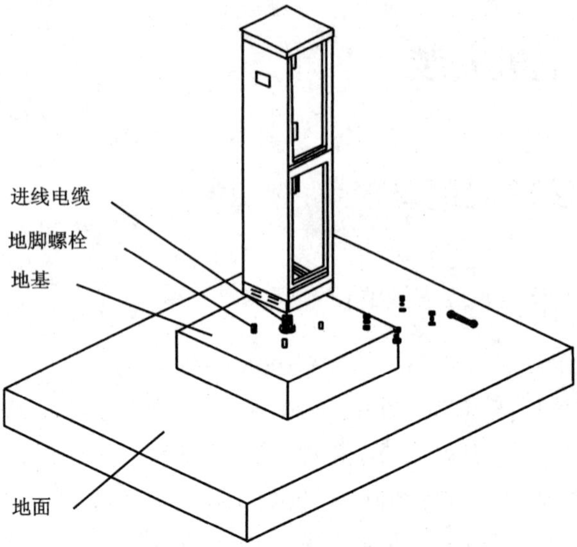

图 4-79　安装基础示意图

2)管线预埋

(1)电缆线槽、桥架和保护管的敷设应符合设计要求和《建筑电气工程施工质量验收规范》(GB 50303—2011)的有关规定。

(2)管线部署优先采用避免人为破坏的暗敷方式,在活动地板下敷设时,电缆桥架或线槽底部不宜紧贴地面。

(3)电缆线槽、桥架应均为钢制,金属线槽及其支架应可靠接地，且全长不应少于两处与接地干线(PE)相连。

(4)经常出入车辆的地方预埋线路采用穿镀锌钢管(Stell Conduit, SC)敷设。

(5)所有回路均须单独穿管。

4. 供电工程要求

1)供配电要求

(1)充电桩所在电路必须是单独回路,此专属回路需用独立导管。供电电源原则上利用已有的配电设施,从就近的配电设施引出 1 路 AC 220 V 电源,并采用三线制。当已有配电设施无法满足使用要求时,需进行改造。

(2)负荷等级均为三级负荷,各回路均配置漏电断路保护器,漏电断路保护器动作电流不小于 30 mA,动作时间不大于 0.1 s。

2)施工材料要求

(1)供电线缆选择铜芯交联聚乙烯绝缘聚氯乙烯护套电缆(代号 YJV， YJ 代表交联聚乙烯绝缘,V 代表聚氯乙烯护套)的国标级电缆,线径选择通常要求见表 4-5。

表 4-5　线径选择要求

序号	充电桩输出电流 /A	电缆型号选择 /mm^2
1	16	4
2	32	6
3	46	10
4	80	16

（2）电缆保护管选择符合国家标准的聚氯乙烯（Polyvinyl Chloride，PVC）管或镀锌钢管（代号 JDG，紧定式镀锌薄壁电线管），管径应不小于 $\phi25$。

（3）安装选用的断路保护器、开关等附属设备必须符合国家标准，并采用施耐德、西门子、ABB、德力西等品牌产品。

5. 安装要求

1）施工前检查

（1）安装前需对电路进行检查确认，确保上级电路容量足够，能够提供负载电流给充电设备和其他电器，并仍有足够余量。

（2）充电设备连接的上级配电箱需要安装断路保护器，断路保护器的容量根据选用的充电设备规格以及其他电器规格等实际情况选择。

2）安装方式要求

（1）落地式安装应竖直于地面安装，允许误差为偏离竖直位置任一方向 5° 以内，室外落地安装时，应安装在专设的水泥底座上，底座高出地坪 200 mm 以上。充电设备安装完成后，桩体的下部进线孔必须用防水泥可靠封堵，防止进水受潮。

（2）充电桩须安装在操作便利的位置。操作面板、充电桩插口、“急停”按钮须在便于客户操作的外侧。除了保证使用便利，还需留出足够空间进行维护或检修。

（3）壁挂式安装时应安装于与地平面垂直的墙面或立柱上，墙面或立柱应符合承重要求，固定可靠，安装高度应保证便于人工操作。建议安装高度为充电设备底部距地面高度 1.2~1.4 m，保证操作按钮高度 1.6 m。

（4）安装固定需稳固，并考虑防盗要求。

（5）充电桩的外壳、插座门、维修门必须可靠接地，输入回路对地、输出回路对地、输入对输出之间绝缘电阻不应小于 10 MΩ。

3）线路敷设要求

（1）沿柱（墙）穿管或敷设线槽，屋架敷设、室内停车场可用 PVC 或 JDG 管穿线进行安装，需要埋地敷设的环境必须穿镀锌钢管（SC 管）安装，过马路或者有车辆通行的地面埋管深度不能低于 700 mm，没有车辆通过的人行道不能低于 400 mm。

（2）线路全程应无线缆外露。

（3）挖沟前，需主动向客户索要线缆敷设沿途的水、电等管道图纸，以避免挖沟时损坏水、电等线路及出现其他安全隐患。必要时，应和客户签署免责协议。

（4）埋地线路需装设线缆标志牌，指示线缆的铺设线路，字迹应清晰不易脱落。

4）配电箱安装要求

（1）配电箱安装在室外时必须选用防水的配电箱（防护等级 IP54），所有安装孔洞必须做好防尘防水保护，包括电动车辆和充电设备周遭的线路也需要防护。

（2）配电箱安装离地高度要求为配电箱中心离地高 1.3~1.5 m。

（3）配电箱的外壳、维修门必须可靠接地，接地类型和地面电阻依国家规范（《低压电气装置 第 5-54 部分：电气设备的选择和安装 接地配置和保护导体》（GB/T 16895.3—2017）执行。此外，宜采用 TN-S 接地系统。

（4）配电箱内部线路接线在终端头与接头应留有备用长度 50~100 mm，接线安装应排列整齐、清晰、美观，导线绝缘应良好、无损伤。

（5）设计施工方案时必须考虑避免雷击、瞬间电流过大等情况发生，施工时进行有效的防护措施，如增加过载保护、浪涌保护等。

5）消防要求

安全和消防应符合《建筑设计防火规范》（GB 50016—2014）、《电力设备典型消防规程》（DL 5027—2015）的消防要求。

6）安装施工注意事项

（1）安装人员必须具有电工职业资格证，并经充电桩专业培训，须具备电气基本知识、电气安全知识、充电桩安全操作流程、触电急救及紧急处理等各项能力，作业时须统一着装、佩戴安全设施。

（2）现场施工时，必须设置安全警示标识。

（3）所有线路必须埋地或穿管，在新能源汽车和充电设备周围不得外露。

（4）线缆穿管安装时，线缆管不应有裂缝和显著的凹瘪现象，管口应无毛刺和尖锐棱角，管口排列整齐美观。

（5）线缆穿管铺设在易受机械损伤或受较大外力地方时，应采用足够强度的管材或其他保护措施。

（6）线路转角或入出配电箱等开口处应有垫片保护。

（7）整个线路没有超过 100° 以上的转角。

（8）整体固定牢固，无松垮等现象。

（9）任何电气线路及设备在未查明无电以前一律视为有电，进行电气施工时应切断电源并在电源开关处悬挂“有人操作，禁止使用”的标志，必要时派人监护。

（10）进入电气设备间后，未完成施工不准撤离，如需离开则留一人监护，防止非工作人员进入电气设备间发生意外。

（11）进入电气设备间测量时严禁使用金属尺。

（12）攀登作业时必须穿软底鞋，高空作业操作人员及辅助人员均佩戴安全帽。

（13）施工线缆终端做短路处理并绝缘后方可敷设，需经过原有金属槽及金属线桥架时要先检测该金属是否带电。

(14)施工人员操作之前须熟悉安装设备所需用电参数。

(15)电锤、现场照明灯等电器必须有电工负责接线,并试运行正常后其他人方可使用。如果现场潮湿,操作人员必须穿绝缘鞋,戴绝缘手套,否则严禁使用。严禁使用铝丝、铜丝、铁丝等代替保险丝使用。

(16)现场管理人员必须牢固树立安全第一,预防为主的安全思想,在施工生产进度与安全发生矛盾时必须首先要以安全为第一选择,任何人不得违章指挥施工。

(17)严禁喝酒后进入施工现场,严禁在施工现场抽烟。

(18)检查配电箱、电动工具等是否接地,电线电缆绝缘是否有破损。严禁乱拉临时线,确需要时,要按规定要求正确施工,做到用完后及时拆除,不留安全隐患。

(19)线路、电气绝缘必须良好,线路接头处包扎绝缘层,接头处的绝缘强度不等于低于电线本身的绝缘强度,线路敷设时应远离易燃物品和火源处。

(20)施工过程中,操作人员应提前做好施工现场的保护措施,避免损坏物业、客户及其他车主的设备、设施、车辆等。

4.4.2 小区充电桩安装流程

2015 年 9 月国务院办公厅正式发布《关于加快电动汽车充电基础设施的指导意见》,同时为了配合实施,国家能源局编制了《电动汽车充电基础设施建设规划》,明确了到 2020 年国内充换电站数量达 1.2 万个,充电桩数量达 450 万个,分场所建设目标如图 4-80 所示,居民小区是充电桩建设的重点。

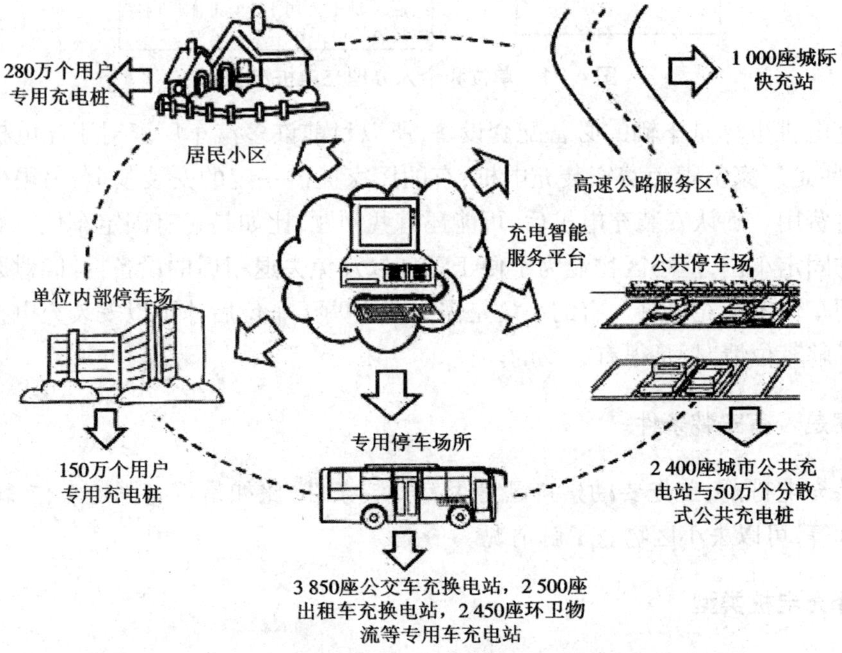

图 4-80　到 2020 年充电基础设施分场所建设目标

新能源小客车生产企业负责组织单位和个人的充电条件确认、充电设施建设,并纳入售后服务体系;小区物业、业委会对充电设施建设应予支持和配合。供电公司必须在7个工作日内答复用电报装和供电方案答复;而充电设施建设企业根据供电方案3个工作日内完成充电设施工程建设等后续工作。单位和个人申请安装充电桩流程如图4-81所示。

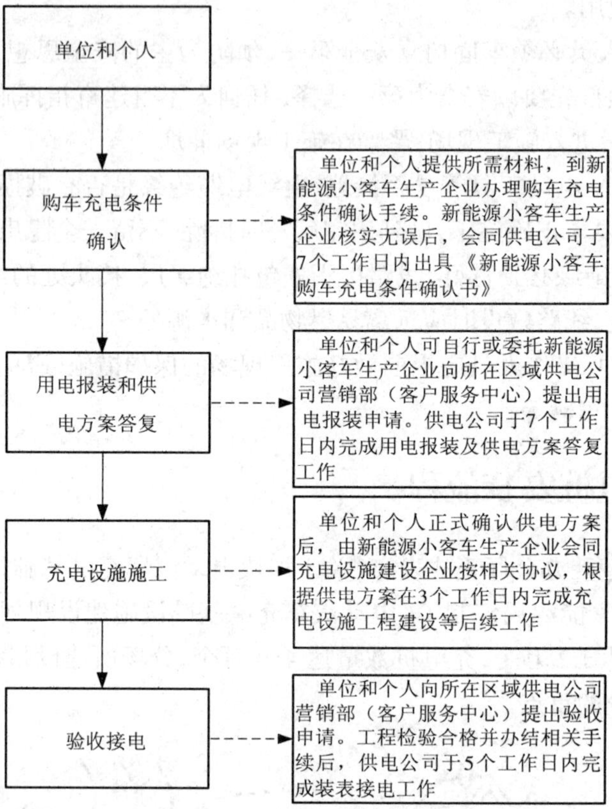

图4-81 单位和个人办理充电桩流程

由于充电桩也算是车辆的必备配套设备,所以目前许多汽车厂家对于充电桩的安装政策不同,有些是厂家负责免费安装充电桩;有的厂家提供一定的安装基金,另很少一部分需要客户支付费用。确认安装充电桩后,可能还有些问题,比如是否有固定车位。有些车友即使有年租的固定车位,但小区物业为了便于管理以及免去退租后的设备拆卸麻烦,所以根本不允许租用车位安装充电桩。有的小区是需要业主购买车位后才可以安装充电桩。所以事先去物业了解车位情况,是很有必要的。

1. 勘察是否有安装条件

在安装充电桩前,首先要勘察自己是否有安装条件,比如是否有固定车位,离国家电网线路有多远等,可以去小区物业了解情况。

2. 选择充电桩类型

充电桩大致分为壁挂式、立桩式和移动式。壁挂式的优势就是节省空间,价格偏低,但必须安装在可以布线的墙壁上。立式价格偏高，而且它会占用较大的空间，但可以安装在四周空旷的停车场当中。移动式适用于无固定充电场所的情况，优点是可移动、可携带，节省空间。

3. 了解小区供电类型

充电桩供电最常见的就是普通居民用电，需要到国家电网申请供电箱走线，审批合格后，国家电网会派相应工作人员上门布线。如果小区内使用的是商业用电高压自管的话，优势就是免去和国家电网打交道的烦琐过程，直接找物业协商就可以解决，但电价比民用电高出不少。

4. 确认充电桩安装方案

确认充电桩安装方案无误后开始施工。施工方要给出相应的安装方案，一般就是安装费用和明细以及施工布线图。

如固定充电桩未完成可采用便携充电器临时应急，一般车上都标配一个便携充电器。

4.4.3　小区安装配电系统要求

（1）充电桩接地系统宜采用 TN-S。

（2）向充电桩供电的电源侧低压断路器宜具有短路保护和剩余电流保护功能，其剩余电流保护额定动作电流为 30 mA，动作时间不大于 0.1 s。

（3）成组布置的充电桩宜采用链式供电。交流充电桩的配电系统应尽量做到三相负荷平衡、各相负荷矩相等。

（4）充电桩负荷应纳入配电站变压器计算负荷中。

（5）在已建成的建筑物、居住小区等场所停车场设置充电桩时，应对现有配电站配电设施进行校验。当不能满足要求时，应采取相应的技术改造措施。

4.4.4　小区安装配电线路要求

（1）中低压配电线路和控制线路宜采用铜芯导体。

（2）中压电缆线路宜选用交联聚乙烯绝缘类型，充电站内的低压电缆线路宜选用交联聚乙烯绝缘或聚氯乙烯绝缘类型，照明及插座线路宜选用聚氯乙烯绝缘护套电线。

（3）移动式电气设备等经常弯移或有较高柔软性要求的回路，应使用橡皮绝缘等电缆。

（4）低压电缆中性线截面应与相线截面相同。

（5）低压直流供电回路，宜选用两芯电缆，也可选用两根单芯电缆。

（6）用于三相负荷的电力电缆，其外护套宜采用钢带铠装类。用于单相负荷及直流负荷的电缆，其外护套不应采用导磁性材料作为铠装。

（7）低压电缆截面应满足最大电流工作时导体能够满足载流量的要求，并应校验线路允许电压降，以满足电气装置的正常工作状态。

（8）为便于低压供电线路引入和引出充电桩，低压线路的截面不宜大于 120 mm^2。

（9）向充电桩供电的低压电缆总长度应满足电缆线路正常泄漏电流不使剩余电流保护装置发生误动作。

4.4.5 小区线路敷设注意事项

（1）充电桩供电线路应采用电缆进线方式，中压电缆在站内的敷设路径尽量避免通过充电区等有振动和压力的场所。如无法避开时，应采取穿保护管等措施。

（2）变压器二次侧至低压开关柜之间宜采用密集型母线槽连接。

（3）低压开关柜至室内充电机之间的电缆线路宜采用沿室内电缆沟敷设。

（4）室外敷设的电缆线路宜采用穿保护管埋地敷设，保护管应满足抗压要求和耐环境腐蚀要求。

（5）直流单芯电缆不宜单根穿钢管，当需要单根穿管时，应采用非导磁管材，也可采用经过磁路分隔处理的钢管。

（6）在配电室内电气设备、母线槽的正上方，不宜布置灯具和明敷线路。

（7）埋地敷设的地下电力管线严禁平行敷设于现有地下管道的正上方或正下方。各电力管线、电力管线与其他市政管线之间的平行或交叉距离，应满足《城市工程管线综合规划规范》（GB 50289—2016）的要求。

4.4.6 电能质量的要求

1. 电压偏差要求

充电站受电端的电压偏差值，应符合以下要求：

（1）10（20）kV 及以下三相供电的电压偏差不得超过标称电压的 ±7%；

（2）220 V 单相供电的电压偏差不得超过标称电压的 +7%、-10%。

2. 频率偏差要求

在系统正常运行情况下，频率偏差不得超过 ±0.2 Hz。

3. 公用电网谐波限值要求

设计时应重视非线性用电设备对公用电网电能质量产生的影响，并应采取积极有效的防范措施，减小或消除谐波分量。如不能达到国家有关标准规定的谐波控制要求，应采取有效的谐波治理措施。减小谐波的常用技术措施如下：

（1）增加充电机整流装置的脉波数；

（2）加装交流滤波装置；

（3）三相用电设备平衡；

（4）由容量较大的系统供电。

4.4.7　充电桩日常巡检维护方法

检查方法及内容：查设备情况时，一般采用直接感觉诊断法来进行故障诊断，概括起来可分为问、查、听、试。具体见表4-6。

表4-6　充电桩日常巡检维护方法

检查方式	检查内容	参考诊断
问	询问用户日常使用过程中遇到的常见故障及使用心得	
查	1. 充电车位环境检查 （1）检查充电车位清洁情况，有无杂物 （2）照明情况是否良好，有无应急照明 （3）充电桩表面、充电桩上有无异物 （4）检查充电桩供电及通信线管道或桥架连接是否良好，有无断裂情况 （5）检查充电位消防设施是否齐全 （6）有无应急消防操作指导 （7）核对充电桩运行保养记录，了解机组运行保养状况 2. 充电桩整体状况检查 （1）充电桩底座是否有损坏、裂痕、倾斜现象 （2）检查充电桩本身及布线管道或桥架各部件的安装情况，各附件安装的稳固程度及固定膨胀螺栓相连是否牢靠 （3）充电桩固定情况检查，有无脱落、晃动现象 （4）充电枪是否脱落，枪头是否插在枪位内，充电桩内部及枪头内部有无残留水 （5）充电桩进线接线端子、通信线接线端子，有无松动、烧黑，充电桩内部元器件安装是否牢靠，有无损伤、脱落 （6）充电桩电缆布线是否合理、是否使用软线连接，各接线端子连接紧密有无松动 （7）充电桩内接地端子是否有明显的标志，并接地良好 3. 充电桩配电柜的检查 （1）配电柜柜门是否上锁，柜体上电源指示灯是否正常，配电柜是否掉落、倾斜，配电柜表面和内部是否有水气 （2）配电柜内部是否安装防护网，柜门与柜体之间是否可靠接地 （3）配电柜上方桥架是否松动，桥架盖板有无脱落现象 （4）配电柜内部断路器接线螺丝是否有烧毁、烧黑现象，配电柜内部电流互感器、铜排、接线端子是否有烧毁、烧黑现象 （5）断路器下方至充电桩配线是否排列整齐，线缆有无松动现象 （6）配电柜内部接地铜排上接地线是否牢靠，有无松动 4. 外观安全检查 （1）充电桩是否破损、变形、掉落 （2）充电枪接口防护罩是否脱落 （3）充电桩充电接口防水保护罩是否掉落、破损 （4）充电桩门锁是否损坏，柜门是否关闭 （5）充电桩内部接地线是否脱落、松动，断路器、防雷器外观是否有损伤 （6）充电桩内部是否有异味，有烧糊、黑色灰尘 （7）充电桩内部电源、通信接线是否牢靠，有无松动 （8）充电桩外部配电管道或桥架卡扣螺丝是否有松动、脱落 5. 翻查充电桩后台，查看近期的故障记录及工作日志	1. 现场应具备相应的消防器材 2. 对设备基础部分如有开裂或缺口，应及时修复 3. 充电枪头或充电桩内有积水或水汽，应及时清洁干净并检测是否有短路现象 4. 发现接线端子松动，应及时加固或更换 5. 铜牌焦黑应及时更换，并对设备进行详细检测，查找故障原因

续表

检查方式	检查内容	参考诊断
听	6. 听设备运行过程中的响声，根据充电桩工作时内部继电器声音来判断充电桩是否正常吸合、散热风机是否正常启动	6. 有发现异响，应及时检查散热风机，看是否有杂物或积尘并及时清除
试	1. 充电桩功能检查 （1）使用管理卡或使用 APP 扫描对每一台充电桩进行功能性检查 （2）充电桩是否供电，指示灯是否亮起 （3）充电桩显示屏是否亮起 （4）检查刷卡器是否能够正常刷卡 （5）检查充电桩设备是否与互联网连接 （6）检查充电接口是否能够使用 2. 电气及控制系统检查 （1）进线电缆和枪头的选用是否适合充电桩输入电压以及额定电流 （2）充电桩是否良好接地，端子并有明显的标志 （3）充电桩独立电气回路对地及回路间的绝缘电阻应不低于规定 （4）电缆的接线端子是否连接紧密并牢固 （5）充电桩配电电线及内部控制线有无老化 （6）检查充电桩控制电路板，内部各个设备有无老化 （7）检查充电桩供电端电压、对地电压，是否在正常值范围 （8）检查充电桩漏电电压、电流是否在正常值范围 （9）使用红外线测温仪对设备的主板、模块、铜牌等部位进行温度检测 （10）按下漏电开关的漏电测试按钮，检测漏电开关是否会自动分断	1. 充电桩分直流、交流，常见的是交流（7 kW）、直流（60 kW） 直流充电桩： 输入电压 380~400 V 输出电压 200~750 V 输出功率 60 kW 交流充电桩： 输入电压 200~240 V 输出电压 200~240 V 输出功率：7 kW 工作温度 -20~50 ℃ 2. 接地电阻不得大于 4 Ω 3. 设备如不在线，重启设备或将 SIM 卡拔出，擦干净表面氧化层重新插入卡槽内可解决
备注	在日常检查过程中，如涉及触碰设备内部，必须关闭电源，停电作业，严禁一切带电检查及施工作业	

4.4.8 常见故障处理

常见故障处理见表 4-7。

表 4-7 常见故障处理

故障内容	故障原因	处理方法
ECU 与充电控制器通信故障	1. ECU 与充电桩控制器之间的 CAN 总线接线松动 2. CAN 总线抗干扰能力不佳或总线匹配电阻有问题	1. 万用表检查 ECU 与充电控制器间 CAN 通信线路是否连接异常，匹配电阻是否连接可靠，通信线屏蔽层是否有效接地 2. 替换法测试，若 ECU 损坏更换
电表通信故障	1. ECU 与电表接线松动 2. 电表故障	1. 查看电表左上角是否有标识，若无，则说明电表未和 ECU 通信成功，检查线路情况 2. 替换法测试，若电表故障则需更换
BMS 通信异常	1. 电动汽车 BMS 系统故障 2. 车辆未获取充电桩提供的辅助电源 3. 充电连接线未连接到位或通信线松动 4. 充电机和电动汽车通信协议不匹配	1. 多试充电几次 2. 是否插好充电连接线缆、通信线是否松动，屏蔽线是否接地，辅助电源是否故障，辅助电源接线是否松动 3. 通信协议是否一致，不一致需要客户去 4S 店升级 BMS 4. 仍无法充电反馈厂家现场解决

续表

故障内容	故障原因	处理方法
急停按钮动作故障	充电桩正常情况下被人为按下急停按钮，且按钮按下后一直没有恢复	1. 顺时针旋转急停按钮恢复正常 2. 替换法测试急停按钮是否损坏，注意急停按钮接线带有 220 V 电压，操作时务必断电
绝缘检测异常	1. 充电输出回路对地绝缘损坏 2. 绝缘检测模块损坏或者误报	1. 重启充电机屏和车辆：现场潮湿可能会引起绝缘降低，如有条件打开机柜门通风 2. 检查充电机柜和充电桩中直流输出回路的绝缘情况，是否有明显接地点；检查绝缘检测模块是否损坏 3. 反馈厂家现场现象，由厂家人员现场查看绝缘降低点
避雷器故障	接触器前端避雷器出现告警	1. 避雷器插接不到位，用力往里按压一下避雷器 2. 检查避雷器安装接触触点；查看玻璃窗口："绿色"为正常；"红色"为异常，更换避雷器
黑屏 （绿色指示灯不亮）	1. 交流进线开关未合闸或者（42 kW 交流桩）急停被按，交流进线开关跳闸 2. 700/30-T 型开关电源关闭或损坏 3. 交流进线开关下端无电	1. 急停按钮顺时针旋转（处于弹出的状态），重新合上交流进线开关 2. 打开 700/30-T 型开关电源的开关；若损坏，更换电源 3. 进线开关下端无电：检查低压配电箱或配电房，开关是否跳闸
离线	1. SIM 卡异常 2. SIM 卡与 TCU 接触不良 3. APP、后台异常 4. ECU 损坏 5. 桩设备编码和档案不正确 6. 站点信号太弱	1. SIM 卡是否锁卡或未激活：解卡或者激活、或更换 SIM 卡 2. 重新取出 SIM 卡弄平整，再插入 ECU 3. 联系后台查询 APP\ 后台状态 4. ECU 损坏：更换 ECU 5. 重新整理档案，设置设备编码 6. 更换 SIM 卡供应商或站点安装信号放大器
锁枪	1. 信号网络不稳定，解锁失败 2. 用户车辆问题	1. 交流桩车端锁枪：①客户重新熄火锁车、试充、停止充电；②联系 4S 店解决；（交流桩车端锁枪都是车子的枪座电子锁锁枪，桩不控制锁枪） 2. 交流桩桩端锁枪：①客户重新插回车端的枪，桩端的枪插到位，熄火、扫描充电、1 min 后正常停止，解锁成功；②打开桩门，向上拉枪座上细线，方可解锁 3. 直流桩锁枪：每把直流枪的把手位置都有装置（顶针或拉线）解锁 4. 通用方法：按下紧急停止按钮，约 5 s 后解除紧急停止，尝试拔除充电枪
车辆闭合开关 S2 开关动作延时或不动作	1. 枪未插到位 2. 车辆问题	1. 重新把枪插到位 2. 去 4S 店检查车辆
控制器引导故障	1. 枪没有插到位 2. 在充电过程中，有人按下手柄上的按钮 3. 余额不足，停止充电	1. 重新把枪插到位 2. 正常停止充电后，再按手柄按钮拔枪；其次加强监管，防止充电中有人有意按下 3. 充电前，保持余额充足
门禁故障	1. 门未关好 2. 微动行程开关线未插好或损坏	1. 重新关好门，锁上 2. 检查微动行程开关的线是否插对，弹片状态是否正常
死屏现象，无论如何点击显示屏，均无任何反应	系统故障，系统延时或死机	按下急停按钮，大约 5 s 后，再将急停按钮弹起；若显示屏依然毫无反应，打开前门，断开空气开关，断电重启

续表

故障内容	故障原因	处理方法
模块升压超时	充电桩内部塑壳断路器断开(充电桩内部过热导致的跳闸)	合上开关,重启设备,如未能解决,则需要更换模块或主板
充电过程中,突然停止了,液晶界面显示:"蓄电池绝缘故障"或者"电池温度过高"	BMS通信故障	1. 充电过程中,充电桩与车辆的电池管理系统(BMS)是需要不断相互传递信息的 2. 充电过程中,电池的状态受到车辆自身电池管理系统(BMS)监视,一旦异常,就会将信息传递到充电桩 出现以上异常,基本可以判定为车辆自身问题,需要充电人员记下车牌号码备案记录 此类情况,一般可以通过重启车辆或者搁置一段时间之后就可以继续充电了

更多案例可扫描二维码查看。

通过对本章的学习可以知道充电桩的工作原理、电气原理和日常维护维修等,下面就要考虑怎么样建设充电站,包括充电站组成以及建站注意事项。

问题与思考

1. 简述交流桩工作原理及直流桩工作原理。
2. 交、直流充电桩导引控制有何不同?
3. 交流充电桩插头和插座是几芯接口? 各引脚定义是什么?
4. 直流充电桩插头和插座是几芯接口? 各引脚定义是什么?
5. 简述直流充电桩工作过程。
6. 试分析影响交流充电桩不能充电的原因是哪些。
7. 试分析影响直流充电桩不能充电的原因是哪些。
8. 简述交、直流充电桩安装的安全注意事项。
9. 直流充电桩的标准有哪些?
10. 小区安装充电桩的规范要求是什么?

第 5 章　充电站与充电运营管理系统

近年来随着科技水平的飞速发展，特别是蓄电池、电动机技术的发展，而且普通燃油汽车的燃料成本不断提高，环境压力也越来越大，电动汽车受到越来越多的重视。能否为电动汽车用户提供便捷的配套服务也是影响电动汽车发展的主要因素，所以建设配套的电动汽车充电设施对于让更多消费者接受电动汽车至关重要。

2015 年 11 月国家发改委发布了《电动汽车充电基础设施发展指南（2015—2020 年）》明确提出到 2020 年，全国将新增集中式充换电站 1.2 万座，分散式充电桩 480 万个，以满足全国 500 万辆电动汽车充电需求。运营人员按照 1.2 万座计算，每个站需要运营人员 10 人，即为 12 万人；充电装置生产厂家、服务单位满足 500 万辆新能源汽车充电需求，需要 8 万人左右。典型充电站投资 300 万元～600 万元，按 1 万座建设规模，共计需投资 300 亿元~600 亿元。

根据运行模式的不同，当前国内外主要的电动汽车充电设施有三种类型：集中型充电站、分散交直流充电桩和电池更换站，下面主要针对集中型充电站进行详细介绍。集中大型充电站规模较大，功能比较齐全，可以为多种类型的车辆提供充电服务，而且充电方式也比较完备，可以满足电动汽车用户的各种需求，例如时间比较充足的用户可以选择慢充，出租车等时间比较紧张的用户可以选择快充，而长途旅行的用户则可以选择更换电池服务。这类充电站可以同时为 10 辆以上的电动汽车提供充电服务。

5.1　充电站系统功能

5.1.1　充电站整体系统组成

电动汽车充电站包括供电系统、充电设备、监控系统及相应的配套设施。一个完整的充电站的基本结构如图 5-1 所示。

一般来说，大型充电站和中型充电站需要装设配电变压器，并且由至少两路电源供电，而小型的充电站则不需要装设变压器，一路供电就能满足其需求。在充电站中的充电设备必须采用统一的电气接口、通信规约等相关技术标准，从而节省运营成本。

1. 充电站供电系统

充电站供电系统提供电动汽车充电所需要的电能，并且保障电动汽车充电站正常运行用电。根据电动汽车的动力蓄电池容量、充电时的电压和电流设备、车辆数量等数据的不同，充电系统总容量可能达到兆伏安级以上，此时需要采用 10 kV 甚至 35 kV 以上高压供电方式为充电系统供电。高压供电经变压器转换为 380 V 的低压动力电源，再分配给充电机及其他辅助设备。

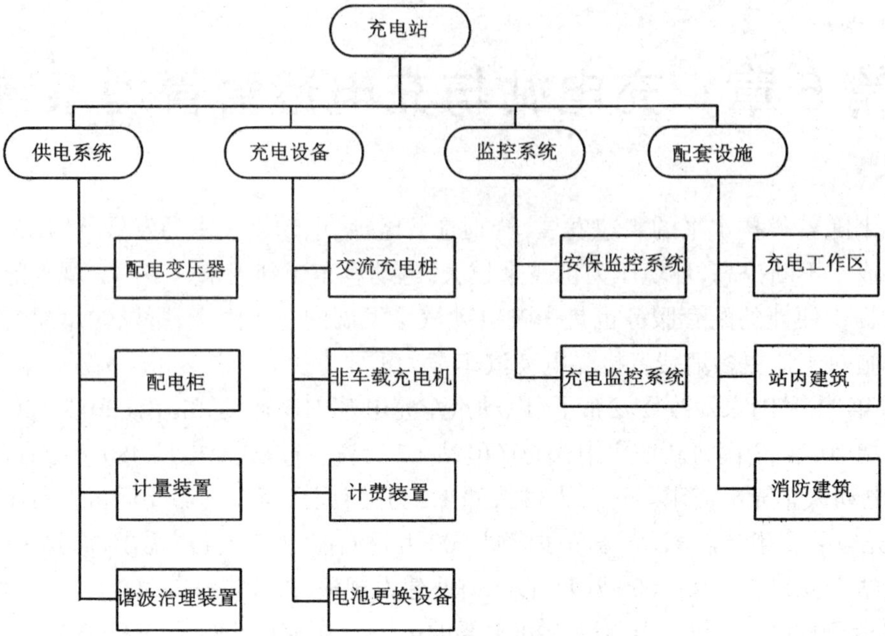

图 5-1　充电站的基本结构

1)高压供电设备

图 5-2 所示高压供电配置主要由高压进线隔离柜、高压进线柜、计量柜、变压器柜、母线隔离柜、联络柜、互投柜、电压传感器(PT)柜、直流屏、中央信号屏、电流互感器、防雷设备(避雷器)、接地刀闸、高压母线、变压器、继电保护装置等组成;变电设备主要由不同电压等级及不同容量的电力变压器组成。

图 5-2　高压供电设备

2)充电站配电系统的配置要求

供电系统包括配电变压器、高 / 低压配电装置、计量装置和谐波治理装置;电力级别确定为 2 级,即采用双路供电,不需要配置后备电源。设计中要考虑如下几个问题。

(1)无功补偿和滤波必须兼顾,在抑制和改善谐波的基础上,必须保证总功率因数在电网公司要求的范围内;因此设计中必须考虑所选用的无功补偿和滤波的技术及容量匹配。

(2)必须保证无功补偿和滤波装置运行中不发生串并联谐振,避免造成对负载、电源及无功补偿和滤波装置本身的危害。

(3)充电站谐波次数主要为 5、7、11、13,其中 5 次谐波电流含有率最高, 7 次次之。有源滤波装置需要具有很好地补偿这些典型次数谐波的能力。

(4)当多台充电机一起工作时,由一组充电机产生的电网谐波电流远小于各个充电机单独工作时产生的谐波电流的总和。

3)网供计量

高供高计,在 10 kV 侧设置计量装置,电度表准确度等级为有功 0.5S 级和无功 2.0 级,电压互感器等级为 0.2 级,电流互感器等级为 0.2S 级。

4)无功电源

无功电源如同有功电源一样是保证电力系统电能质量、电压质量、降低网损以及安全运行所不可缺少的部分。在电力系统中,无功要保持平衡,否则,将会使系统电压下降,严重时,会导致设备损坏,系统瘫痪。此外,网络的功率因数和电压降低,使电气设备得不到充分利用,促使网络传输能力下降,损耗增加。配电系统的变电站里面就地补偿的主要是电容器无功补偿,无功电源原理简述如下。

在实际电力系统中,大部分负载为感性负载,其等效电路可以看作是电阻 R 和电感 L 的串联电路, 其功率因数为

$$\cos\alpha = \frac{R}{\sqrt{R^2 + X_L^2}}$$

感性负载并联静电电容器,是提高功率因数常用的方法。在感性负载上并联电容器以后,减少了电源与负载之间的能量互换, 这时电感性负载所需的无功功率,大部分或全部都是就地供给。所以可以采用并联电容器的方式进行无功功率补偿,如图 5-3 所示。

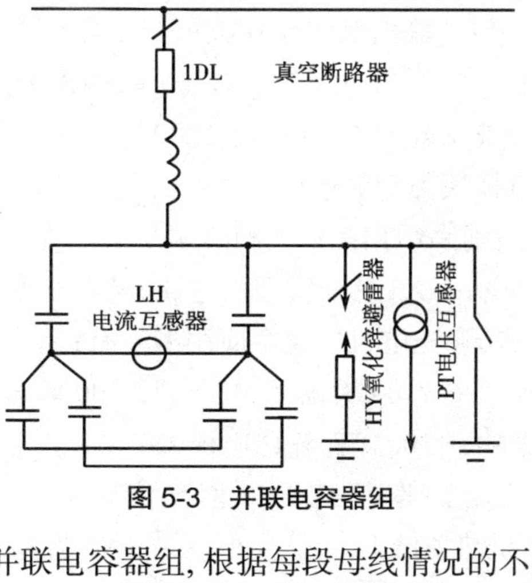

图 5-3　并联电容器组

变压器低压母线上的并联电容器组, 根据每段母线情况的不同并联的电容器组数是不同的。电容器的投切是通过真空断路器(1DL)来控制的。真空断路器下的电抗器主要是抑

制5次谐波，当电网中的高次谐波流入补偿电容器时，总电流的有效值就可能超过电容器的允许过电流，使电容器过热而损坏。为保护电容器免受高次谐波的损害需在回路中串联一组电抗器，使其总阻抗在各次谐波下均呈感性，这就消除了谐振的可能性。

无功功率补偿器的投切方式有三种：日投夜切，分组投切，自动投切。因为自动投切在补偿效果上优于另外两种方式，因此现在大部分采用自动投切方式。考虑到充电桩的功能及使用方式，为此采用的无功功率补偿装置应具有以下特点。

（1）无功补偿装置应进行优化配置，采用自动投切。应保证在最大负荷运行时变压器10（20）kV侧功率因数不低于0.95。

（2）充电站的无功补偿装置宜安装在低压侧母线上。

（3）无功补偿装置中的有关电气参数应合理设置，能有效消除谐波对电网的影响和有效抑制电力系统谐波电压的放大作用，同时避免产生谐振。

2. 充电站充电系统

充电站充电系统的功能：提供满足电动汽车充电标准的电源，实现其快速、便捷的充电，是整个充电站的核心部分。

1）充电系统的配置要求

必须能够满足各种类型的充电要求，从而提供快速便捷的充电服务，主要包括充电机、充电桩、计费设备等。充电机参数由车用蓄电池参数决定，主流电动汽车的电池参数有如下几种：

（1）电池容量200~800 A·h，电池数量110~180只；

（2）电池容量100~200 A·h，电池数量70~120只；

（3）电池容量100 A·h以下，电池数量32~80只。

根据蓄电池的应用情况，并考虑车载式充电机的充电需求、充电机的输出电压/电流范围涵盖常用电动汽车蓄电池充电要求，通常选择如下四种充电设备。

（1）大型功率直流充电设备：输出电压700 V，输出最大电流300 A。

（2）中型功率直流充电设备：输出电压500 V/700 V，输出最大电流200 A。

（3）小型功率直流充电设备：输出电压350 V/500 V，输出最大电流100 A。

（4）交流充电设备：提供交流功率7 kW（AC 220 V）。

2）直流充电设备中充电模块类型的选择

根据整流方式的不同，目前采用相控整流和高频开关整流两种技术模式。

（1）相控整流模式，单机功率大，易于实现大电流、高电压充电，可靠性高，技术成熟，性价比高，易于维修，适用于大功率充电机。通常应用型号有：

①大型充电机单台最大功率210 kW，输出电压DC 700 V，输出电流DC 300 A；

②中型充电机单台最大功率100 kW，输出电压DC 500 V，输出电流DC 100 A。

（2）高频开关整流模式，系统效率高，体积小，谐波干扰小，可采用多模块并机工作模式，多模块自主均流，在线插拔，多机热备份工作，体积小，系统可靠性高，适用与中小型功率充电机。小型充电机单台电源模块最大输出功率10/15 kW，输出电压DC 500 V，输出电流DC 20/30 A，设计选用时，根据充电机的输出参数要求，同型号充电机可以多个并联工作，提高输出功率。

3）换电设备

为满足电动车电池的快速更换，减少电动车在充电站内等待时间，可采取更换电池的方式。在充电站内设置电池充电间并配置电池更换设备。电池组模块需标准化配置，充电站配置以标准电池单元为对象的多通道标准模块立体充电架。充电架置于充电间内，可以分多层，每层可放几组标准电池组，由充电站内的充电桩控制充电机经接触器与每层充电架上的充电端子连接对标准电池组进行充电。充电机与电池组单元内 BMS 管理系统通信将电压、温度、电流等参数在充电站监控后台显示并接受其控制。

4）计量计费

充电计量和充电过程控制关联，通过充电桩人机接口可选择“即到即充”“定时充电”“按容量充电”等充电方式。

（1）直流充电设备和电动汽车之间的计量，采用直流计量，设置多功能直流电能表，利用直流电能表对充电过程进行计量，并通过充电机监控器下发给充电桩人机接口，同时将充电计量信息进行显示和保存。

（2）在交流充电机上设置智能交流电度表，准确度等级为有功 0.5S 级。通过 RS485/CAN 通信方式将计量信息传递给充电机监控器，并通过充电机监控器下发给充电桩人机接口，同时将充电计量信息进行显示和保存。

3. 充电站监控系统

充电站监控系统（图 5-4）包含供电、充电、安防等监测，用来保障其安全可靠运行，通过对充电站的监控可以对充电站不正常运行状态做出迅速快捷的响应，防止事故发生。电动汽车充电站监控系统的网络结构分为三层：

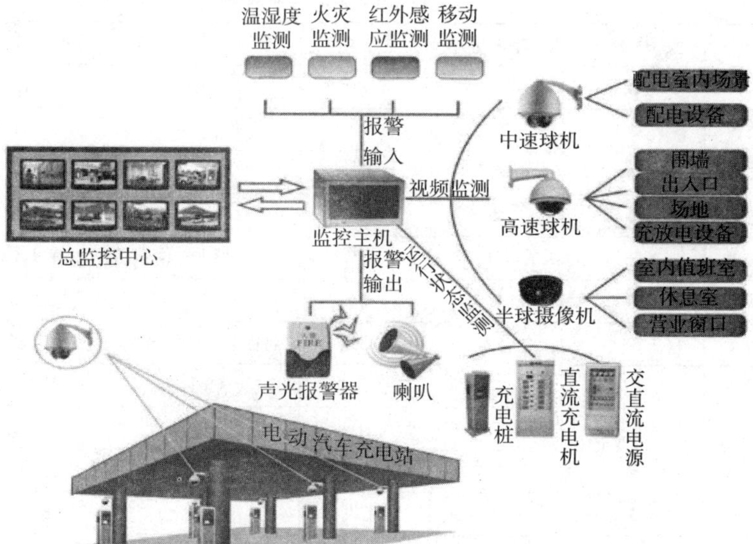

图 5-4　电动汽车充电站监控系统

第一层为远程监控中心,包括数据服务器、Web 服务器和监控主机等设备;

第二层为监控工作站,包括数据处理和数据传输模块;

第三层为充电站的各监控终端子系统,包括配电监控、充电监控、烟雾监视、温湿度监测和视频监视等监控子系统。

4. 充电站配套设施

配套设施主要包括充电工作区、站内建筑、标识设施、安防监控设施、消防设施及电池维护、客户休息服务设施。充电站内应包括:行车道、停车位、监控室、休息室、卫生间等必要的辅助服务设施。

5.1.2 充电站分类与配置

电动汽车充电设施主要有分散式交直流充电桩、集中式充电站两种类型。分散式交直流充电桩分布比较灵活,但是规模小,效率较低;集中充电站类似传统加油站,规模较大,通常根据功能、容量以及配套充电设备数量的不同可以分为三种类型。

(1)大型充电站:这类充电站的配套充电设备总容量不能低于 500 kV · A,可以满足大型公交车、环保用车、商用车等的充电需求。

(2)中型充电站:这类充电站的配套充电设备总容量不低于 100 kV · A,可以为中型的工程车辆、商务车、出租车等充电。

(3)小型充电站:通常这类充电站充电设备较少,总容量低于 100 kV · A,只能为出租车以及家庭用车等小型车辆充电。

大、中、小型充电站一般按表 5-1 配置。

表 5-1 大中小型充电站配置表

序号	功能单元	大型充电站	中型充电站	小型充电站	备注
1	配电变压器	●	○	×	
2	高压配电装置	●	○	×	
3	低压配电装置	●	●	●	
4	计量装置	●	●	●	提供分路计量及关口计量
5	谐波治理装置	○	○	○	根据充电设备谐波情况,综合选择配置
6	充电设备	●	●	●	
7	计费装置	○	○	○	对社会车辆服务的充电站,依据计量情况进行计费
8	电池更换设备	○	○	○	
9	电池储能设备	○	○	×	
10	配电监控系统	●	○	○	
11	充电监控系统	●	●	○	
12	安保监控系统	●	●	○	烟雾报警监视、视频监视
13	充电工作区	●	●	●	充电车位及相关附属设施

续表

序号	功能单元	大型充电站	中型充电站	小型充电站	备注
14	站内建筑	●	●	○	
15	消防设施	●	●	●	
16	其他服务设施	○	○	○	

注：●—必备；○—可选；×—不需要。

大型充电站、中型充电站或者具有重要示范意义的充电站应采用两路电源供电，从而使充电站的供电可靠性得到保障。小型充电站主要通过停车场的配套供电设备，当停车场的供电设备不能满足需求时，可以对其进行扩容改造。充电站在选择充电设备时，应该参考国家的相关标准以及智能电网的相关要求，尽可能推动电动汽车充电接口、通信规约等方面的一体化进程，从而降低研发、系统升级成本，推动电动汽车行业的发展。

5.1.3　充电站典型模式

1. 交直流充电桩的典型模式

交直流充电桩安装第 4 章做了详细介绍，具有系统简单、占地面积小、安装方便等优点，可以安装在电动汽车充电站、公共停车场、住宅小区停车场、大型商场停车场等室内或室外场所，操作使用简便，是重要的电动汽车充电设施。

充电桩要满足国家标准、行业标准和企业标准中对交直流充电桩的技术指标要求中对交直流充电桩技术指标的要求，交直流充电桩的系统网络结构如图 5-5 所示，安装示意如图 5-6 所示。

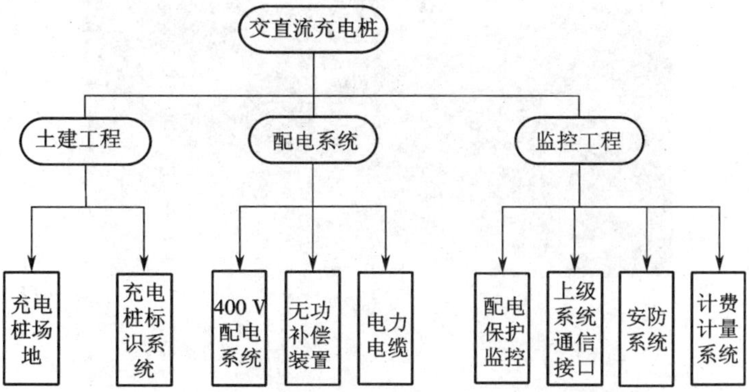

图 5-5　采用交直流充电桩的充电系统网络结构

2. 充电站典型建设模式

根据使用场地的条件限制，电动汽车充电站的建设模式可分为立体充电站和平面充电站，目前国内充电站建设以平面充电站为主。

图 5-6 交直流充电桩安装示意

立体充电站占地面积比较小,空间利用率高,但是建设成本较高,这类充电站根据建筑模式可以分为自行式立体充电站、升降横移式立体充电站和垂直升降式立体充电站三种类型。

平面充电站一般占地面积相对较大,通常配备多台直流充电机和交流充电桩,可以同时为多辆电动汽车提供充电服务,电动汽车平面充电站外观如图 5-7 所示。

图 5-7 平面充电站外观图

电动汽车平面充电站的建设规模与常规设备选择见表 5-2。

表 5-2　电动汽车平面充电站建设规模与设备

规模	大型	中型	小型
占地	1 700~2 000 ㎡	1 000 ㎡	50~100 m^2
充电桩	2 台大型:DC 750 V/400 A 4 台中型:DC 500 V/200 A 2 台小型:DC 500 V/100 A 4 台 7 kW 交流充电桩	2 台中型:DC 750 V/200 A 2 台小型:DC 500 V/100 A 4 台交流充电桩	1~2 台小型:DC 500 V/100 A 2~3 台交流充电桩
配电系统	10 kV 双路常供,单母线接线;配电变压器采用干式非晶合金变压器;0.4 kV 侧采用单母线分段接线,两段母线间设分段联络柜	10 kV 双路常供,单母线接线;配电变压器采用干式非晶合金变压器;0.4 kV 侧采用双路进线,单母线接线方式	0.4 kV 供电系统
其他	加装有源滤波无功补偿设备、计量计费系统,装设配电监控、充电机监控和安防监控系统	加装有源滤波无功补偿设备、计量计费系统,装设配电监控、充电机监控和安防监控系统	装设计量计费系统,选配充电站监控系统和安防监控系统

5.1.4　充电站监控系统及配置

目前纯电动汽车多使用锂离子电池。锂离子电池对充电要求较高,充电过程控制不好会造成电池永久损坏,甚至引起电池爆炸。充电站监控系统的充电监控功能可以监测电池和充电机当前状态,采用智能充电的充电保护措施可以有效保证动力蓄电池充电过程的安全。

1. 充电监控功能

充电监控功能包括充电桩监控、配电监控、烟感监视、电池维护监控、快速更换设备监控等功能。充电监控作为充电站自动化系统的核心主要包括充电站监控后台、充电机控制系统及通信管理机。

1)充电站监控后台

充电站监控后台主要完成采集、处理、存储来自充电机及配电系统监控的数据;提供图形化人机界面及语音报警功能,完成系统的数据展现及下发控制命令,用以监控充电机及配电系统的运行;除配电站监控数据采集与监视控制系统(Supervisory Control And Data Acquisition, SCADA)功能外,还提供针对充电站系统的诸如智能负荷调控等高级应用功能,为充电站安全、可靠、经济运行提供手段。充电站监控后台通常由一台服务器与两台工作站组成,也可根据需要增加监控工作站与服务器数量,系统内这些计算机通过以太网络互联。

2)充电机控制系统

充电机控制系统是充电机的一部分,是充电机的控制中心和通信枢纽,负责与充电站后台系统交换数据,完成充电机的充电控制,与 BMS 系统通信获取电池信息,获取计量直流表信息完成充电计费及充电过程的联动，将计量计费、充电机工作信息传送给直流充电桩并获取直流充电桩上传的控制信息等。

3)通信管理系统

通信管理系统是充电站监控系统的通信核心，负责配电系统监控、充电站监控后台及充电机之间的数据交换，负责向安防系统转发报警信号实现视频监控联动，同时还负责向充电站上级监控系统转发本站相关信息。

2. 充电监控系统管理层级

充电监控系统管理层级分为充电桩监控、站级充放电监控系统、区域充放电监控中心三个层面。对于智能用电小区的电动汽车充电管理系统而言，需要实现对区域内各个充电设施的监控，同时还需要实现与区级充放电监控中心的通信。

1)充电桩监控

完成充放电内部控制与管理的是充电桩主控单元与SM(Signal Module)智能仪表、BMS动力电池管理通信系统、刷卡及用户终端等相关设备间建立通信关系，负责充电桩与站级监控系统后台的数据交换，根据相关设备的运行数据和模式设定实现对桩的控制与管理。

2)站级充放电监控系统

将整个充电站相关的配电、充放电、计量计费、安防等相关环节有机融合成为一个整体的自动化系统，在实现基本SCADA功能的基础上，按照充电站的实际运行特点，完成包括设备综合监测、智能负荷调控、与电网有效互动等控制的管理功能。

3)区域充放电监控中心

从电网整体运行的角度，对区域内多个充电站的运行进行统一管理和调节，并将大多数电动汽车动力电池作为可计划使用和有效控制的电网储能设备，通过与电网的有效互动及V2G(Vehicle-to-Grid，纯电动车在不运行的时候，可以将电池的能量传送到电网)技术，在一定程度上实现电网的削峰填谷和提高电能利用效率。

3. 充放电综合控制与管理

充放电控制与管理系统包含了充放电设备、配电保护测控设备、计量设备和安防系统等相关环节，其硬件构成如图5-8所示。

4. 充电设备监控软件和后台监控软件及配置

1)充放电机控制软件

充放电机控制软件主要包括通信模块、业务处理模块、人机界面模块三部分。

(1)通信模块：完成通信功能，包括与电池管理系统(BMS)进行通信(采用CAN总线协议)；与刷卡机人机交互终端进行通信(采用CAN总线协议)；与电能仪表进行通信(采用RS485接口)；与监控系统后台进行通信(采用以太网TCP/IP协议)等。

（2）业务处理模块：负责电池管理系统、交互终端、智能仪表、系统后台等模块之间数据的交互与协调，实现充放电机相应工作模式的转换和控制等。

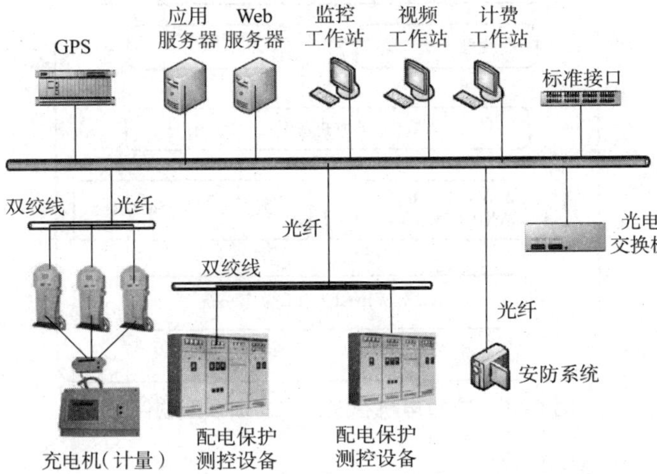

图 5-8　充放电综合控制与管理硬件系统构成示意图

（3）人机界面模块：主要通过人机交互，实现相应地运行参数设置和相关监视与控制功能。

2）充放电机智能控制的配置

根据实际工程的要求不同，充放电机智能控制器软件实现有两种配置方案：典型配置与加强型配置。

（1）典型配置方案：适用于单向经济型充电桩，采用嵌入式操作系统，不具备历史数据存储与查询功能，人机交互界面相对比较简单，不需要更多硬件资源，价格比较便宜，如图 5-9 所示。

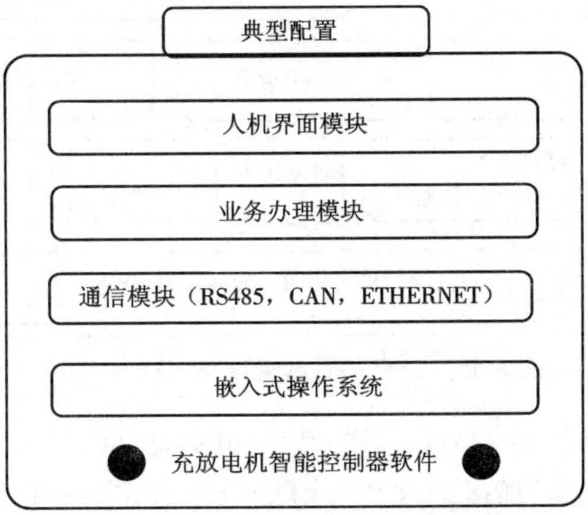

图 5-9　充放电机智能控制器典型软件配置

（2）加强型配置：适用于双向充电机和要求较高的充电机，采用 Linux/WINCE/XPE 等操作系统，安装有 Mysql 数据库，具备历史数据存储与查询功能，人机交互界面相对比较丰富和美观，同时按照“通信平台”实现通信功能，能够通过二次开发，灵活接入多种不同通信类型的相关设备，对硬件资源要求较高，如图 5-10 所示。

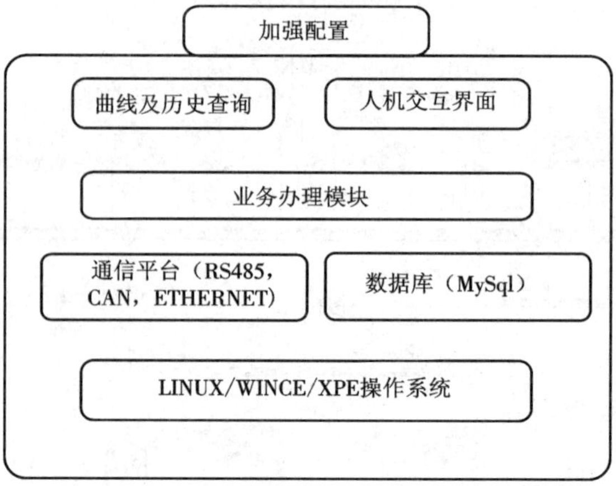

图 5-10　充放电机智能控制器加强型软件配置

3)充电站监控后台管理软件

为了将充电站的配电系统、充放电系统、安防系统、计量计费系统有机融合为一个统一的充电站自动化系统，通过信息模型抽象和统一描述，针对充电站的实际运行业务进行软件设计，整个功能模块如图 5-11 所示。

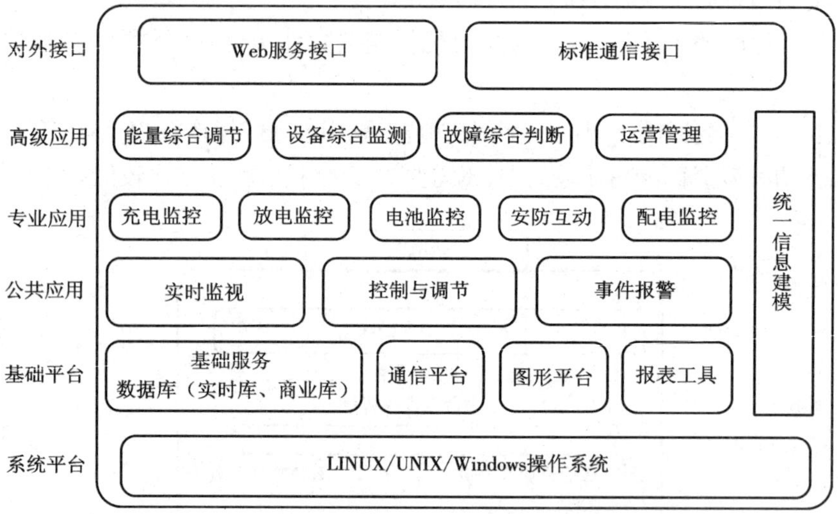

图 5-11　充电站后台管理系统软件结构

(1)通信平台：满足包括 CAN 总线、串行 RS485 总线、以太网等通信介质，支持 IEC61850 通信规约、CDT 循环运动规约、《电动汽车非车载充电机通信协议及编制说明》(Q/GDW 235—2009)，IEC 60870—103/104 等标准协议，可以从配电设备、充电机、电能仪表、安保传感器等设施采集相关数据，同时还可以与上级系统进行数据通信与交互。

(2)图形平台：系统可以显示监视设备数据实时 / 历史曲线图、系统运行工况图、实时数据表格等不同种类的画面。图形平台支持多窗口显示，画面可以进行无级缩放、平滑移动，并具备导航功能。提供图形化操作完成充电机以及配电设备的各种遥控操作。

(3)报表工具:用户应可以方便地从数据库中选取各种数据,定义各类日报、月报及年报,提供定时、召唤打印等功能。

(4)实时监视:提供各类设备实时信息以及相关状态显示。

(5)控制与调节:向充电机下发控制命令,遥控充电机启停、校时、紧急停机、远方设定充电参数等,控制配电系统断路器及开关的合分。

(6)事件与报警:为充电机操作及其异常信息提供图形、文字、语音等报警方式与相应的报警处理功能,提供系统事故警报,遥信变位报警,遥测越限报警,保护动作报警,系统运行状态报警。

(7)充电监控:对充电过程的各种信号量进行有效监控,对发生的异常情况能按预先设定的策略进行智能处理。

(8)放电监控:对放电过程的各种信号量进行有效监控,对发生的异常情况能按预先设定的策略进行智能处理。

(9)电池监控:在进行充放电过程中,对电池组的各种状态进行有效监控,在发生异常或者达到预定设置的目标后能进行相关的智能处理。

(10)安防互动:通过通信管理机将监控系统的事故报警及时传送给安防系统,监控中心通过人工干预或者设定策略及时处理异常情况,实现安防互动。

(11)配电监控:对提供电源的配电系统进行可靠安全监控。

(12)能量综合调节:通过与电网的有效互动及V2G技术,在一定程度上实现电网的削峰填谷和提高电能利用率。在全站达到设定负荷时,降低充电机的出力功率。

(13)设备综合检测:实时检测运行设备的状态,保证充换电站安全可靠高效运行。

(14)故障综合判断:利用人工智能技术和专家系统对系统出现的故障进行综合判断,并给出可能的故障点和故障原因。

(15)运营管理:车辆台账信息管理,用于存储统计车型配置信息、配备电池组型号参数、更换维护电池组的记录等信息。电池组台账信息管理,用于存储统计电池组的型号参数、使用时间、维护记录等信息。

5.1.5　配电系统及配置

根据《国家电网公司电动汽车充电设施建设指导意见》要求,大型充电站其进线电源采用站内10 kV双路供电,10 kV侧采用单母线接线方式,不设分段开关。高压柜采用真空断路器中置式开关柜,设进线计量柜、PT及避雷器柜、出线柜。

中型充电站进线电源采用10 kV单路供电,10 kV侧采用单母线接线方式。高压柜采用真空断路器中置式开关柜,当负荷容量小于400 kV·A时,也可使用负荷开关以减少投资。设进线计量柜、PT及避雷器柜、出线柜。大中型充电站配电系统图可扫描二维码查看。

小型充电站采用单路0.4 kV电缆供电,采用户外供电箱。配电系统监控分为保护和测控两个部分。根据配电系统一次方案的不同和对配电系统自动化程度要求的不同,提供两个方案的典型配置。

【方案一】 主要用于 10 kV 侧开关为真空断路器且自动化程度要求较高的充电站。

(1)保护部分:进线变配微机保护,具备三段式过流保护、过负荷保护、低压侧零序电流保护、超温报警或跳闸、低压保护等保护功能,0.4 kV 开关采用开关自带的过流保护功能。

(2)测控部分:具备配电系统各间隔的电流电压等电气参数的遥测功能,开关位置的遥信功能以及重要开关(10 kV 开关、0.4 kV 进线开关和联络线开关)的遥控功能。

另外,为了提高配电系统的自动化程度,实现配电站无人或少人值班,在 0.4 kV 侧配置分段备自投装置。在其中一路电源失电的情况下,备自投装置可以快速将联络开关合上,提高充电站供电的可靠性。具体配置如下。

10 kV 进线变配置微机保护测控一体化的装置,具备进线变的保护、测量和进线变开关的遥控功能,就地安装在开关柜上,可通过现场总线接入通信管理装置,上传保护和测控信息。充电站内配置一面监控屏,屏上安装通信管理装置、公用测控装置和分段备自投装置。通信管理装置负责信息的中转、管理及远传,是全站的通信枢纽;公用测控装置完成充电站配电系统的测控任务,主要负责采集 0.4 kV 母线电压,出线开关的位置信号和负荷电流并具备低压进线开关和联络开关的遥控功能;分段备自投装置实现分段开关自投功能。

【方案二】 主要用于 10 kV 侧开关为负荷开关,造价较低的充电站。

(1)保护部分:进线变开关用熔断器保护,0.4 kV 开关采用开关自带的过流保护功能。

(2)测控部分:具备配电系统各间隔的电流电压等电气参数的遥测功能,开关位置的遥信功能以及重要开关(10 V 开关、0.4 kV 进线开关和联络线开关)的遥控功能。

0.4 kV 不配置分段备自投装置。在其中一路电源失电的情况下,需要人工将联络开关合上。具体配置:充电站内配置一面监控屏,屏上安装通信管理装置、公用测控装置。通信管理装置负责信息的中转、管理及远传,是全站的通信枢纽;公用测控装置完成充电站配电系统的测控任务,主要负责采集 0.4 kV 母线电压,出线开关的位置信号和负荷电流,同时具备低压进线开关和联络开关的遥控功能。

5.1.6 安防监控系统

1. 系统建设目的

(1)监视电动汽车充电站室外区域内场景情况。

(2)监视电动汽车充电站出入口汽车的进出情况。

(3)监视充电站内主要室内(值班室、设备室、配电室、休息室等)场景情况。

(4)实现充电站防盗自动监控,可进行周界、室内、门禁的报警及安全布、撤防。

(5)实现站内消防系统报警联动,并对消防系统运行状态进行监视。

(6)实现对门禁、空调、排风扇等设备的远方状态监视和控制。

(7)能灵活适应监控中心的设置。

(8)电动汽车充放电站端视频监控系统应有报警硬接点接至电动汽车充电站监控系统,提供消防、防盗的远动报警信息。

2. 系统组成

系统由充电站安防视频监控和监控中心组成。充电站视频监控由图像监控系统、安防报警系统、门禁系统组成。

监控中心由视频管理服务器和统一平台监控软件组成,实现所有管辖区域内前端充放电站的图像监控、安防报警、门禁等设备。

充电站图像监控系统由 RVU、摄像机、连接电缆、联动控制设备、供电设备、站端监控终端等组成。

充放电站安防报警系统由报警主机、红外对射报警器、烟感报警器、连接电缆等组成。

充放电站门禁系统由门禁控制器、读卡器、开门按钮、电磁力锁、连接电缆等组成。

3. 充电站安防视频监控系统功能

1)实时视频监控

监视设备运行状态,与充放电站监视区的智能设备配合,实现防盗、防火功能,对设备、场地、休息室、值班室、营业窗口等进行监视。

2)报警功能

(1)报警类别:站端智能设备状态变化及故障报警、消防报警、消防主机通信故障报警、防盗报警、温湿度报警、门禁报警、非法闯入及画面异动报警、图像设备故障报警等。

(2)当发生报警时,能自动切换至相应摄像机,有预置位的应自动切换至指定预置位,充放电站视频处理单元或数字录像机能自动进行存盘录像,同时传送报警信息和相关图像,并自动在地理图上提示报警位置及类型;并与相关设备联动,如启动现场照明、警笛等,相关设备启动后,应在设定的时间内自动关闭;支持一点报警多个摄像机联动和多点设备联动。视频处理单元应能对站内摄像机进行自检和故障报警。

(3)画面异动报警的变化率可设置。

(4)充放电站内同时发生多点报警时,按报警级别高低优先和时间优先的原则显示存储,先上传严重报警点的图像,同等级别的报警按时间优先,其他报警点的报警信息不得丢失和误报;报警信息应有时标,精确到秒级。

(5)报警信息应该和录像数据相结合,可由报警信息检索回放相应的图像录像。

3)控制功能

(1)操作人员能对任一摄像机进行控制,实现对摄像机视角、方位、焦距调整;对于带预置位云台,操作人员能直接进行云台的预置和操作,光圈、景深应为自动调整。

(2)具有可控制设备的机械保护措施,在控制云台等设备时(自动状态),系统应具有定时功能。

(3)保证控制的唯一性,同一时刻只允许一个操作人员控制同一控制对象。

(4)接入门禁系统，在监控中心由具有权限的人员遥控开启门锁，也能在站内刷卡开门。

(5)复归消防主机及其他智能设备。

4)图像录像管理

站端的视频处理单元或数字硬盘录像机可对非重要区域的监控点(即摄像机)实现报警前(至少 15 s)、报警后(至少 5 min)录像存储，对重要区域的监控点可设定长时间(至少 10 d)的自动循环录像存储，所有监控点级别可设定。站端视频监控主机 RVU 必须具备同时对至少 16 路视频信号的实时录像功能。

5)系统对时功能

从站端标准时间源或监控中心获取标准时间，进行系统对时。

4. 系统主要性能指标要求

(1)系统可用率 >99%。

(2)同屏同时可监看的变电站个数应≥ 4 个。

(3)监控中心的监控终端(工作站)图像控制切换响应时间 <1 s。

(4)图像传输帧速率 12~25 帧 / s 可调。

(5)图像分辨率达到 CIF 格式(352 像素 ×288 像素)以上(包括 CIF 格式)。

(6)计算机显示分辨率≥ 800 像素 ×600 像素。

(7)系统时钟精度 <1 s。

(8)系统平均无故障工作时间 MTBF>30 000 h。

(9)系统平均维护时间 MTTR<0.5 h。

(10)计算机 CPU 负荷率平均 <30%。

(11)监控画面显示与实际事件发生时间差 <0.5 s。

(12)事件报警到系统自动记录相应画面时间差 <1 s。

(13)各报警探头报警到后台信息显示时间差 <1 s。

(14)各报警探头报警到监控中心显示时间差 <3 s。

(15)系统配置一般准则：系统一般由摄像机、红外报警器、烟感报警器、门禁系统、辅助灯光、声光报警器、连接电缆、监控屏柜、嵌入式硬盘录像机、液晶显示器、报警主机、综合电源、网络交换机、监控终端等设备组成。

(16)摄像机配置一般准则：室外一般配置 2~3 个室外高速球机，主要监控出入口、场地、充放电设备；室内高压室、低压室配置 4~5 个中速球机，主要监控室内场景和设备状态；室内值班室、休息室、营业窗口配置 4~5 个室内高清半球形摄像机，主要监控室内场景和工作状态。

(17)烟感报警器配置一般原则：室内每 12 ㎡配置一个烟感报警器。

(18)门禁配置一般原则：每个充放电站配置一套门禁系统(可控 4 门)。

(19)辅助灯光配置原则：在夜间照度不够的地方配置辅助灯光，尽量利用已有的照明系统。

5.2　充电运营服务管理系统

充电运营模式是指电动汽车用户在汽车电能将要耗尽的时候选择到固定地点的充电站或充站桩为汽车的电池进行直接充电的模式。这是电动汽车充电站最先考虑的运营模式，在这种模式下，电动汽车用户通过在充电站 / 充电桩直接为汽车充电，即时消费电力产品并通过现场付费的模式支付费用，完成交易。为此，建设相应的电动汽车充电运营服务系统，引入集中式的信息管理平台，是开展电动汽车充放电站建设工作的重要组成。

5.2.1　系统应具有的功能

1. 数据采集功能

（1）采集充电机工作状态、温度、故障信号、功率、电压、电流等。

（2）采集电池组温度、SOC、端电压、电流、电池连接状态、电池故障信号等。

（3）采集充电站配电系统监控上传的开关状态、保护信号、电压、电流、有功功率、无功功率、功率因数等。

2. 控制调节功能

（1）向充电桩下发控制命令，远程控制充电桩启停、校时、紧急停机、远程设定充电参数等。

（2）控制配电系统断路器及开关的合分。

3. 数据处理与存储

（1）具备充电机或配电系统的越限报警、故障统计等数据处理功能。

（2）系统对站内数据根据性质、重要性进行分类，当数据量大时，可以根据预定策略，有选择或自动屏蔽信息，保证重要信息的实时上传。

（3）系统具备对配电系统、充电机和电池组遥测、遥信、报警事件等实时数据和历史数据的集中存储和查询功能。

4. 事件记录

（1）具备操作记录、系统故障记录、充电运行参数异常记录、电池组参数异常记录等功能。

（2）可以对遥信变位、遥测越限、遥控操作、系统核心组件启停等事件按时间、类型、装置等分类显示。

5. 人机操作与图形编辑

（1）系统提供实用灵活、功能强大的画面编辑工具；用户可在线编辑、修改任意画面，如接线图、曲线图、棒形图等；支持光影、多种格式的图形文件，可定义运动轨迹的动画并提供多层多平面支持。

（2）系统可以显示主接线图、曲线图（电压、负荷曲线）、遥测棒图、系统运行工况图（包括充电机运行状态、通道状态）、实时数据表格等不同种类的画面。

（3）图形界面支持多窗口显示，画面可进行无级缩放、平滑移动，具备导航功能。

（4）系统提供专用图形插件完成充电机及电池组的监控功能。

（5）系统提供图形化操作完成充电机的各种远程操作。

6. 报警处理

系统提供图形、文字、语音等报警方式以及相应的报警处理功能。

7. 通信功能

（1）系统采用 CAN、RS232、RS485 或工业以太网方式与充电机通信。

（2）系统能够通过以太网、串口、GPRS 等通信方式与监控中心等上级系统通信。

8. 充电站智能负荷调控

（1）系统根据充电站的最大容量，当站内容量超过设定值时报警，并可依据预定策略闭锁充电机，降低充电机功率，确保充电站的安全运行。

（2）当充电站用电负荷达到单台配变容量时，自动下发闭锁命令，闭锁备自投，当负荷下降至解锁门槛时，撤销闭锁。

9. 用户管理和权限管理

系统根据需要规定操作员对各种业务活动的使用范围、操作权限等。权限表中对操作员的操作权限以及用户要求的实时事项信息 / 报警选择进行实际定义。

10. 报表管理与打印功能

使用控件的方式定义数据库和报表系统的接口函数库，用户可以方便地定义各类日报、月报及年报，并具有定时 / 召唤打印等功能。

11. 系统维护与系统自检

（1）具备方便的数据库、图形界面、系统参数等维护工具。

（2）系统核心进程的运行状态监控和自动重启等系统自诊断功能。

12. 可扩展性

（1）系统具备较强的扩展能力，可以很好地完成不同类型充电机的接入。

（2）系统强大的可伸缩性，可以满足充电站规模不断扩容的要求。

（3）支持与计费系统接口、与营销系统连接，获取并为计量计费提供实时电价等信息。

13.GPS 对时

系统可以接受 GPS 同步时钟对时，也可对站内各个充电机及智能装置对时，保证系统时间的一致性。

5.2.2　系统结构模块说明

充电服务管理系统作为客服人员的办公平台，主要包括客服中心、电站管理、电桩管理、费率标准、电桩型号、数据统计等模块。通过对车辆的充电服务，后台自动将充电信息记录并归集、分析，比如电量、电压、电流、充电时间及周期等，可按日、周、月统计报表，有利于用户更好地改善车辆使用。服务平台应用物联网、大数据等先进技术为车主提供车辆问题主动提醒，做到车辆隐患提前感知、车辆问题主动报警、车辆的维修服务提前推送至用户，从而延长车辆使用寿命，保障车辆安全运行，为用户节约维修费用，节省时间。下面以目前常用应用软件为例分别对各子模块进行说明。

1. 客服中心子模块

由于各种原因，客户可能会打进电话要求客服人员帮查看附近可使用充电桩，此时需要用到此模块（图 5-12）。此模块有三个选项卡，分别为“用户检索”“充电站浏览”和“充电桩列表”。其中用户检索界面（图 5-13）可以通过用户手机号检索用户的相关资料。如果存在未完成业务，会在该界面显示未完成业务的信息；如果该用户在充电过程中或者充电完成以

图 5-12　“用户登录”界面

后出现异常订单，可由客服人员单击“结算”按钮进行结算。充电站浏览界面如图 5-14 所示，可通过地图方式检索充电站信息。根据“合作企业”模块中定义的图标，充电站可以显示空闲和繁忙两种状态。如图 5-14 所示，绿色圆点标志在“营口道”位置有一个充电站，而且有可用的充电桩。单击该绿色圆点，会弹出一个对话框，列出了该充电站的相关信息，并可单击“充电”按钮跳转到该充电站的充电桩列表。充电桩列表界面如图 5-15 所示。该界面列出了查询到的所有充电终端信息（充电枪），“充电”图标高亮代表该充电桩为空闲状态，可以进行充电。

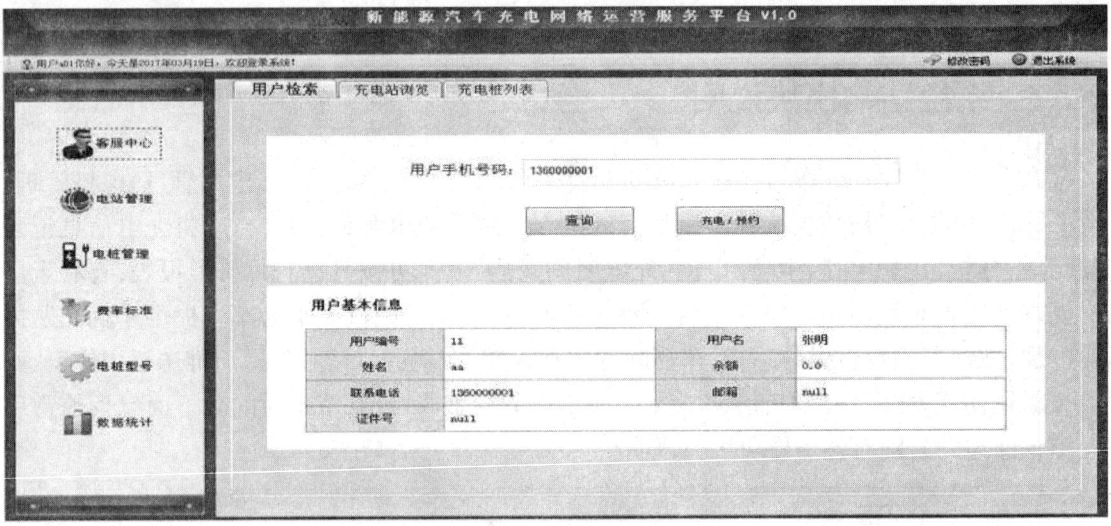

图 5-13 用户检索界面

图 5-14 充电站浏览界面

图 5-15 充电桩列表界面

2. 电站管理子模块

该模块用于查看充电站信息,其界面如图 5-16 所示,单击充电站对应的编号可以查看该充电站的详细信息,如图 5-17 所示。

图 5-16 充电站信息界面

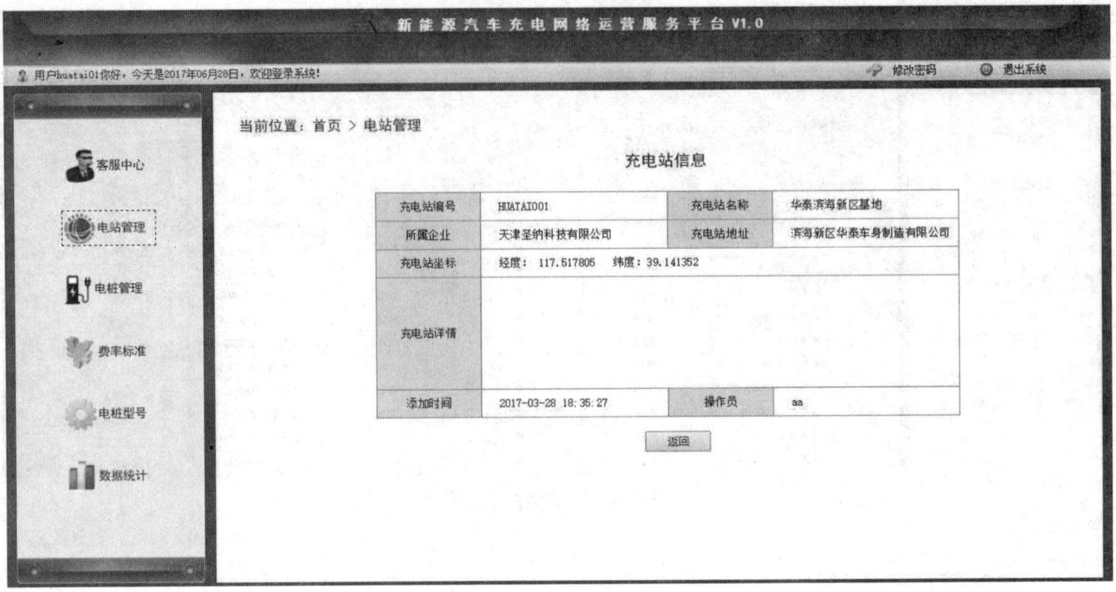

图 5-17　充电站信息详情界面

3. 电桩管理子模块

该模块用于查看充电桩的信息，其界面如图 5-18 所示，单击充电桩前对应的电桩名称可以查看充电桩的详细信息，如图 5-19 所示。

图 5-18　充电桩列表界面

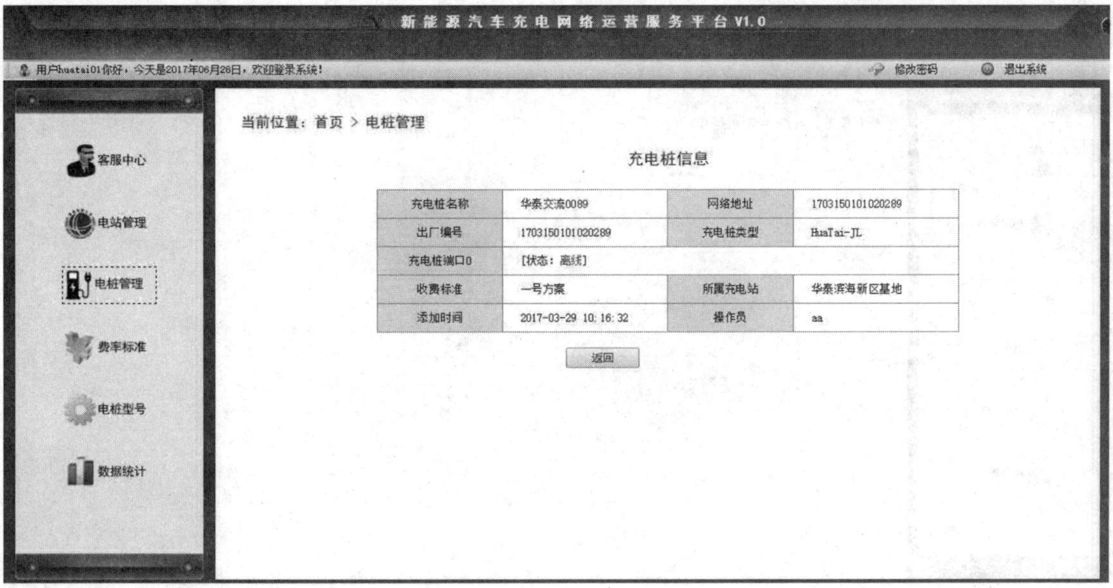

图 5-19　充电桩信息界面

4. 电桩型号子模块

该模块用于查看充电桩的型号，其主界面如图 5-20 所示，单击型号编码可以查看对应型号的充电桩参数详情，如图 5-21 所示。

图 5-20　电桩型号界面

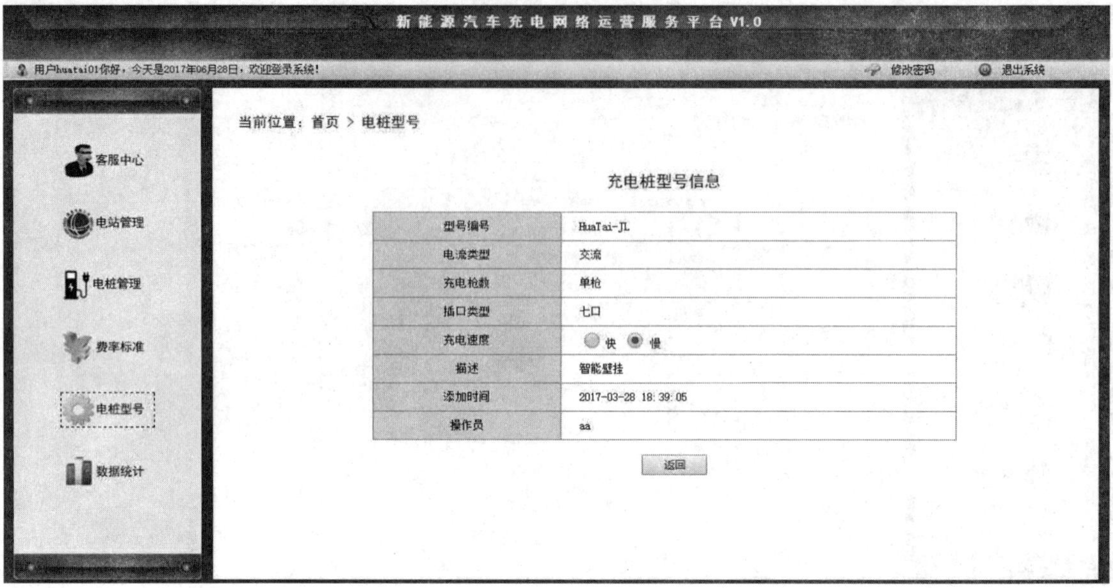

图 5-21　电桩型号配置详情界面

5. 数据统计子模块

该模块用于对运营数据进行统计分析，主要包括用户统计、充值统计、消费统计、充电统计等功能。单击数据统计首先默认显示用户统计（图 5-22），显示出所有用户的信息，操作中的“充值”按钮为平台充值功能，“清零”按钮可以给账户余额清零。

图 5-22　用户统计示意图

单击“充值统计”选项卡，显示出所有的充值记录（图 5-23）。

图 5-23　充值统计示意图

单击“消费统计”选项卡，显示出所有的消费记录（图 5-24）。

图 5-24　消费统计示意图

单击“充电统计”选项卡，显示出按年统计的充电电量、消费金额的统计以及柱状图报表（图 5-25）。

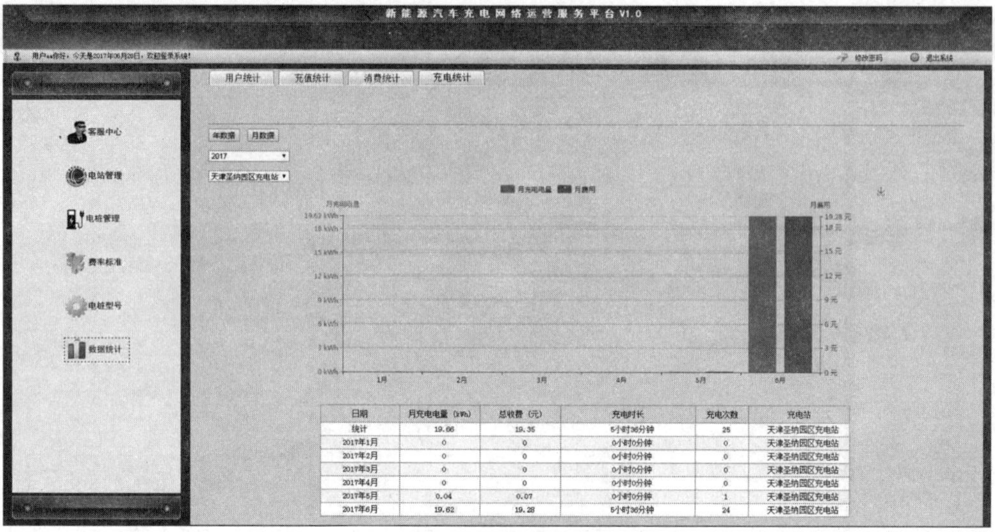

图 5-25　充电统计示意图

单击“月数据”按钮，显示出按月统计的充电电量、消费金额的统计以及柱状图报表（图 5-26）。

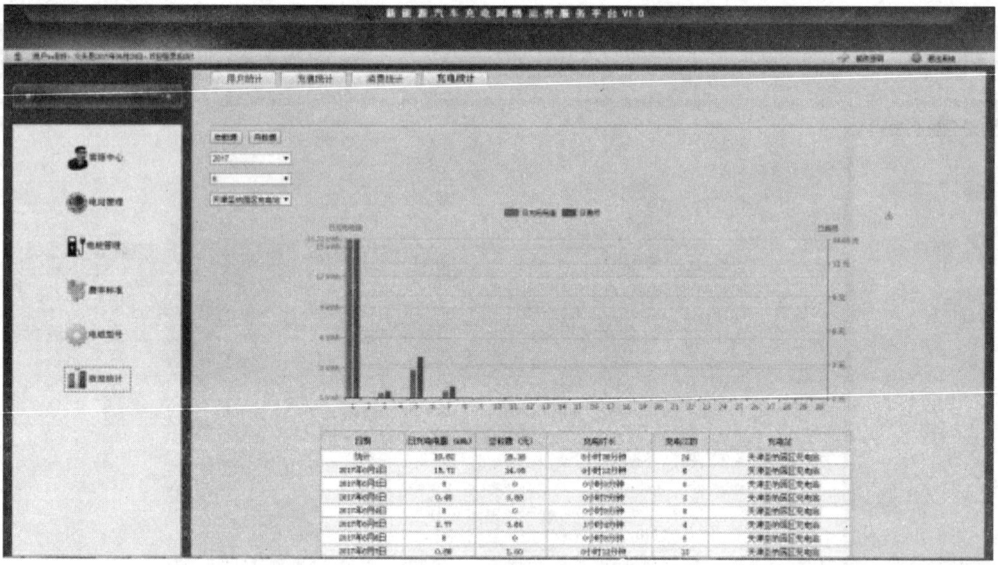

图 5-26　“月数据”示意图

5.2.3　充电 APP 的功能与使用

1. 软件的开发目的与用途

随着手机等移动设备在人们生活中占据越来越大的比重，通过手机操控充电流程也逐渐成为当下充电业务的重要一环，下面以 e 桩通 APP 软件为例进行说明。e 桩通是专门的与充电桩、充电站配套使用的一款 APP，专门对充电桩进行充电、缴费等其他相关操作，使用户更加便利地享受充电业务。

2. e 桩通 APP 工作流程

e 桩通 APP 工作流程如图 5-27 所示。

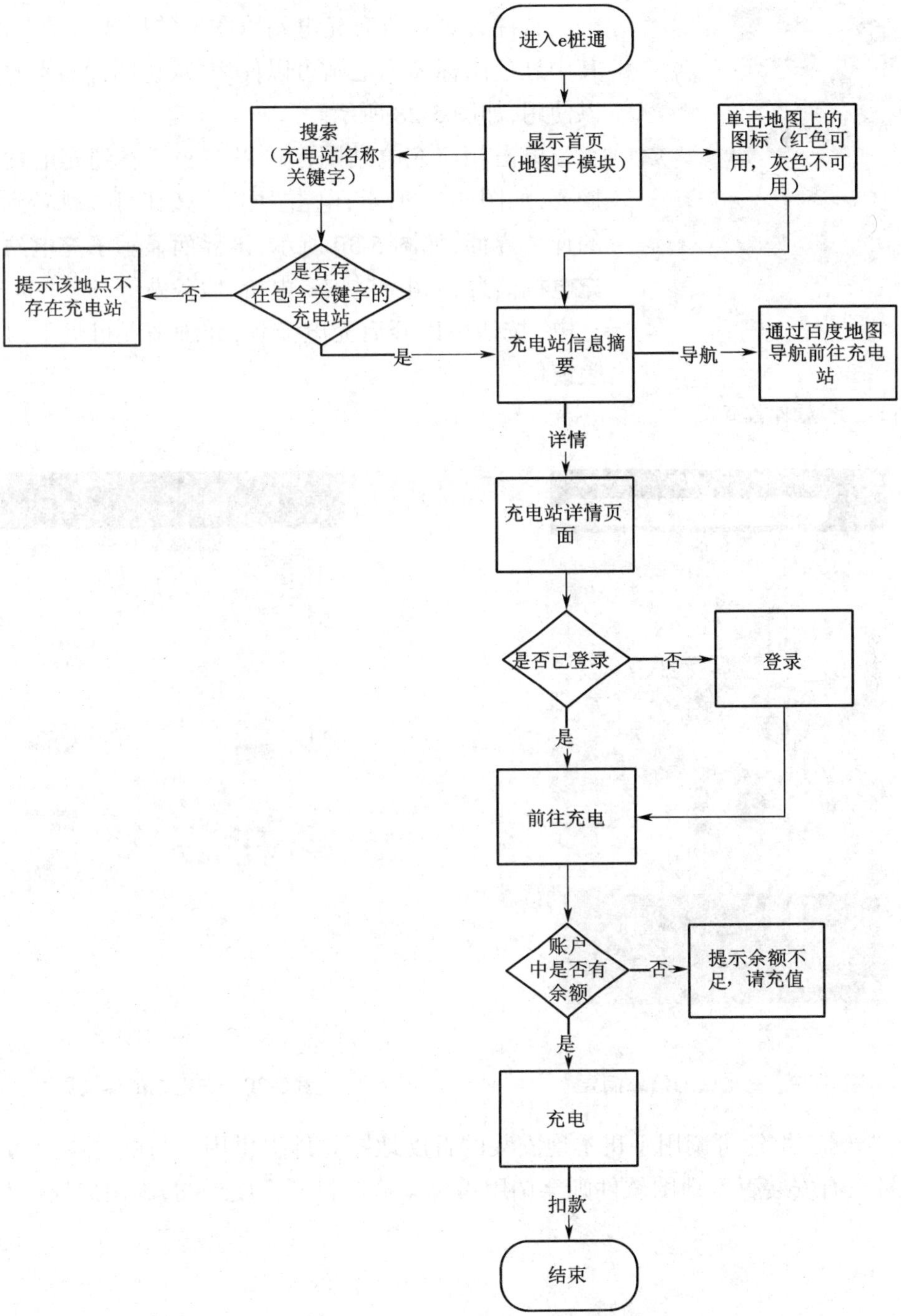

图 5-27　e 桩通 APP 工作流程

图 5-28　软件首页

3. 主要功能模块

通常充电 APP 主要包括四个子模块，分别是定位导航、电站列表、用户、扫一扫。下面将详细讲解这四个子模块的功能。

1）定位导航

软件首页将所有充电站以图标的形式展示在地图上，其中红色图标表示电站可以使用，灰色图标表示电站不可以使用，如图 5-28 所示。

单击相应充电站图标可以在底部看到充电站的信息摘要，如图 5-29 所示，电击“详情”按钮可以跳转到充电站的详情界面，如图 5-30 所示，该界面显示了充电站所属的充电桩信息，如电桩状态、电价、服务费等；通过单击“前往充电”按钮可以开启充电流程，详细情况可见下边电站列表模块。

图 5-29　充电站的信息摘要

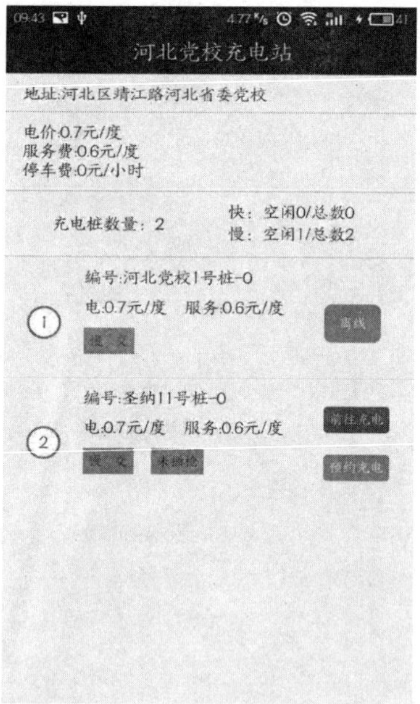

图 5-30　充电站的详情界面

单击“导航”按钮可调用手机本地安装的百度地图软件提供用户与电站位置的合适路线，如手机没有安装百度地图软件则会调用手机浏览器打开百度地图，为用户提供服务，如图 5-31 所示。

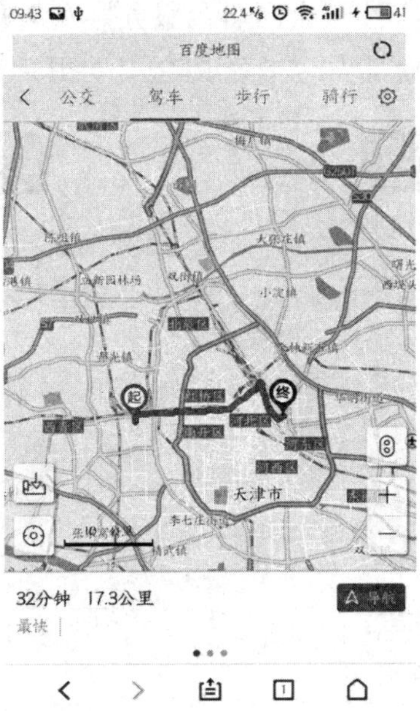

图 5-31　导航界面

此外此模块还配有搜索功能，在界面顶部输入框中输入地址可以搜索周围电站，单击“搜索”按钮可以跳转到相应的电站列表界面，如图 5-32、图 5-33 所示（相关操作见下面电站列表模块）。

图 5-32　充电站地图信息界面

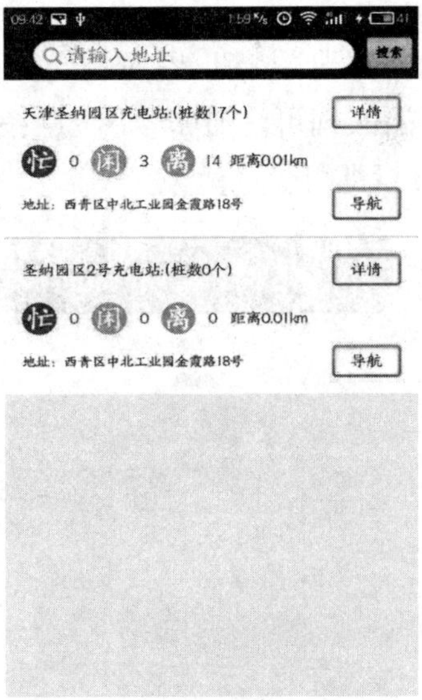

图 5-33　充电站地址界面

2）电站列表

如图 5-34 所示，“电站列表”模块展示了目前所有的电站信息，其中包括每个电站的电桩个数、位置等，单击“详情”按钮界面跳转至该电站详情界面，单击“前往充电”按钮，界面跳转至开启充电界面，如图 5-34 所示，“开启充电”界面显示该电桩的详细信息，如电桩编号、电桩类型等，单击“开始充电”按钮会向后台服务器发送开始充电指令，如充电设备还未插枪，将会弹出文字提示“请插枪”，发送指令成功后，会开启充电。

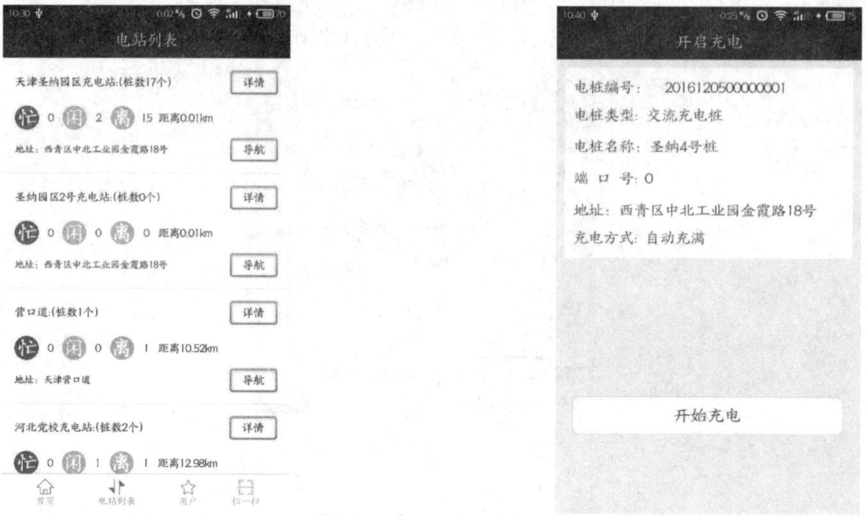

（a）　　　　　　（b）

图 5-34　电站列表

（a）充电站信息界面　（b）开启充电界面

3）用户

“用户”模块用于维护用户信息，主要包括登录、注册、账户充值、账单查询等功能，如图 5-35 所示。

单击“注册”按钮，界面跳转至注册界面，如图 5-36 所示，按照要求填写输入框，单击“提交”按钮，即可注册账号（注意：一个手机号只能注册一个账号），注册完成后返回用户界面进行登录即可。

图 5-35　用户中心界面

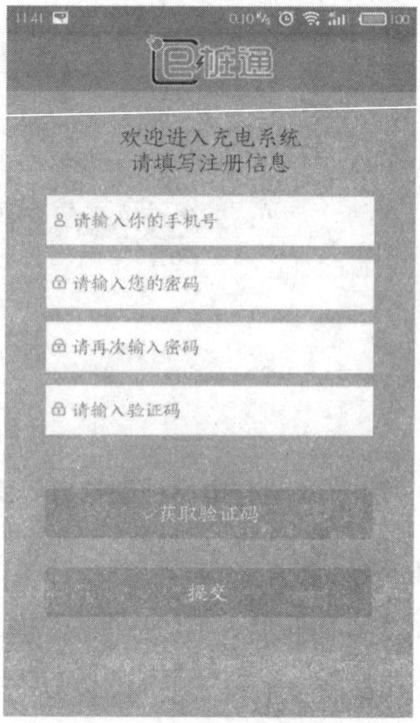

图 5-36　用户注册界面

单击“登录”按钮界面跳转至登录界面，按照要求填写输入框，单击“登录”按钮，登录成功则返回用户界面，如若勾选“记住密码”复选框，下次登录则会自动输入本次输入的账号密码；如图 5-37 所示，如果忘记密码则单击“忘记密码”，按照要求填写后即可重置密码，如图 5-38 所示。

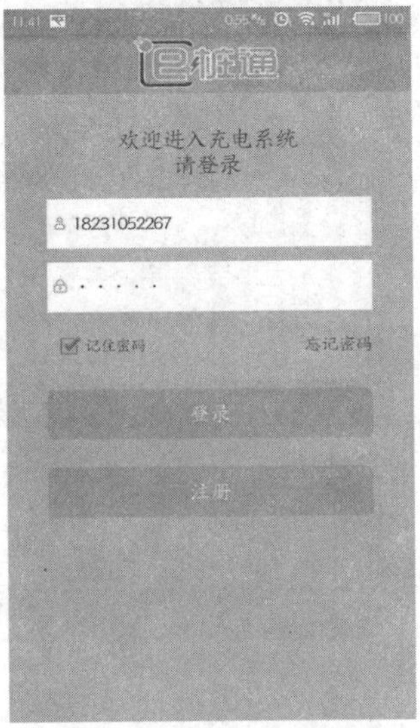

图 5-37　用户登录界面

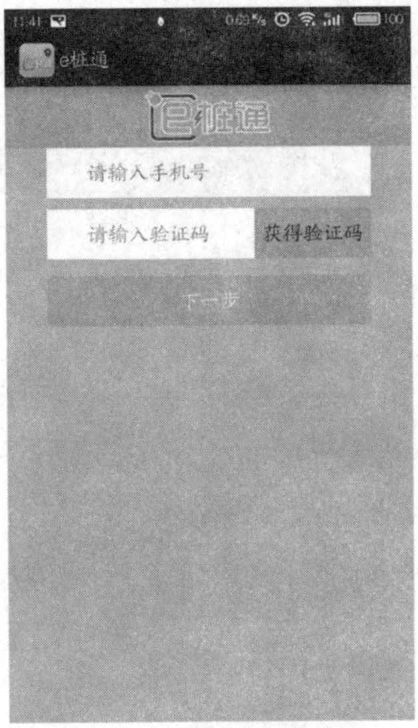

图 5-38　重置密码界面

单击头像可以退出系统登录，如图 5-39 所示，需要注意的是，一个账号不能同时在两台或两台以上的手机上登录，否则前一部手机账号会被顶下去，如图 5-40 所示。

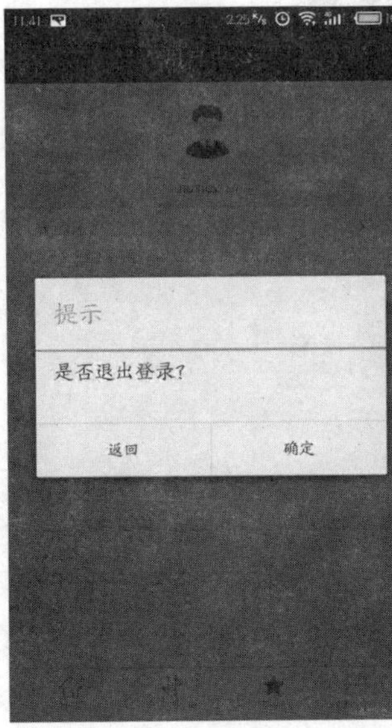

图 5-39　退出登录界面

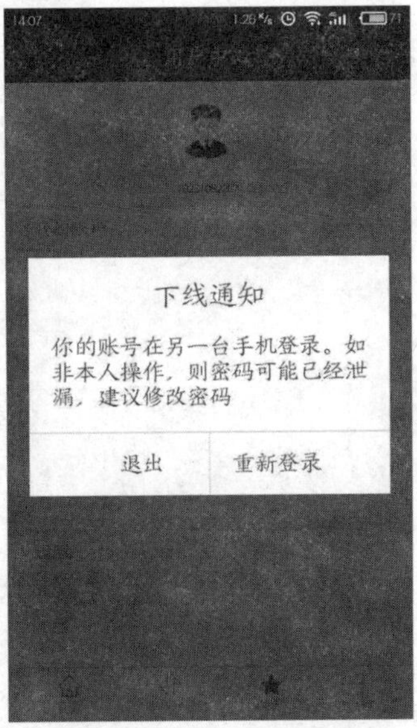

图 5-40　下线通知界面

单击我的账户界面跳转至用户账户界面，如图 5-41 所示；此界面可实现用户对于账户的管理，包括余额显示、账户充值与充值记录的查询，单击“我要充值”，界面跳转至余额充值界面，如图 5-42 所示，输入想要充值的金额，单击“立即充值”按钮跳转至支付界面，如图 5-43 所示，单击“支付”按钮即可调用支付宝接口进行充值，需要说明的是，手机如果安装支付宝客户端，则调用支付宝支付，如果手机未安装支付宝客户端则需短信验证。

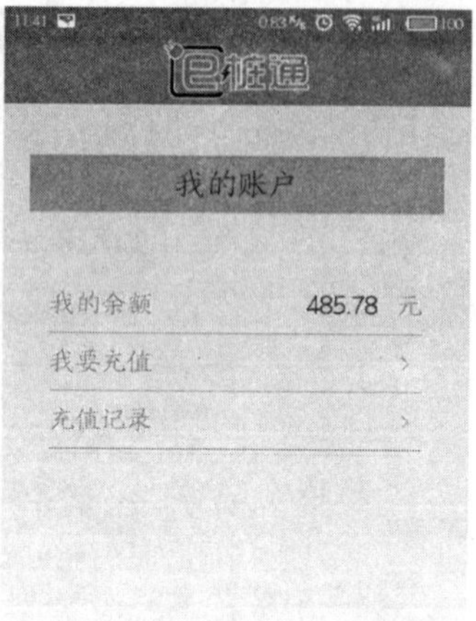

图 5-41　用户账户界面

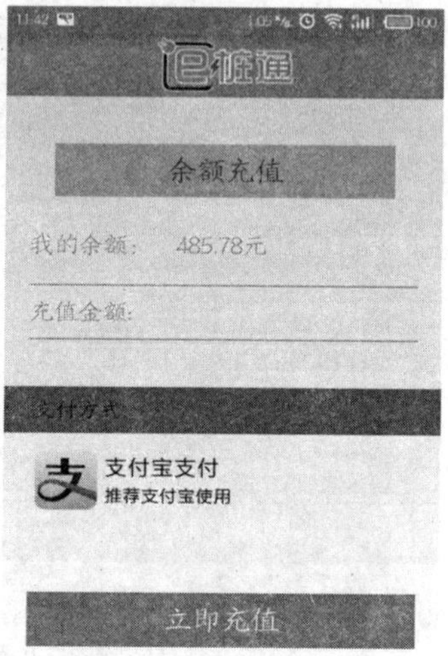

图 5-42　余额充值界面

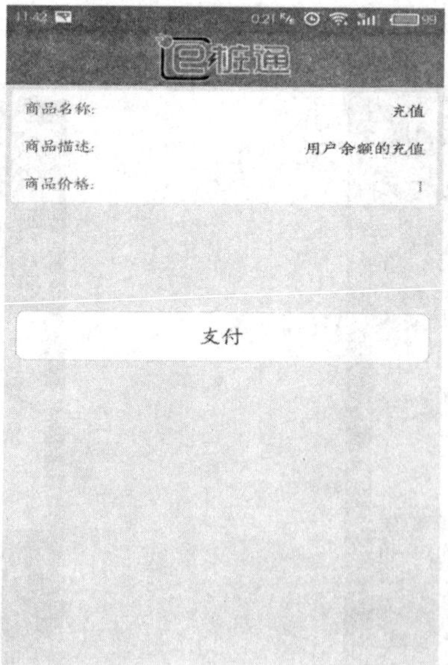

图 5-43　充值支付界面

单击用户中心界面的“我的信息”跳转至个人信息界面，用于维护用户个人信息，包括头像、昵称、姓名、身份证号、邮箱、修改密码，如图 5-44 所示。

图 5-44　个人信息界面

单击“更换头像”跳转至选择头像界面，选择头像（图 5-45），返回个人信息界面，重新展示所选的头像，以下更改昵称、姓名、身份证号、邮箱操作与更换头像操作类似；单击修改密码，按照要求填写单击“保存”即可修改登录密码。

单击图 5-35 用户中心界面“我的账单”跳转至账单界面，可查询充电所产生的账单记录信息，如图 5-46 所示。

图 5-45　选择头像界面

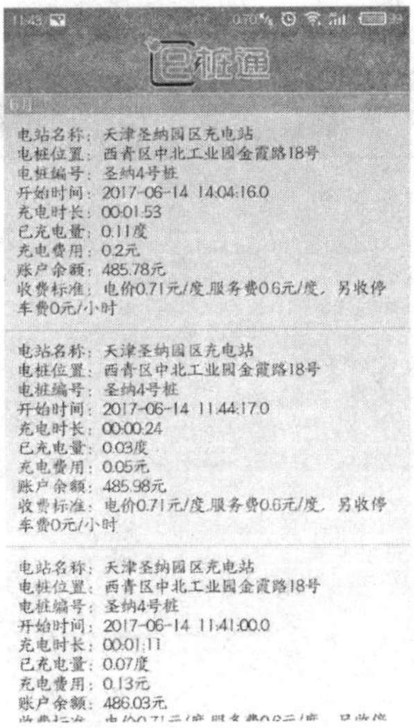

图 5-46　用户账单界面

单击图 5-35 用户中心界面“我的记录”记录了最新已完成的充电业务账单，如图 5-47 所示。

如果最新的账单还未查看或者正在充电过程中退出登录，重新登录后，在“我的记录”与界面底部“用户”都会有红色高亮图标提示，如图 5-48 所示。

图 5-47　充电支付界面

图 5-48　账单未结清提示界面

设置界面主要用于 APP 一些信息维护，如图 5-49 所示，包括 APP 版本号、APP 厂商联系电话、版本更新、充电收费协议、退出应用与退出登录操作；单击“联系电话”则会调用手机拨号功能拨打 APP 开发厂商热线电话，单击“检查新版本”如果有最新版本则会提示更新，如图 5-50 所示；单击“充电收费协议”则会跳转至 web 界面，展示了充电桩收费信息，如图 5-51 所示；单击“退出应用”则会退出 APP；单击“退出登录”，同上单击头像可以退出系统登录（图 5-39）。

图 5-49　用户设置界面

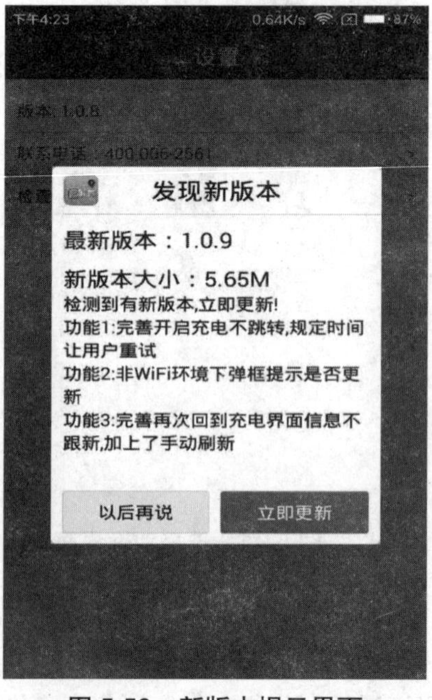

图 5-50　新版本提示界面

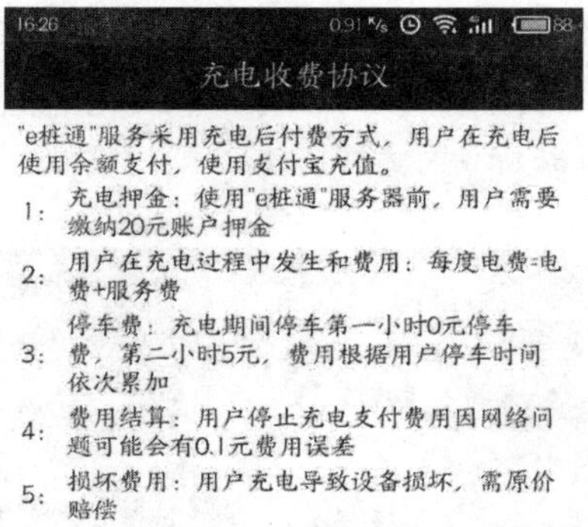

图 5-51　收费协议界面

4）扫一扫

“扫一扫”模块，如图 5-52 所示，单击绿色图案，APP 调用手机摄像头，跳转至扫描界面，如图 5-53 所示。

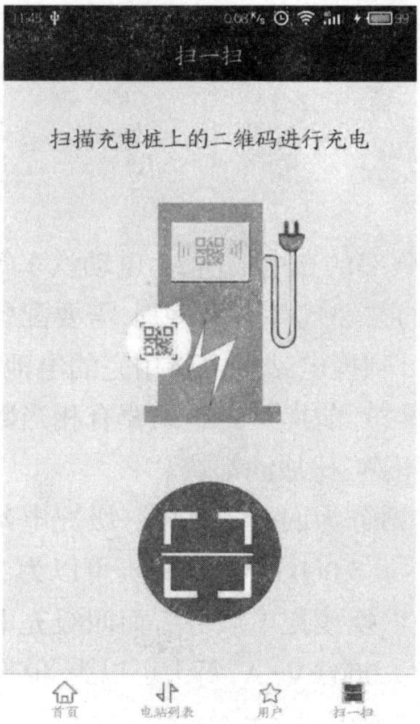

图 5-52　扫一扫界面

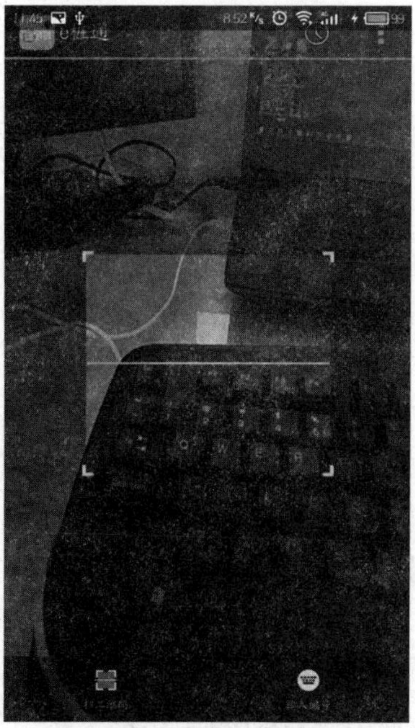

图 5-53　扫描二维码界面

扫描界面底部有两个按钮，“扫二维码”“输入编号”，如图 5-53 所示；单击“扫二维码”

后扫描电桩上的二维码即可开启充电流程,详情见“电桩列表”模块,单击“输入编号”扫描二维码界面切换至输入标号界面,如图 5-54 所示,输入充电桩上电桩编号,单击“确认”按钮即可开启充电流程,详情见“电站列表”模块。

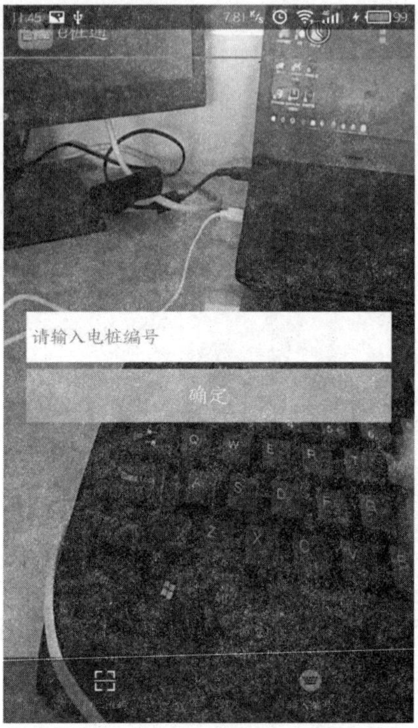

图 5-54 输入编号界面

5.3 充电站建设规范要求

电动汽车充电站和汽车加油站相类似,是一种高效率的充电场所,为电动汽车等提供快充、慢充、换电等模式的续航。换电模式是更换电池的方法代替充电过程,需要配备备用电池,当一块电池电量用完后自动切换到另一块,此时可到换电站将电量用完的电池换下,装上满电的电池。而换下的电池由充电站统一充电和维护,前提是充电站要有相当数量的备用电池。这个方法优点是快速,用户换完电池就可以上路,比加油都快。

根据动力蓄电池存储能量、充电服务能力将充电站分为四级。其中一级充电站的蓄电池存储能量不小于 6 800 kW · h,或单路配电容量不小于 5 000 kV · A,每天可以为 200 台次以上大中型商用车,或 500 台次以上乘用车提供电池更换或充电服务。而四级充电站的蓄电池存储能量小于 1 700 kW·h,或单路配电容量小于 1 000 kV·A,每天可以为 40 台次以下大中型商用车,或 100 台次以下乘用车提供电池更换或充电服务。

根据充电站的服务特性,其规划布局要遵循“面线结合”的原则。参考国家电网公司目前的充电站布局原则:市、县、乡道由各地市根据实际情况另行制定指标标准;市区充电站服务半径应控制在 0.9~1.2 km。

充电站宜与现有公共服务设施合建，合建后不应影响原有设施的安全与使用功能。根据交通影响评价，城区内充电站宜靠近城市道路，但不宜设置在城市干道的交叉路口和交通繁忙路段附近。其中，公交用电动汽车充电站宜设置在公交场站内，其他专用电动汽车充电站设置在相应的停靠站内。充电站不应设在有剧烈振动、高温、地势低洼和可能积水的场所。

充电站的充电桩附近应设防撞柱（栏），其高度不低于 0.8 m。充电机的充电连接器放置处应有明显的文字标识和警示标识，充电站要在醒目位置张贴安全警告标识、消防安全标志和图像采集区域标志，并设置火灾自动报警装置。充电区、电池存储区等场所还要设置可燃气体报警系统。与加油加气站共建的充电站，电池充电设备、电池更换设施与危险性设备爆炸危险区域边界线、柴油设备外缘的距离均不得小于 3 m。充电站的入口和出口应分开设置，从入口到出口至少有 2 条车道。充电站内车道宽度不小于 4 m，站内的道路转弯半径不宜小于 9 m。充电区、电池存储区和更换区不得采用沥青路面。

5.3.1　充电站建站设计依据

充电站建站设计主要遵照以下国家标准、行业标准、公司标准、设计规范及国家和地方的建设指导意见等进行设计。

1. 国家和地方的建设指导意见

（1）《电动汽车充电基础设施发展指南（2015—2020 年）》（国家能源局发布）。

（2）《国务院办公厅关于加快电动汽车充电基础设施建设的指导意见》（国办〔2015〕73 号）。

（3）《住房城乡建设部关于加强城市电动汽车充电设施规划建设工作的通知》（建规〔2015〕199 号）。

（4）《电动汽车充电设施典型设计》（QGDW_Z_423—2016）。

（5）《天津市新能源汽车充电基础设施建设运营管理办法 2016—2020》（津发改工业〔2017〕4 号）。

2. 充电站相关技术标准

（1）《电动汽车充电站设计规范》（GB 50966—2014）。

（2）《电动汽车充电站通用要求》（Q/GDW 10236—2016）。

（3）《电动汽车充电站布置设计导则》（Q/GDW 10237—2016）。

（4）《电动汽车充电站供电系统规范》（Q/GDW 238—2009）。

（5）《电动汽车充换电设施术语》（GB/T 29317—2012）。

（6）《电动汽车充电设施电能技术要求》（GB/T 29316—2012）。

（7）《电动汽车非车载充电机电能计量》（GB/T 29318—2012）。

（8）《电动汽车交流充电桩电能计量》（GB/T 28569—2012）

（9）《电动汽车传导充电用连接装置》（GB/T 20234.1~3—2015）。

（10）《电动车辆传导充电系统》（GB/T 18487.1~3—2015）。

（11）《电动汽车电能供给与保障技术规范充电设施标志与设置》（DB11/Z823—2011）。

3. 电气相关技术标准

（1）《交流电测量设备通用要求、试验和试验条件》（GB/T 17215.211—2006）。

（2）《静止式有功电能表 0.2S 级和 0.5S 级》（GB/T 17215.322—2008）。

（3）《电能质量电压波动和闪变》（GB 12326—2008）。

（4）《电力工程电缆设计规范》（GB 50217—2016）。

（5）《电能计量装置技术管理规程》（DL/T448—2016）。

（6）《电力用直流电源监控装置》（DL/T 856—2004）。

（7）《电力系统直流电源设备通用技术条件及安全要求》（JB/T 5777.4—2000）。

（8）《35 kV 及以下客户端变电所建设标准》（DGJ32/J14—2007）。

（9）《电能质量公用电网谐波》（GB/T 14549—1993）。

4. 土建相关技术规范

（1）《砌体结构设计规范》（GB 50003—2011）。

（2）《地基基础设计规范》（GB 50007—2011）。

（3）《建筑结构荷载规范》（GB 50009—2012）。

（4）《混凝土结构设计规范》（2015 年版）（GB 50010—2010）。

（5）《建筑抗震设计规范》（2016 年版）（GB 50011—2010）。

（6）《建筑设计防火规范》（GB 50016—2014）。

（7）《建筑地面设计规范》（GB 50037—2013）。

（8）《屋面工程技术规范》（GB 50345—2012）。

（9）《建筑物防雷设计规范》（GB 50057—2010）。

（10）《建筑电气工程施工质量验收规范》（GB 50303—2015）。

（11）《建筑工程施工质量验收统一标准》（GB 50300—2013）。

（12）《建筑地基基础工程施工质量验收规范》（GB 50202—2002）。

（13）《混凝土结构工程施工质量验收规范》（GB 50204—2015）。

（14）《钢结构设计规范》（GB 50017—2017）。

（15）《汽车库建筑设计规范》（JGJ 100—2015）。

（16）《汽车库，修车库，停车场设计防火规范》（GB 50067—2014）。

（17）《城市道路和建筑物无障碍设计规范》（JGJ 50—2001）。

（18）《建筑照明设计标准》（GB 50034—2013）。

5. 给排水设计规范

（1）《建筑给水排水设计规范》（2010 年修订版）（GB 50015—2003）。
（2）《室外给水设计规范》（GB 50013—2006）。
（3）《室外排水设计规范》（GB 50014—2006）。
（4）《自动喷水灭火系统设计规范》（GB 50084—2017）。
（5）《建筑灭火器配置设计规范》（GB 50140—2005）。
（6）《给水排水制图标准》（GB/T 50106—2010）。

6. 配电一次系统设计规范

（1）《民用建筑电气设计规范》（JGJ 16—2008）。
（2）《供配电系统设计规范》（GB 50052—2009）。
（3）《20 kV 及以下变电所设计规范》（GB 50053—2013）。
（4）《低压配电设计规范》（GB 50054—2011）。
（5）《通用用电设备配电设计规范》（GB 50055—2011）。

7. 配电监控系统相关标准

（1）《配电系统自动化规划设计导则》（Q/GDW 11184—2014）。
（2）《配电自动化主站系统功能规范》（Q/GDW 513—2010）。
（3）《远动设备及系统》（IEC 870—2002）。
（4）《远动终端通用技术条件》（GB/T 13729—2002）。
（5）《地区电网数据采集与监控系统通用技术条件》（GB/T 13730—2002）。
（6）《变电站通信网络和系统》（IEC 61850—2004）。
（7）《计算机场地技术条件》（GB 2887—2011）。
（8）《循环式远动规约》（DL 451—1991）。
（9）《配网管理系统接口》（IEC 61968—2002）。

8. 视频监控系统相关标准

（1）《通用性应用电视设备可靠性试验方法》（GB 12322—1990）。
（2）《防盗报警控制器通用技术条件》（GB 12663—2001）。
（3）《工业电视系统工程设计规范》（GBJ 115—1987）。
（4）《网络电视电话系统和终端设备标准》（ITU-T H.323—1996）。

5.3.2　充电站选址的规范要求

根据《电动汽车充电站设计规范》（GB 50966—2014）的技术要求，充电设施总体布置应便于使用、管理、维护及车辆进出，应保障人员及设施的安全，选址要符合下列要求。

（1）充电站是中低压配电网的重要组成部分，其站址选择应兼顾电网规划的要求，并与电网规划、建设与改造密切结合，以满足电力系统对电力平衡、供电可靠性、电能质量、自动化等方面的要求，并结合变电站的建设、改造进行科学、合理的选址。

（2）充电站选址应便于供电电源的取得，宜接近供电电源端，并便于供电电源线路的进出。

（3）公共充电站应选择在进出车便利的场所。进出口宜设置在支路或有辅道道路的辅道旁，不应设置在主干道或快速路主道旁，不应设置在交叉口附近。充电区单车道宽度不应小于 3.5 m，双车道宽度不应小于 6 m。转弯半径按照电动汽车类型确定且不宜小于 9 m；道路坡度不应大于 6%，且坡向站外。

（4）公共充电站入口和出口应分别设置车道与站外道路连接，充电站与站外市政道路之间应设置缓冲距离或缓冲地带，便于电动汽车进出和充电等候。

（5）专用电动汽车数量较多时，宜设置专用充电站。充电设施应靠近充电区停车位设置，电动汽车在停车位充电时不应妨碍站内其他车辆的充电与通行。

（6）电动公共汽车使用的专用充电站宜设置在公交汽车枢纽站、公交专用停车场附近。

（7）充电站应充分利用临近的道路、交通、给排水、消防等公用市政设施。

（8）充电站应满足消防安全的要求，与其他建筑物、构筑物之间的防火间距应参照《建筑设计防火规范》（GB 50016—2006）、《火力发电厂与变电站设计防火规范》（GB 50229—2006）的要求。

（9）充电站不应设在有爆炸危险环境场所的正上方或正下方，当与有爆炸危险的建筑物毗邻时，应满足《爆炸危险环境电力装置设计规范》（GB 50058—1992）的要求。

（10）充电站不应设在有剧烈振动或高温的场所。

（11）不宜设在多尘、水雾或有腐蚀性气体的场所，当无法远离时，不应设在上述场所风向的下风侧。

（12）充电站不应设在厕所、浴室等场所的正下方，安装电气设备的功能用房不应与上述场所贴邻。

（13）充电站不应设在室外地势低洼易产生积水的场所和易发生次生灾害的地点。

（14）充电站应预留一定的备用场地。

（15）充电区应考虑安装防雨设施，以保护站内充电设施、方便进站充电。

5.3.3 用电负荷及负荷等级

1. 主要用电负荷

充电站主要用电负荷包括充电机、各监控装置、通风装置、站内其他动力设备及照明等。

负荷计算原则如下。

（1）方案设计阶段可根据电动汽车停车位进行负荷估算；初步设计及施工图设计阶段，宜根据现场使用需要进行负荷计算。

（2）现有停车位配建充电设施应考虑变压器容量，用电高峰时变压器负载率，采用单母线接线时不应超过 100%，采用单母线分段接线时不应超过 60%。

（3）接入充电设施造成配电变压器过载运行时，应采取技术手段加以改善，宜有限考虑对充电功率和充电时间段进行优化控制，必要时进行配电设施增容改造，增容时应结合周边负荷发展，适当留有裕度。

（4）新建住宅配建停车场，100% 建设充电设施或预留建设安装条件（包括区域配电柜和末端配电箱预留、电力管线预埋和用电容量预留）。

2. 负荷等级

根据《供配电系统设计规范》（GB 50052—2009）和《关于加强重要电力用户供电电源及自备应急电源配置监督管理的意见》（电监安全〔2008〕23 号）中对电力用户性质划分的有关规定，按照充电站在经济社会中占有的重要程度，划分为下列两类电力用户。

（1）在政治上具有重大影响，或中断供电将对社会公共交通产生较大影响，在一定范围内造成社会公共次序严重混乱、造成企事业单位较大经济损失的充电站属二级电力用户。

（2）不属于二级电力用户的其他充电站为三级电力用户。充电桩为三级电力用户。

3. 供电电源要求

属于二级电力用户的充电站宜由两回路中压供电电源供电，两回路中压供电电源宜引自不同变电站，也可引自同一变电站的不同母线段。每回路供电线路应能满足 100% 用电负荷的供电要求；属于三级电力用户的充电站由单回路中压供电电源供电。

（1）充电站应采用 10（20）kV 电压等级供电。

（2）交流充电桩应采用 380 V 或 220 V 电压等级供电。

（3）直流充电桩应采用 380 V 电压等级供电。

4. 充电负荷容量计算

$$S_\Sigma=K_tK_xC_n(K_nP_n+K_mP_m)/(\eta\cos\varphi)$$

式中　S_Σ——电压器总安装容量（kV·A）；

η——变压器负载率，取 0.7~0.75；

$\cos\varphi$——补偿后功率因数，取 0.95；

P_n——交流充电桩（慢充）安装功率，取 7 kW；

P_m——直流充电桩（快充）安装功率，取 60 kW 作为基数（一般有 20 kW、30 kW、60 kW、120 kW）；

K_n——慢充停车位配置数量比例系数（即实际慢充停车位数量 / 小区规划停车位数量），近期系数取 0.20，远期系数取 0.45；

K_m——快充停车位配置数量比例系数（即实际快充停车位数量 / 小区规划停车位数量），近期系数取 0.02，远期系数取 0.045；

K_x——充电桩需要系数，充电桩数量（慢充＋快充），5~10个，取0.75~0.85；10~50个，取0.55~0.65；50个以上，取0.4~0.45；

K_t——充电桩同时使用系数，充电桩数量（慢充＋快充），5~50个，取0.85~0.90；50个以上，取0.6~0.7；

C_n——小区规划停车位数量。

目前，充电设备在国内大范围应用还比较少，系数 K_t 和需要系数 K_x 较难选取。K_t 和 K_x 的选取主要与下面因素有关。①电动车的使用情况，目前电动汽车总体数量不多，充电设备本身的利用率不高；各建筑具体情况各不相同。②即使同时充电，各电动车之间的电池状态、性能等各不相同。③小区交流充电桩（慢充）和直流充电桩（快充）一般使用时间在不同时段。设计人员应结合各地电动汽车的发展情况和工程实际，合理选取。

5.3.4 电气设计规范要求

根据《国家电网公司电动汽车充放电站建设指导意见》，对于大型站0.4 kV侧采用单母线分段接线方式，设进线柜、有源滤波无功补偿柜、出线柜，两段母线之间设分断联络柜；中型站0.4 kV侧采用双路进线（一主一备），单母线接线方式，设进线柜（带计量）、有源滤波无功补偿柜、出线柜，备用电源进线柜（带计量）。关键电气设备应选用经国家质量监督检查检测部门检验合格的产品，电气和电子设备应具有3C或其他相关的认证标志。电气设备选择规范要求如下。

1. 开关柜

根据出线断路器的容量，出线柜采用抽屉柜或固定式开关柜。额定工作电流500 A以下的断路器，采用普通塑壳断路器，并采用抽屉式安装；额定工作电流500 A及以上的断路器，采用框架断路器，固定式安装。

（1）宜选用小型化、无油化、紧凑式、免维修或少维护的电气设备。

（2）高压配电装置宜采用组合电器开关柜。当单台油浸式变压器额定容量为630 kV·A及以下、干式变压器额定容量为800 kV·A及以下，变压器回路宜采用负荷开关－熔断器形式。

（3）低压开关柜宜采用金属封闭抽出式开关柜。

2. 断路器数量选择

每台直流充电机独立设置一路出线断路器，4～6台交流充电机设置一路出线断路器，充电站内用电路设置一路出线断路器，通过站内交流配电箱分别给站内照明、空调、风机、插座等设备供电。断路器配置辅助触点和报警开关，以便和综合自动化系统配合工作。

3. 变压器选择

（1）变压器类型选择：根据目前电动汽车充电站负荷变化大、空载时间长的特点，应采用节能环保型变压器，建议选用非晶合金变压器。与《干式电力变压器技术参数和要求》（GB/T 10228—1997）相比，其空载损耗仅为规定值的 25%~30%，负载损耗为规定值的 85%。因此可以大大降低变压器损耗。在满足消防条件下，宜优先选用油浸式变压器，小容量的亦可选用干式变压器。单台变压器的额定容量不宜大于 1 600 kV · A，装有两台及以上变压器的二级电力用户充电站，当其中任意一台变压器退出运行后，剩余的变压器容量应能满足全部二级用电负荷的用电。属于三级电力用户的充电站，可选用两台绕组结线分别为 Dyn11 和 Yyn0 的配电变压器，以减小谐波对公用电网的影响。

（2）配电变压器容量选择：配电变压器容量（S_N）选择主要根据充电站充电机输出功率（P）折算的输入容量（S）、充电机数量（N）、充电机同时系数（K_x）及变压器最佳负荷率（β_m），功率因数（$\cos\varphi$）决定。考虑到充电站配电系统安装了有源滤波无功补偿装置，$\cos\varphi$ 可以达到 0.95，充电机容量折算采用简易算法。

$$S=P/(\eta\cos\varphi)$$

式中　η——充电机工作效率，高频整流充电机取 0.95，相控整流充电机为 0.85。

配电容量为

$$S_N = K_x \times (\sum S + S_e) / \beta_m$$

式中　K_x——充电机同时系数，由充电机数量决定，取值范围 0.5~0.8；

β_m——变压器最佳负荷率，取 0.8；

S_e——除去充电机外其他充电站用总负荷容量，包括照明、办公用电负荷等。

4. 低压配电线路

低压配电柜、整流柜、充电桩之间采用 YJV 系列电力电缆在电缆沟内敷设；综合办公室内采用 BV 导线穿可扰金属管暗敷。

5. 电气设备布置

（1）电气设备的布置应遵循安全、可靠、适用的原则，并便于安装、操作、搬运、检修、试验。电气设备的布置应符合《20 kV 及以下变电所设计规范》（GB 50053—2013）和《低压配电设计规范》（GB 50054—2011）的要求。

（2）充电机、监控室、营业厅应布置在建筑物首层，高压开关柜、变压器、低压开关柜等宜布置在建筑物首层。

（3）变压器、高压开关柜、低压开关柜、充电机及监控装置宜安装在各自的功能房间，以利于电气设备的运行、便于维护管理。

（4）当成排布置的低压开关柜长度大于 6 m 时，柜后应有两个出口通道。当两个出口之间的距离大于 15 m 时，其间应增加出口。

（5）当受到条件限制时，低压开关柜与充电机可安装在同一房间。或采取变压器与低压开关柜设置同一房间，但变压器应选用干式，且外壳防护等级不低于 IP20。

（6）当受到条件限制时，变配电设施与充电机可设置在户外组合式成套配电站中，其基础应适当抬高，以利于通风和防水。

（7）变压器室不宜与监控室贴邻布置或位于正下方，不能满足时应采取防止电磁干扰措施。

（8）高压开关柜、变压器、低压开关柜、充电机、监控装置宜安装在各自的功能房间内。

5.3.5 电气照明的规范要求

1. 照度标准

充电站各场所照度标准见表 5-3。

表 5-3 各场所照度标准

场所名称	参考平面极其高度 /m	照度标准值 /1x	统一眩光值 *UGR*	显色指数 *Ra*
变压器室	地面	100	—	20
高低压配电室	0.75 m 水平面	200	—	60
监控室	0.75 m 水平面	500	19	80
充电机室	0.75 m 水平面	300	22	80
办公室	0.75 m 水平面	300	19	80
营业厅	0.75 m 水平面	300	22	80
走道	地面	50	—	80
门厅	地面	100	—	—
仓库	1.0 m 水平面	100	—	60
充电区	地面	75	—	20
卫生间	0.75 m 水平面	100	—	—
疏散通道	地面	>5	—	—

2. 照明光源和照明要求

照明光源的选择应符合国家现行标准的相关规定。照明要求如下。

（1）照明种类有工作照明和疏散照明。

（2）照明灯具布置时应满足各场所的工作、应急、标识等要求。

（3）应急疏散照明的备用电源连续供电时间不应少于 30 min。

（4）充电室、变压器室、高低压配电室、监控室、营业厅和疏散通道应设置应急疏散照明。

3. 电气照明配电

照明配电系统中，照明和插座回路不宜由同一回路供电。插座回路的电源侧应设置剩余电流动作保护装置，其额定动作电流为 30 mA。

5.3.6　防雷、接地的规范要求

1. 一般要求

（1）充电站防雷与接地要求应满足《建筑物防雷设计规范》（GB 50057—2010）和《交流电气装置的接地设计规范》（GB 50065—2011）中的规定。

（2）充电站的防雷分类应符合《建筑物防雷设计规范》（GB 50057—2010）中第 3 章的要求。

（3）充电站防雷区的划分应符合《建筑物防雷设计规范》（GB 50057—2010）中 6.2.1 条款的要求。

（4）充电站应采取防直击雷和防雷击电磁脉冲的措施。

2. 防雷击电磁脉冲要求

（1）当电源采用保护接零 TN 系统时，从建筑物总配电箱起供电给本建筑物内的配电线路和分支线路必须采用保护线与中性线分布的 TN-S 系统。

（2）在需要保护的空间内，采用屏蔽电缆时其屏蔽层应至少在两端，并宜在防雷区交界处做等电位连接，系统要求只在一端做等电位连接时，应采用两层屏蔽或穿钢管敷设，外层屏蔽或钢管应至少在两端，并宜在防雷区交界处做等电位连接。

（3）当互相邻近的建筑物之间有电气和电子系统的线路连通时，宜将其接地装置互相连接，可通过接地线、PE 线、屏蔽层、穿线钢管、电缆沟的钢筋、金属管道等连接。

（4）充电站内的变压器、高低压开关柜、充电装置、照明配电箱、监控设备、照明灯具的金属外壳等主要金属物，应就近连接至防直击雷接地装置和电气设备、信息系统的共用接地装置上。

（5）电涌保护器安装位置、放电电流和有效电压保护水平等的选择应符合表 5-4、表 5-5 和《建筑物防雷设计规范》（GB 50057—2010）中 6.4 条款的要求。

表 5-4　建筑物内 220 V/380 V 配电系统中设备绝缘耐冲击电压额定值

设备安装位置	电源处设备	配电线路、分支线路设备	一般用电设备	充电机、监控设备
耐冲击过电压类别	Ⅳ类	Ⅲ类	Ⅱ类	Ⅰ类
耐冲击电压额定值 /kV	6	4	2.5	1.5

3. 接地要求

（1）充电站的低压系统电源中性点、电气装置外露导电部分的保护接地、保护等电位连接的接地极，可与建筑物的雷电保护接地共用同一接地装置。共用接地装置的接地电阻不应大于 4 Ω。

表 5-5 直流电源设备耐冲击过电压额定值

设备名称	额定电压 /V(直流)	混合冲击波	
		冲击电击 /kV	冲击电流 /kA
DC/AC 逆变器	-24 或 48 或 -60	0.5	0.25
DC/DC 变换器			
机架直流电源入口			
直流配电屏	-24、-48、-60	1.5	0.75

注:混合波开路电压为 1.2/5 μs,短路电流 8/20 μs。

(2)充电站内防接触电压和跨步电压的措施,应符合《建筑物防雷设计规范》(GB 50057—2010)中 4.5.6 条款的要求。

5.3.7 监控系统规范要求

1. 监控系统的功能

(1)监控系统能将充电站的充电机、充电车辆、视频监视、火灾自动报警及站内其他设备的状态信息、参数配置信息、充电过程实时信息等进行集成,应用微机及网络通信技术,构成完整的自动化及管理系统,实现站内设备的监视、保护、控制、管理和事故情况下的紧急处理。

(2)充电桩的相关信息宜通过专用通信网上传至配电站终端,并由该终端上传至相关系统。

2. 监控系统电源

充电站宜设置一套交流不间断电源,以满足站内监控系统的需要。其容量宜按 3 kV·A 冗余配置。

5.3.8 充电站安全防护的规范要求

充电站应为电动汽车动力蓄电池提供安全的充电场所,在充电过程中监控充电设备及被充电的动力蓄电池,以保证电能安全传输给动力蓄电池。即使在正常使用中有疏忽,也不应给周围的人员和环境带来重大危险。

1. 建筑物的防火

(1)充电站的建构筑物的防火应符合《汽车库、修车库、停车场设计防火规范》(GB 50067—2014)的要求。

(2)充电站不应设在有爆炸危险的环境场所的正上方或正下方,当与有爆炸危险的建筑物毗邻时,应满足《爆炸危险环境电力装置设计规范》(GB 50058—2014)的要求。

（3）充电站内的变压器室、配电室、蓄电池室应采用耐火极限不低于2.00 h的防火隔墙与其他部位隔开，门应向疏散方向开启；当门外为公共走道或其他房间时，应采用乙级防火门；中间隔墙上的门应采用由不燃材料制作的双向弹簧门。

（4）充电站内的监控室、办公室、休息室应采用耐火极限不低于2.00 h的防火隔墙与其他部位隔开，监控室的门应采用乙级防火门；门应通向无爆炸、无火灾危险的场所；当设计房间额定人数小于15人时，门宽及楼梯宽度不应小于0.9 m，当设计房间额定人数大于或等于15人时，门宽及楼梯宽度不应小于1.1 m，非抗爆结构设计的窗应朝无爆炸、无火灾危险的方向设置。

（5）电缆从室外进入室内的入口处、电缆竖井的出入口处、电缆接头处、监控室与电缆夹层之间以及长度超过100 m的电缆沟或电缆隧道，均应采取防止电缆火灾蔓延的阻燃或分隔措施，并应根据充电站的规模及重要性采取下列一种或数种措施：

①采用防火隔墙或隔板，并用防火材料封堵电缆通过的孔洞；

②电缆局部涂防火涂料或局部采用防火带、防火槽盒；

③可使用耐火电缆。

（6）设置消防设施和充电装置的位置处应设置明显的标识。

2. 电力设备的防火

（1）变压器室、配电室、户外电力设备耐火等级应符合《火力发电厂与变电所设计防火规范》（GB 50229—2006）第11章的规定。

（2）电力设备的消防安全要求应符合《电力设备典型消防规程》（DL 5027—2015）有关规定。

（3）电力电缆不应与热力管道、输送易燃、易爆及可燃气体管道或液体管道敷设在同一管沟或竖井内。

（4）带电设备设置场所，应按照中危险级配置干粉灭火器或二氧化碳灭火器，但不得配置装有金属喇叭喷筒的二氧化碳灭火器，并应符合《建筑灭火器配置设计规范》（GB 50140—2005）。存放蓄电池的场所，应设置推车式D类灭火器，每个灭火器的灭火剂充装量不应小于30 kg。

3. 消防设施及警报装置

（1）消防设施放置或装设地点的环境条件应符合相应产品或设施的正常使用要求。

（2）充电站内灭火器的配置应符合《建筑灭火器配置设计规范》（GB 50140—2005）的要求。

（3）消防用砂应保持充足和干燥。消防沙箱、消防桶和消防铲、斧把上应涂红色。

（4）室内可能出现可燃气体或有毒气体时，应设置相应气体浓度检测报警器。

（5）电动汽车充电站建筑物灭火器的配置应符合《建筑灭火器配置设计规范》（GB 50140—2005）的有关规定。室外充电区灭火器的配置应符合下列要求：

①不考虑插电式混合动力汽车进入时，充电站应按轻危险级配置灭火器；

②考虑插电式混合动力汽车进入时，充电站应按严重危险级配置灭火器。

4. 消防给水

（1）电动汽车充电站应同时设计消防给水系统。消防水源应有可靠的保证。

（2）电动汽车多层立体充电站消防给水系统的设置应符合《汽车库，修车库，停车场设计防火规范》（GB 50067—2014）的规定，同一时间内的火灾次数应按一次灭火用水量确定。

5. 消防供电及照明

（1）消防用电设备应采用单独的供电回路，当发生火灾切断生产、生活用电时，仍应保证消防用电，其配电设备应设置明显标志。

（2）控制室、配电室、消防水泵房和疏散通道应设置火灾应急照明。

（3）人员疏散用的应急照明的水平照度不应低于 1.0 lx，继续工作应急照明不应低于正常照明照度值的 10%。

（4）火灾应急照明的备用电源连续供电时间不应少于 30 min。

5.3.9 标识系统规范要求

充电设施的标识应符合现行国家标准《图形标志 电动汽车充电设施标志》（GB/T 33525—2015）的规定。充电设施的停车场所内部宜设充电设施导引标志和电动车专用标示。国网公司充电站标识系统采用国网绿为颜色基调（图 5-55），应用醒目简洁的设计突出环保性、宣传性、未来性的设计理念。依据设置标识的目的以及其所依附的建筑物或构筑物，标识系统设计分为三个层次：远距离、中距离、近距离。

图 5-55 效果图

1. 远距离标识

大雨棚由于体量最大，比较醒目，其周边的标识的主要目的是使得充电站从城市建筑的背景中剥离出来，使充电站具有明确的可识别性。从很远的地方通过标识系统的色彩，文字及建筑的体量，可以意识到此处有充电站存在，吸引人的注意力。在大中型充电站中雨棚高度为 7.8 m。中小型充电站雨棚也可采用膜结构，由钢结构和张拉膜组成（图 5-56），造型新颖独特，白色的外表给人一种整洁的感觉。

图 5-56　钢结构雨棚

2. 中距离标识

充电站入口处的三角形平面的标识柱，可以在中距离的位置以及各个角度都可以清楚识别，根据预算及宣传营运的要求，可在标识柱上除以醒目字体标注充电站名称等外，还可以 LED 显示屏等方式显示充放电站使用情况及价格变动等动态的内容。标识柱设计高度为 8.8 m，如图 5-57 所示。

3. 近距离标识

近距离标识位于建筑的入口处，采用灯箱牌、小型标识柱、围栏广告等方式，显示国网标识或其他宣传广告，如图 5-58 所示。

标识选用原则如下。

（1）占地面积大于等于 1 500 ㎡的大中型充电站，可选用大型停车雨棚、门口设标识柱、综合办公室灯箱牌及穿孔铝板围栏广告牌结合的方式建立完整的标识体系。

（2）占地面积 500 ㎡以上的中型充电站可考虑设置中小型雨棚、小型标识柱及灯箱牌的方式建立标识体系。

（3）小型充电站可简单采用灯箱牌和小型标识柱的方式建立标识体系。

图 5-57　标识柱

图 5-58　灯箱牌

5.4　充电站建站分析

城市充电网络（图 5-59）包括专用充电站、大型集中式充电站、分散式充电站。

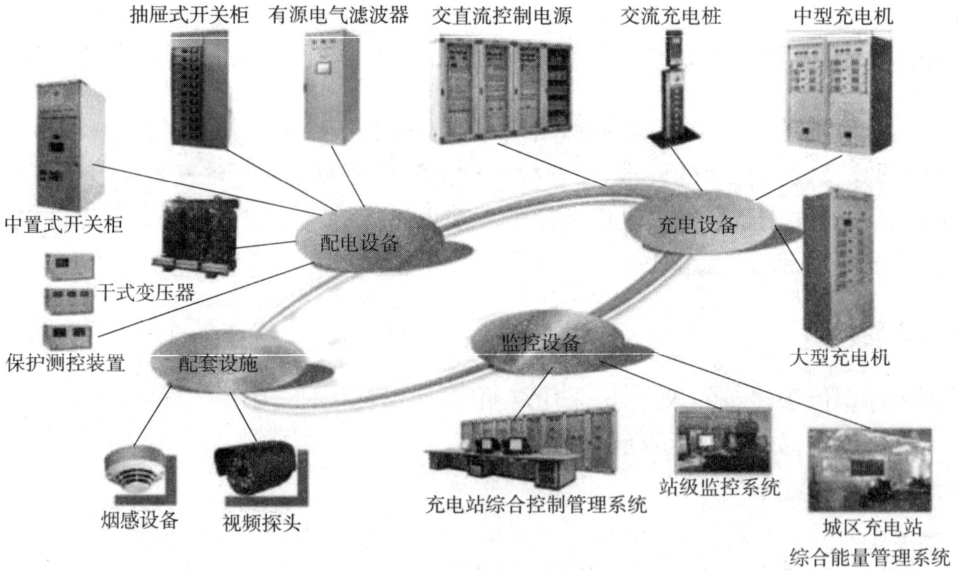

图 5-59　城市充电网络

专用充电站：如公交车充电站、出租车充电站、环卫车充电站，这些充电站一般是专门为特定车辆运营提供充电服务，不对外开放。

大型集中式充电站：面向社会车辆提供充电服务，一般服务对象为社会乘用车、公务用车，这些充电站建设于城市周边，如地下停车场、地上停车场等，充电桩数量较多，配有充电运营服务管理系统，可实现 APP 操作充电、付费。

分散式充电基站：一般只有 1~5 套充电设备，有交流充电桩、直流充电机，分布于城市各个区域，如小区停车场、商场停车场、路边空地，这些充电设备与大型集中式充电站构成城市完整的充电网络，每 3 km 至少设置有一套充电系统（交直流充电系统），远期将建成每 1 km 至少设置一套充电系统。

5.4.1　电动公交车建站方案分析

公交车运营集中，夜间停靠集中、运营时间有规律，在普及电动汽车的发展道路上，公交车有绝对的优势。纯电动公交车充电站有充电、换电两种方式。

公交车充电方式由非车载充电机完成交直流变换，充电功率较大，从几十千瓦到上百千瓦。充电时间较长，至少要 3~6 h。优点是建设成本、硬件成本、充电技术难度较低，人工操作简单，充电标准容易统一，能适用于多种车型，投资少建设快，利用夜间电力低谷阶段集中充电，保证充电时段电压相对稳定。

电池快速更换是用事先充满电的电池组更换车辆上的电池组，国内设备基本可在 5~10 min 完成电池更换，实现了电动车电能快速补给。换电模式由于其众多优点目前已发展成为电动汽车的一种能源供给模式，但依然面临电池技术与投资成本、安全性与责任界定、标准体系建设等众多问题。电池标准不一让换电难实现且各车企建换电站目前还行不通，换电模式让装电池的部件有更多的磨损，且易导致松动，极大地影响到车辆的安全，换电需要大量的电池储备，产业规模巨大，产业链协调较难。换电模式是否能取得突破性进展，主要取决于这些难题是否可以得到合理解决。

充电与换电方式的选择不能单纯从车辆方面考虑，需要从公交应用需求、设备技术可行性、电网安全、电动车整体经济性等各方面系统地看问题，选择合理的电能供给方式。

1. 电动公交车充电站的通用设计要求

公交车充电采用一车一桩、一车两桩直流充电的方式，利用夜间 4~6 h 将电动公交车的电池充满，白天利用闲时进行补电，安全满足每天运营的公里数。一般车辆电池会有剩余容量，所以夜间充电时间会少于 6 h。

1）充电方案分析

通常电动公交电池组总容量为 200~300 kW · h，通常配置充电机功率为 60~120 kW，直流输出电压 300~700 V。

充电电量 = 充电机额定功率 × 充电总时间 × 充电系数

充电系数是指充电过程中通信确认、安全检测、充电策略而分配输出功率所消耗时间所占的比例，一般选 0.85。

60 kW 夜间充电量 =60 kW × 6 h × 0.85=306 kW·h

120 kW 夜间充电量 =120 kW × 3 h × 0.85=306 kW·h

2）配置充电桩的计算

充电桩输出电压

$U=1.1U_a$

式中 U_a——车辆电池组额定工作电压。

充电桩最大输出电流

$I=1.2I_a$

式中 I_a——车辆电池组能承受的最大充电电流。

充电桩功率

$P=UI$

总充电量

$W_{总}=N_1W_1+N_2W_2+\cdots$

式中 N——车辆种类;

W——车辆电量。

3)车位设计规范要求

建筑工程总平面应保证基地内有车辆环通道路或回转场地,并符合机动车流与上下客及停车库(场)之间交通组织的要求。基地内部道路应设双车道,供大型公交车通行的宽度不应小于 15.0 m,回转道路场地应保证转弯半径不小于 12.0 m,宽度不小于 6.0 m。当停车数小于 40 辆时,可采用单车道,宽度不应小于 6 m,但在人流上下处,应设双车道,其长度不宜小于 76 m。

有大量出租车的火车站、长途汽车站、港口码头、航空港口、体育中心、会展中心等公共建筑,当公交车停车数大于等于 30 辆时,应在主体建筑人流主出入口处设置专用的出租车排队候客车道,候客车道宽度不应小于 3.0 m,可有多个车道组成,其总长度应按公式计算,每条车道最小长度不应小于 20 m。

$L=0.25n$

式中 L——候客车道长 (m);

n——核定总停车数 $n\geqslant 50$;

设计采用标准车型应符合的规定见表 5-6。

表 5-6 车型尺寸

项目车型 \ 尺寸		外廓尺寸 /m		
		总长	总宽	总高
机动车	微型汽车	3.50	1.60	1.80
	小型汽车	4.80	1.80	2.00
	中型汽车	9.00	2.50	3.20(4.00)
	大型客车	12.00	2.50	3.20
	铰接客车	18.00	2.50	3.20

注:括号内尺寸用于中型货车。

2. 电动公交充电站案例分析

1)设计输入

建设用地为 200 亩、100 亩、60 亩,建 A/B/C 三座大型电动公交车充电站,每个站有车辆 40 辆、32 辆、30 辆,车型有 K1、K2 两种, K1 种车蓄电池工作电压 576 V、蓄电池容量 172 A · h、车辆续航里程 140 km,K2 种车蓄电池工作电压 528 V、蓄电池容量 240 A · h、车辆续航里程 120 km。A 站的车辆单程线路在 30~40 km,每天 3~4 个循环,每次进出站所停留时间是 30 min,夜间停留站内时间 9 h。B 站的车辆单程线路在 15~20 km,每天 5~6 个循环,每次进出站所停留时间是 20 min,夜间停留站内时间 9 h。C 站的车辆单程线路在 47 km,每天 3 个循环,每次进出站所停留时间是 30 min,夜间停留站内时间 9 h。

根据以上输入条件,下面来确定几个主要问题:①匹配合适公交车充电桩;②根据国家建筑设计准则要求设计车位位置;③根据车位设计充电桩数量;④根据充电桩设计电力输配能力和变压器容量等。

2)配桩计算

Ⅰ. 按照满足夜间充电能力计算

A 站 40 辆电动公交车, K1 类有 38 辆、K2 类 2 辆,按照夜间 3~6 h 将所有车辆电量从 0% 充至 100% 计算:

$$W_{总}=38W_1+2W_2$$
$$=38\times 99+2\times 126=3\ 762+252=4\ 014\ \text{kW·h}$$

$$P_{总}=W_{总}/H=401\ 4/6=669\ \text{kW}$$

$$P_{总}=W_{总}/H=4\ 014/3=1\ 338\ \text{kW}$$

单台充电桩

$$P_1=1.3P_{总}/40$$

在 22~45 kW。

根据充电桩产品序列,选择一机双充直流充电桩。单口功率选择标称功率 60 kW,单台充电桩的功率

$$P=60\times 2=120\ \text{kW}$$

充电桩数量

$$N=(38+2)/2=20\ 台$$

B 站 32 辆、C 站 30 辆都是 K1 类车,依据上面计算方式,P_1 在 21.5~42.9 kW,为了型号统一和利于维护管理,选择同样的一机双充直流充电桩 120 kW。充电桩数量:B 站 16 台、C 站 15 台。

Ⅱ. 按照满足白天补电能力计算

电动公交回站时可以进行短时补电,以满足车辆日间稳定运行的里程要求。根据线路数据,结合公交车电池参数,可以进行配桩需求计算。计算过程如下:

$$W_{总消耗}=L\eta$$

式中　η——车辆每千米消耗的电量;

$W_{总消耗}$——车辆每天消耗的总电量；

L——车辆每天行驶的里程。

不同充电倍率 1C、0.5C、0.25C 下的充电时间：

$T_{1C}=(W_{总消耗}-W)/W$

$T_{0.5C}=(W_{总消耗}-W)/W/0.5$

$T_{0.25C}=(W_{总消耗}-W)/W/0.25$

3）充电站装机总量设计

给出建设所需的总装机设计方案见表 5-7。

表 5-7　设计方案产品表

工程类型		产品名称及规格	车位（单排）/ 个	车位总数 / 个	桩位数 / 个
平面停车场	A 站	120 kW/750 V 双枪	20	40	10
		120 kW/750 V 双枪	20		10
	B 站	120 kW/750 V 双枪	32	32	16
	C 站	120 kW/750V 双枪	30	30	15

下面对三座站分别以 A 站、B 站、C 站命名，其设备分配额见表 5-8。

表 5-8　设备分配表

站名	装机型号	装机量 / 台	备注
A 站	SN- 木Ⅰ BY 120 kW/750 V	20	2 个遮雨棚（图 5-60），地面基础设计施工
B 站	SN- 木Ⅰ BY 120 kW/750 V	16	1 个遮雨棚，地面基础设计施工
C 站	SN- 木Ⅰ BY 120 kW/750 V	15	1 个遮雨棚，地面基础设计施工

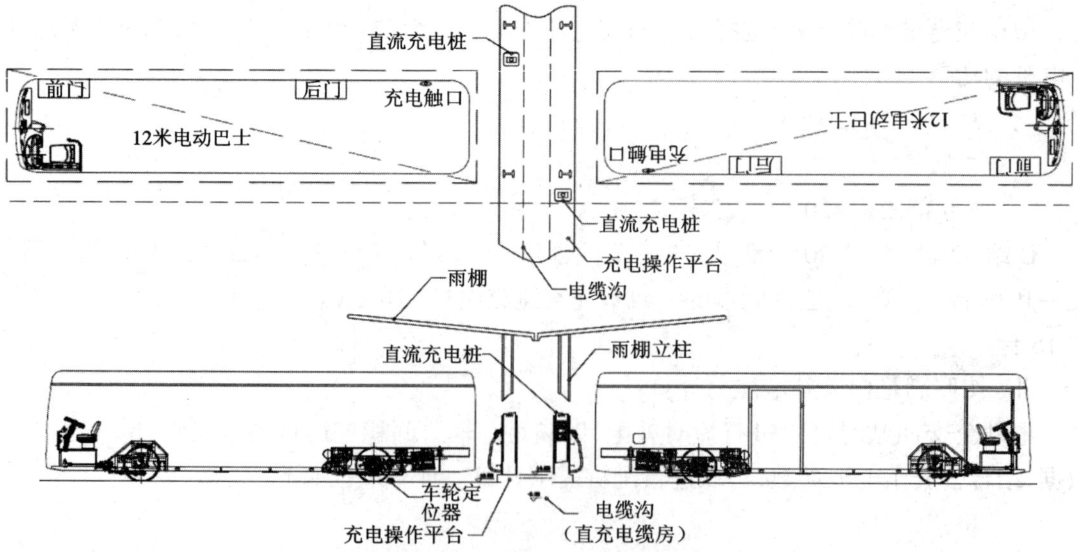

图 5-60　遮雨棚和充电位置示意图

3）充电桩技术参数

三座充电站所需充电设备 120 kW/750 V 大型直流充电桩用于中型或大型电动公交车辆充电。设备技术参数见表 5-9。

表 5-9　设备技术参数

项目	指标要求	备注
输入电压	AC 380 V ± 15%	三相五线制
输入电流	≤ 225 A	
频率	45 ~ 65 Hz	
工作方式	恒功率模式	电压电流可自动调节
最大输出功率	120 kW	
直流输出电压	DC 300~750 V	以恒功率进行电压调节
直流输出电流	0 ~ 200 A	以恒功率进行电流调节
稳压精度	≤ ± 0.5%	
稳流精度	≤ ± 1%	
纹波系数	≤ ± 0.5%	
效率	≥ 96%	
功率因数	≥ 0.99	
谐波含量 THD	≤ 5%	
噪声	≤ 60 dB	
显示	LCD+ 触摸屏	
规格尺寸	800 mm × 700 mm × 1 650 mm	
净重	≤ 250 kg	
防护等级	IP54	
通信接口	RS232/RS485/CAN/Wifi/2G/3G/4G/ 网口	
计量准确度等级	单相 1.0 级	直流计量
保护功能	过流保护、过压保护、过热保护、短路保护	
冷却方式	风冷	
工作模式	手动 + 自动	

4）公交充电站供配电设计

根据三所公交站的情况所需装机总量，计算单日某时刻最高用电峰值即可预估其单电源情况下变压器容量。若按照上述车位和最大使用频率，A 站总的耗电功率为充电桩数量 × 每个充电桩功率（或全部充电桩功率相加）=20 × 120 kW=2.4 MW，变压器可采用 2 个 1 600 kV · A 箱式电源进行供电；B 站总的耗电功率为充电桩数量 × 每个充电桩功率（或全部充电桩功率相加）=16 × 120 kW=1.92 MW，变压器可采用 2 个 1 000 kV · A 箱式电源进行供电；C 站总的耗电功率为：充电桩数量 × 每个充电桩功率（或全部充电桩功率相加）

=15 × 120 kW=1.8 MW，变压器可采用 2 个 1 000 kV·A 箱式电源进行供电。

5)现场供配电线缆设置

根据三个公交站现场分析，建议线缆保护采用线缆沟形式，其线缆沟的设置根据施工图确认，线缆的选用见表 5-10。

表 5-10 选用的电缆参数表

站名	动力电缆 1	动力电缆 2	动力电缆 3	信号电缆	线缆类型
A 站	4 × 150 m²+95 mm²	4 × 70 mm²+50 mm²	3 × 10 mm²+10 mm²	5 × 0.75 mm²	YJV22
B 站	4 × 150 m²+95 mm²	4 × 70 mm²+50 mm²	3 × 10 mm²+10 mm²	5 × 0.75 mm²	YJV22
C 站	4 × 150 mm²+95 mm²	4 × 70 mm²+50 mm²	3 × 10 mm²+10 mm²	5 × 0.75 mm²	YJV22

6)一次系统设计

进线电源采用 10 kV 单路供电，10 kV 侧采用单母线接线方式。高压柜采用真空断路器中置式开关柜(型号 KYN28-12)，设进线计量柜、PT 及避雷器柜、出线柜。

A 站配电系统采用 2 台 1 600 kV · A 干式非晶合金变压器，B 站配电系统采用 2 台 1 250 kV · A 干式非晶合金变压器，C 站配电系统采用 2 台 1 250 kV · A 干式非晶合金变压器，高压侧采用单路常供，单母线接线方式，低压侧采用单母线接线方式，同时设置低压备用电源。在高压侧设置保护和监控系统，根据电动汽车充电站的特点，1 600 kV · A 变压器采用干式非晶合金变压器，空载损耗为普通干式变压器的 30% 左右，极大降低空载运行时的损耗；0.4 kV 侧采用单母线接线方式，设进线柜、有源滤波无功补偿柜、出线柜，备用电源进线柜，出线柜采用抽屉柜或固定式开关柜，低压每路出线带交流计量装置。

0.4 kV 侧进线开关和备用电源进线开关采用 MTE 系列智能断路器，具备电气和机械连锁功能，配置三段式保护；其余配置 NS 系列断路器。

7)二次系统设计

整个充电站的二次系统按综合自动化配置考虑。配置一面监控屏，屏上安装智能通信装置、公用测控装置、视频监控装置。智能通信装置完成与站内可通信设备的连接，通过通信采集设备信息，并具备向远方控制中心传输信号的功能与接口。公用测控装置主要采集 0.4 kV 侧开关的位置信号、负荷电流等，并提供一定的遥控输出接点备用。

10 kV 进线配置微机保护，就地安装在开关柜上，具备三段式过流保护、过负荷保护、低压保护、过压保护等保护功能，同时具备遥测、遥信、遥控的功能。可通过现场总线接入智能通信装置，上传信息。设计图可扫描二维码查看。

5.4.2 地下停车场充电站方案分析

按照规定，民用建筑的停车库、停车场内，电动汽车停车位应集中布置成电动停车区，集中的充电停车位不得多于 50 个。大型停车库(场)内，要设置多个分散的电动汽车停车区，否则都集中在一个地方，车主走的距离太长，也会给使用带来不便，并宜靠近停车场的出口处。民用建筑停车库(场),应设置电动汽车停车区明显的标识,要区分电动汽车停车位和普通停车位:一是色彩上要进行区分,颜色宜采用蓝色;二是沿路要有指引标识,用吊牌的形式或附在墙柱上和设置地面箭头符号;三是电动汽车停车位所在的墙面、地面,也要有统一的标识。具体情况如图 5-61 所示。

图 5-61　停车场停车区明显标识

1. 地下停车场充电站的通用设计要求

停车场充电站的建立,考虑到充电桩的安全性,避免产生擦刮或碰撞,所以,充电桩不能占用停车位的空间,要靠墙或柱设置,也可以布置在两个车位之间。停车场充电站应满足各种品牌的乘用车充电,交流充电桩为常用充电模式,在用户驻车的时间补充电量。直流充电桩只作为应急使用,非常用模式。

交流充电桩主要装在停车场,主要有墙壁、墙柱的壁挂式安装(图 5-62),车位之间的落地式安装。直流充电桩选用一体的,功率 20~40 kW 落地式安装,安装要靠近车辆进口货出口处。

图 5-62　停车场充电桩壁挂和落地式安装

常见品牌电动轿车的型号和主要参数。

(1)江淮纯电动汽车 iEV4:磷酸铁锂电池容量 19 kW·h、纯电续航里程 160 km。

(2)江淮纯电动汽车 iEV5:三元锂电池容量 23 kW·h、纯电续航里程 200 km。

(3)比亚迪秦混合动力汽车:磷酸铁锂电池容量 13 kW·h、纯电续航里程 70 km。

(4)戴姆勒腾势纯电动汽车:磷酸铁锂电池容量 47.5 kW·h、纯电续航里程 300 km。

（5）奇瑞 eQ 纯电动汽车：三元锂电池容量 23 kW·h、纯电续航里程 200 km。

（6）北汽 EV160 纯电动汽车：电池容量 25.6 kW·h、纯电续航里程 160 km。

（7）北汽 EV200 纯电动汽车：三元锂电池容量 30.5 kW·h、纯电续航里程 200 km。

（8）宝马 I3 纯电动汽车：磷酸铁锂电池容量 22 kW·h、纯电续航里程 160 km。

（9）特斯拉 MODEL S60：磷酸铁锂电池容量 60 kW·h、纯电续航里程 390 km。

（10）特斯拉 MODEL SP85D：磷酸铁锂电池容量 85 kW·h、纯电续航里程 480 km。

2. 地下停车场充电站案例分析

1）充电方案分析

电动轿车电池组总容量：20~80 kW·h。

交流桩配置：AC 220 V、7 kW。（壁挂式和落地式两种）

直流充电配置：20~30 kW，直流输出 200~500 V。

充电电量 = 充电机额定功率 × 充电总时间 × 充电系数

充电系数是指充电过程中通信确认、安全检测、充电策略而分配输出功率所消耗时间所占的比例，一般选为 0.85。

交流桩充电量 =7 kW × 6 h × 0.85 = 35.7 kW·h（慢充）

30 kW 直流充电量 = 30 kW × 1 h × 0.85 = 25.5 kW·h（快充）

2）设计输入

（1）该站建设采用交流充电桩为主，直流充电桩作为应急使用。

（2）建设目标为小型乘用车停车场。

（3）建设用地为 97 701 ㎡地下车库，包括 500 个车位，一座综合办公室和其他相关辅助设施。

针对以上需求首先解决的问题是：①匹配小型乘用车充电桩；②根据国家建筑设计准则要求预估计算车位；③根据车位预估充电桩数量；④根据充电桩预估电力输配能力和变压器容量。

3）车位设计

车位设计参照 5.3.2 节的车位设计规范。

（1）依据充电站规模和充电设备的布置，行驶道可按单向或双向考虑。

（2）充电站内单车道宽度不应小于 3.5 m，双车道宽度不应小于 6 m。

（3）站内的道路转弯半径按行驶车型确定，且不宜小于 9 m；道路坡度不应大于 6%，且宜坡向站外。电动汽车在停车位充电时不应妨碍其他车辆的通行。

（4）应考虑设置适当数量的临时停车位。

（5）本充电站充电设备包括 140 台 7 kW/220 V 小型交流充电桩，10 台 30 kW 直流快充桩，分三个区域建设。（布置图可扫描二维码查看）

4）配桩和场地布置

充电站占地 97 701 m^2，充电工作区包括 500 个普通停车位。停车区域醒目位置设置车库充电站标示。安装位置主要围绕车库西北部、中部和西南部三座变配电室进行布置。变配电室增容变压器及带载充电桩数量场地分配见表 5-11。

表 5-11　变配电室增容变压器及带载充电桩数量场地分配

充电方位	增容变压器容量	带载桩位数量
西北部	150 kV·A	50 台 7 kW 交流桩
中部	150 kV·A	50 台 7 kW 交流桩
西南部	500 kV·A	40 台 7 kW 交流桩 10 台 30 kW 直流桩

5）配电容量选择

配电变压容量（S_N）选择主要根据充电站内充电桩的输入容量（用 S 表示，根据充电机的输出功率 P 进行折算）、充电桩数量 N、充电桩同时系数 K_x 及变压器最佳负荷率 β_m，功率因数 $\cos\varphi$ 可以达到 0.99，充电容量折算采用如下算法：

直流充电桩总容量：

$$S_1=N_P=10\times30=300\ \text{kW}$$

交流充电桩总容量：

$$S_2=N_P=(140\times7)/3=327\ \text{kW}$$

充电机总容量：

$$S=(S_1+S_2)/(\cos\varphi\times\eta)=(300+327)/(0.99\times0.95)=667\ \text{kV·A}$$

式中　η——充电机工作效率，高频开关整流充电机取 0.95。

配电变压器容量：

$$S_N=(K_xS+S_e)/\beta_m=(667\times1+50)/0.8=896\ \text{kV·A}$$

式中　K_x——充电机同时系数，由充电机使用情况和数量决定，取值范围 0.5~1，这里取值 1。

β_m——变压器最佳负荷率，取 0.8。

S_e——充电站内其他设备用总负荷量，包括空调、照明、办公用电负荷等。

根据目前电动充电站负荷变化大、空载时间长的特点，设计选用干式低损耗节能变压器。根据充电桩局部装机总功率，三个地下配电系统采用 2 台不低于 630 kV · A 的干式非晶合金变压器。高压侧采用单路常供，单母线接线方式，低压侧采用单母线接线方式，同时设置低压备用电源。

6）选用充电桩技术参数

交流充电桩单台最大输出功率 7 kW，输出电压范围 AC 220 V，最大输出电流 32 A，在靠近墙体和墙柱的车位采用壁挂式交流充电桩，车位与车位间的采用落地式交流充电桩。

主要参数如下：

（1）供电模式：交流单相二线制式，额定电压：220 V，50 Hz。

（2）额定电流：32 A。

（3）计量准确度等级：单相 1.0 级。

(4)剩余电流保护额定动作电流:30 mA。

(5)剩余电流保护额定动作时间:≤ 0.1 s。

(6)连接器机械操作寿命:≥ 10 000 次。

(7)平均故障间隔时间:MTBF ≥ 50 000 h。

7)选用接地方式

根据规范,充电站接地电阻按不大于 4 Ω 设计。设计采用水平接地体为主、垂直接地体为辅的接地方式,水平接地体采用 TJ-120 铜绞线,垂直接地体采用 ϕ25,长 2 500 mm 的铜棒,沿进站电缆及 10 kV 电缆沟外引,并在站内采用离子接地措施以满足接地要求。

5.4.3 电动出租车充电站方案分析

建设一个支持 100 台电动出租车运营的充电站,夜间停靠站内进行慢速充电(交流桩 220 V, 32 A),采用一车一桩的充电方式, 4~6 h 将电动出租车的电池充电满,白天利用休息进行直流快速充电(30 kW 直流充电机),满足每天 300~400 km 的运营里程数。

220 V, 7 kW 交流充电桩,充电 6 h 完成电量为 7 kW × 6 h × 0.8=33 kW,其中, 0.8 为转换效率及充电控制策略综合系数。

30 kW 直流充电机:充电桩功率为 30 kW,充电 2 h 完成电量为 30 kW × 2 h × 0.8= 48 kW。

常见的电动出租车车型和参数见表 5-12。

表 5-12 常见的电动出租车车型和参数

厂家	北京汽车 E150EV	比亚迪 E6
车型		
电池类型	磷酸铁锂	铁电池
电池容量	25.6 kW·h	50 kW·h
充电方式	交流 7 kW(6~8 h)	交流 7 kW(4 h)
	直流充电 30 kW(1~2 h)	直流充电 30 kW (1.5 h)
百千米耗电量	15 kW·h	20 kW·h
续航里程 /km	160/200(工况 / 等速)	280/320(工况 / 等速)

1. 配桩方案

出租车专用充电站,站内建设交流充电桩 80 个, 30 kW 直流充电桩 25 套。晚间 80 台出租车利用低谷电进行慢速充电，20 台车晚间运营,白天或驻车时可利用快速直流充电桩进行补电,满足每天 300~400 km 的运营里程数。

2. 变压器容量计算

充电设备所需总功率 =(充电机总输出功率 / 变压器效率 / 线路及无功损耗)× 充电机同时使用系数 =(30 kW × 25+7 kW × 80)/0.9/0.85 × 0.8 ≈ 1 700 kV·A。

其他用电功率:照明、空调、办公、辅助设备、备用等用电总功率为 100 kV·A。

充电站总用电功率 = 充电设备所需总功率 + 其他用电功率 =1 700 kV · A+ 100 kV·A=1 800 kV·A,变压器负载率为 80%~90%,即 1 800 kV·A ÷ 90% ≈ 2 250 kV·A。

建议配套变压器总容量为 2 500 kV · A,二级用电(或三级用电),变压器采用干式非晶变压器,DYn11 方式,由 2 台 1 250 kV · A 的主变(10 kV/0.4 kV)、配电设备、计量柜、电缆等组成。

5.4.4　电动环卫车充电站方案分析

数据分析:一共 12 台电动环卫车,每辆车的电池组总容量为 200 kW · h(夜间充满电);由于电池容量较大,选用直流充电机功率为 40 kW。

夜间充电量 =40 kW × 6 h × 0.85 = 204 kW·h(按 0.85 系数计算)

充电机总功率 =40 kW × 12=480 kW

其他设备,空调、照明、办公用电为 50 kW。

充电站总负荷 =480 kV·A+50 kV·A=530 kV·A

根据以上计算,充电系统及站内配电容量建议配置 1 台 630 kV · A 的主变(10 kV/0.4 kV),负载率 =530 kV·A ÷ 630 kV·A=84%。

电动环卫车的布局分析:场地为单位停车场,进行简单改造(预埋电缆管道、走线、搭建雨棚、地面硬化、充电桩基础,变压器增容或报建),采用户外一体直流机,也可以设置分体直流充电系统(需要 30 m^2 的房间作为充电机房,户外仍需安装直流充电桩)。

分析结论:环卫车一般日间工作里程在 160 km 左右,车辆配置 200 kW · h 的电池,可以满足日常运营要求,配置 40 kW 直流充电机,利用晚间 6 h 可以充满电动车动力电池电量。

5.4.5　风光储能充电站方案分析

风光储能充电系统集国际上众多先进技术于一身,体现了当前风、光、储、充微电网和充电桩领域的最新发展水平,适应时代发展的要求。系统由真实光伏发电系统、储能系统(磷酸铁锂电池)、微电网中央控制系统、充电系统、配电与保护系统、智能微电网充电远程监控系统等多个主要部分组成。由于光伏发电具有波动性,风力发电具有间歇性,利用这两种能源实现风能 - 太阳能互补发电,是新能源利用的一个主流方向。根据中国季风气候区,冬季太阳辐射强度小,风大;夏季太阳辐射强度大,风小,在自然资源配置上可相互整合;风机架设高度高、分布相对分散，而太阳能主要利用低处空间，且布置相对集中，两者的结合可充分利用空间，实现高低空的最有效利用；两种发电形式的结合，降低运维成本、提高工作效率；共用一套送出线路，降低工程成本。

储能电池具有平稳抑制风光发电功率波动，保证微电网系统持续供电能力的作用。太阳能光伏阵列、风力发电机分别将光能和风能转化为电能，由蓄电池对其削峰填谷，对电网输出稳定的功率。充电桩作为可控负载的引入，也可以起到对微电网负荷的调节功能，更好地充分利用光伏风电的绿色电能，为清洁的电动汽车充电。

1. 系统工作原理

1）系统工作方式

系统工作原理如图 5-63 所示。

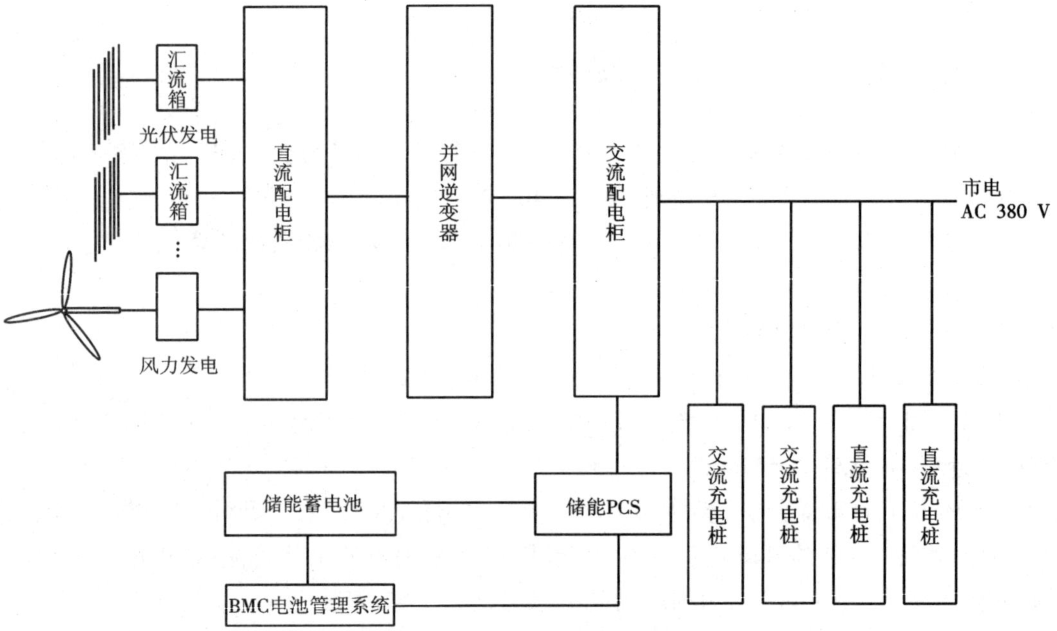

图 5-63 风光储能充电系统图

系统的工作方式是将市电和风能太阳能电源并行工作，对于本地负载而言，如果光伏组件产生的电能足够负载使用，它将直接使用光伏组件产生的电能供给负载的需求。如果光伏组件产生的电能超过即时负载的需求还能将多余的电能返回到电网；如果光伏组件产生的电能不够用，则将自动启用市电，使用市电供给本地负载的需求，而且，当本地负载的功率消耗小于逆变器的额定市电容量的 60% 时。市电就会自动给蓄电池充电，保证蓄电池长期处于浮充状态；如果市电产生故障，即市电停电或者是市电的品质不合格，系统就会自动断开市电，转成独立工作模式，由蓄电池和逆变器提供负载所需的交流电能。一旦市电恢复正常，即电压和频率都恢复到上述的正常状态以内，系统就会断开蓄电池，改为并网模式工作，由市电供电。同时将系统监控、控制和数据采集功能集成在控制芯片中。该系统的核心器件是控制器和逆变器。PV 阵列采集电能后经控制器给储能电池组充电，可以直接提供给直流充电机为电动汽车快速充电，经逆变器调压后可以给交流充电桩及辅助照明系统提供电能。

2）系统工作原理

系统工作原理如图 5-64 所示。

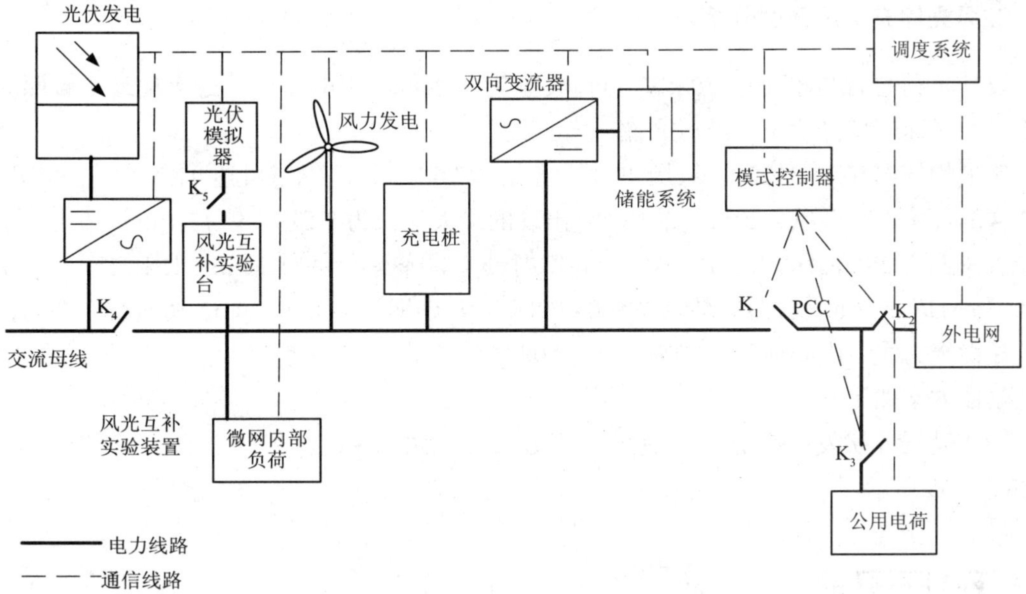

图 5-64　风光储充电系统原理框图

系统中主要包括光伏发电系统、风力发电系统、锂电池储能系统、智能充电桩等。光伏组件布置为阵列，转化的电能流进汇流箱中，经逆变器逆变后并入交流母线。风力发电系统风机，分别经交流并网柜后并入交流母线。锂电池储能系统主要起到能量均衡调节作用，并在孤网模式下作为系统的支撑电源。系统配置一台微电网用双向变流器，其直流输入端接储能蓄电池组，交流输出端一方面通过公共连接点（Point of Common Coupling，PCC）与外部电网连接，另一方面通过联络开关连接到微电网上。这些设备均受上层调度控制系统管理，接收其调度指令。

微电网存在两种典型的运行方式：并网运行和孤网运行。系统在微电网与公共电网的连接处安装了 3 个开关 K_1，K_2，K_3。通过模式控制器控制这 3 个开关，实现并网运行和孤网运行的模式自动切换。当 K_1，K_2，K_3 全部闭合时，为并网运行模式；当 K_2 断开、K_1，K_3 闭合时，则为孤网运行模式。K_4，K_5 切换功能作为风光系统调试测量使用。系统可以为本地负载提供合格的电源，并可以作为一个在线的 UPS（不间断电源）工作，还可以向电网供电或者从电网获得电力。

3）系统特点

（1）利用光伏组件进行充电，清洁能源，绿色环保。

（2）运行模式自动切换，无须人工干预。

（3）采用大容量锂电池，确保充电系统有充足的后备时间。

（4）能监控充电、电池储能、太阳能并网系统等。

（5）能实现对各项参数的监控、能形成运行参数的记录等。

（6）能协调充电、电池储能、太阳能并网系统各自的输出功率。

（7）能实现对分布式供电系统的控制和孤岛检测保证安全，验证离网运行的可能性。

2. 风光储充电站案例分析

设计负荷总容量不小于 50 kW，负荷类型为三相负荷用电接入。按当地最小日照时数和年平均风速等条件建设当地风光储充电工程。

年平均气温在 11.3~12.8 ℃，历史最低气温 -27.4 ℃，最高气温可达 41.7 ℃；年平均风速为 2~4 m/s，多为西南风，2011—2018 年，出现的最大风力为 7 级 13.9~17.1 m/s，历史上出现过最大风速为 28 m/s；降雪量比较少，50 年内最大的降雪量为 11.3 mm；太阳总辐射年平均为 4 935 MJ/(m^2 · a)，日照时数为 2 500~2 900 h；基础埋深为 0.0~5.0 m，其地质岩性均以灰黄色黏性土为主。中心地理位置为北纬 39.08°，东经 117.35°。

具体方案如下。

（1）建设光伏发电系统一套，地面车棚建设自动跟踪系统的光伏电池板，单组 5 kW，原理如图 5-65 所示。

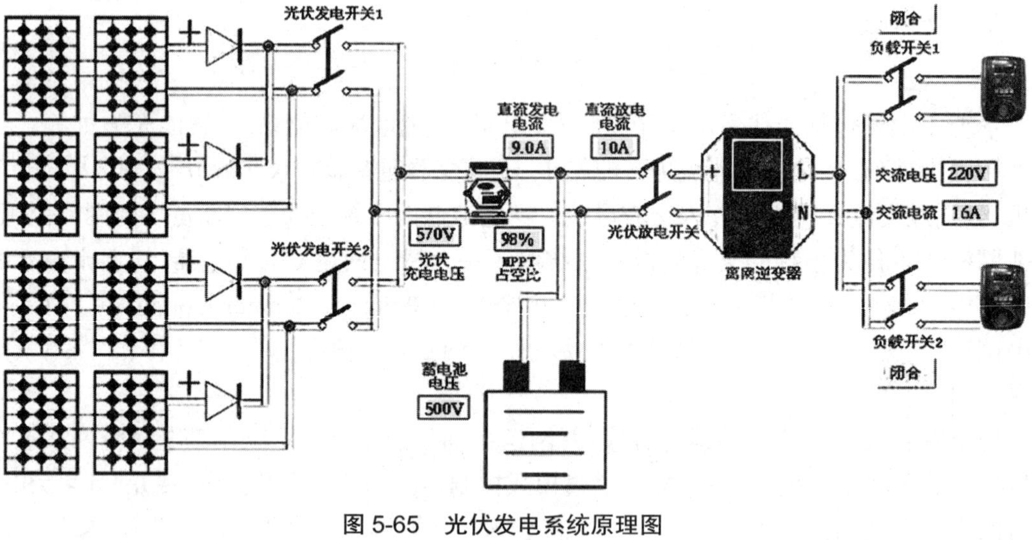

图 5-65 光伏发电系统原理图

（2）安装具有微风启动、轻风发电特点的 5 kW 小型风力发电系统，连同光伏发电系统一起接入供电网络，原理如图 5-66 所示。

（3）配置储能系统，可接入外电网，3 台交流充电桩、1 台直流充电桩满足电动车充电需求。

（4）部署包含了电池保护（BMS）、通信与数据采集在内的设备和微电网集中管理系统（EMS），实现并网和孤网的协调运行，最终建成一个包含风、光、储、充、微一体的智能化供电系统,利用微电网的实时调度与控制实现整个系统的高效、安全运转。

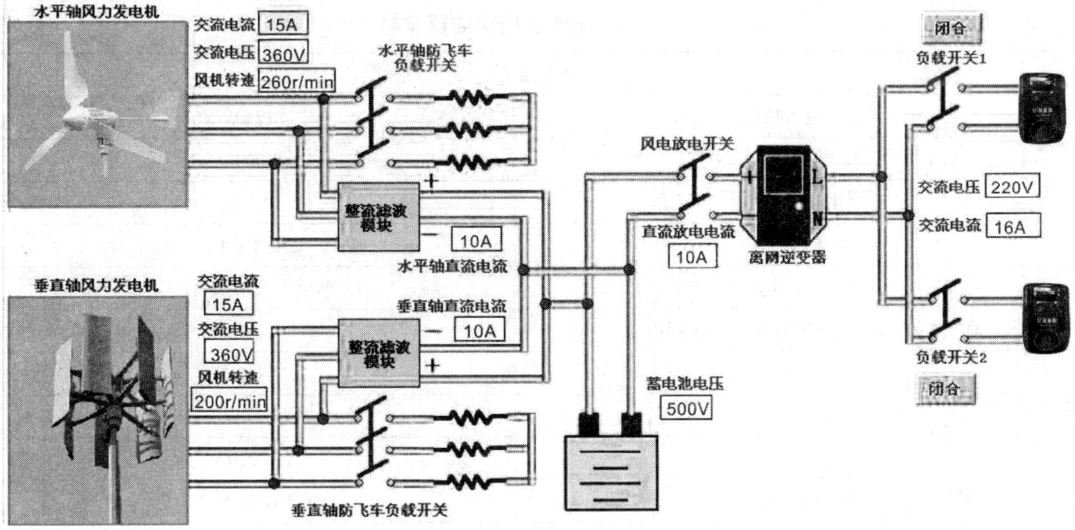

图 5-66　风力发电原理示意图

(5)微电网系统既能向上级调度中心上传微电网信息,也能接收调度下发的控制命令;对分布式发电、负荷用电进行长期和短期的预测。通过预测分析实现对微电网系统的高级能量管理,使微电网能够安全经济运行。

(6)拥有专门的监视控制系统,配合数据采集传感器负责记录风机、光伏电池板、电池柜以及其他子系统的实时数据,方便日后查阅。

1)系统主要部件技术说明及特点介绍

Ⅰ.光伏发电

光伏发电主要包括 20 kW 光伏组件、光伏三相逆变器、高精密双轴全自动太阳能跟踪系统。

(1)光伏组件:多晶硅光伏板,采用 A 类电池片,转换效率达到 17.5%,电池片之间焊接工整,保证太阳能电池板发电功率充足;采用低铁钢化绒面玻璃(又称为白玻璃),厚度 3.2 mm,在太阳电池光谱响应的波长范围内(320~1 100 nm)透光率达 91% 以上,对于大于 1 200 nm 的红外光有较高的反射率。此玻璃同时能耐太阳紫外光线的辐射,透光率不下降;接线盒的防护等级为 IP65,使用方便,导热性好,具有防水、防氧化、抗老化等优点,接线头采用 MC4 防水接头;EVA 采用加有抗紫外剂、抗氧化剂和固化剂的厚度为 0.78 mm 的优质 EVA 膜层作为太阳电池的密封剂以及与玻璃、TPT 之间的连接剂;具有较高的透光率和抗老化能力;背板采用防老化 TPT 背板,有效保证太阳能板使用寿命,太阳能电池的背面覆盖物——氟塑料膜为白色,对阳光起反射作用,因此对组件的效率略有提高,并因其具有较高的红外发射率,还可降低组件的工作温度,也有利于提高组件的效率;边框是高强度铝合金边框,抗机械冲击能力强。

(2)光伏三相逆变器:通过三相变压器隔离升压并网,实现光电池最大功率跟踪控制和并网电流控制。具体参数见表 5-13。

表 5-13 光伏三相逆变器参数

直流输入	
最大输入功率	12 kW
最大输入电压	1 000 V
启动电压	250 V
MPPT 范围	200~1 000 V
最大输入电流	两组输入 11 A+11 A
MPPT 数量 / 每路 MPPT 输入最大组串数	2/1
交流输出	
额定输出功率	10 kW
额定电网电压	AC 220 V
电网电压范围	180~276 V（可调节）
额定电网频率	50 Hz
工作频率范围	47~52 Hz（可调节）
最大输出电流	16 A
输出功率因数	0.95（超前），-0.95（滞后）
总电流波形畸变率	<2%
电网直流分量值	<0.5%
效率	
最大效率	98.0%
欧洲效率	98.0%
MPPT 效率	99.9%
保护	
直流反接保护	是
交流短路保护	是
交流输出过流保护	是
输出过电压保护	是
绝缘阻抗保护	是
残余电流（RCD）检测	是
浪涌保护	是
孤岛保护	是
温度保护	是
直流开关	集成（可选）
基本参数	
尺寸	386 mm × 535 mm × 208 mm
质量	24 kg

续表

拓扑	无变压器
自耗电	<1 W
工作环境温度及湿度	−25 ~ +60 ℃, 0 ~ 100%
防护等级	IP65
噪声	<30 dB
冷却方式	自然冷却
最高工作海拔	4 000 m(>2 000 m 降额)
设计工作年限	>20 年
认证	CQC
通信接口	RS485/Wifi/GPRS(可选择)

(3)高精密全自动太阳能跟踪系统:主要采用双轴向方位角和倾斜仰角二维自动跟踪两种模式,并且可以自动根据天气状况在两种模式之间切换。无论哪种模式下,都可以实现高精度的太阳跟踪;并且具有很大的承受大风力功能,倾斜 40° 时,可以承受 12 级风,风速 36.9 m/s,倾斜 0° 时,可以承受 14 级风,风速 46.1 m/s;并具有遇大风时自动保护功能(7 级大风系统自动打平功能),以保证在各种恶劣的气候条件下稳定运行。具体参数见表 5-14。

表 5-14　太阳能跟踪系统参数

电池板功率	5 kW
最大采光面积	20 ㎡
追踪模式	双轴向(方位角和倾斜仰角)系统采用微机控制技术具有光源和历史轨迹自动跟踪
系统精度	方位角≤ 0.1° 、倾斜仰角≤ 0.2°
方位角范围	0° ~ 360° /0° ~ 450° (可选)
动态方位角承载	1 500 kg
倾斜仰角范围	0° ~90°
动态仰角承载	600 kg
最大承受风力	倾斜 40° 可以承受 12 级风风速 36.9 m/s 倾斜 0° 可以承受 14 级风风速 46.1 m/s
支撑结构	铝合金、不锈钢或热浸镀锌 (JIS G 3466 STKR400; ASTM A123&A153)
太阳自动跟踪控制器	高性能主控 CPU,可以实时监测光辐射和运行的角度,如果选配风速,还可以测风力值,并且能在光辐射低时自动切换无光运作模式,选配风速可自行设定大风保护功能

全自动太阳能跟踪系统选择四周无太阳遮挡空旷场地,可根据要求设计建立一定的水泥和钢结构基础,也可放在楼顶,如图 5-67 所示。

图 5-67 全自动太阳能跟踪系统示意图

安装在停车场车棚顶上，既能遮阳又能发电一举两得，如图 5-68 所示，运行结构原理如图 5-69 所示。

图 5-68 车棚全自动太阳能跟踪系统示意图

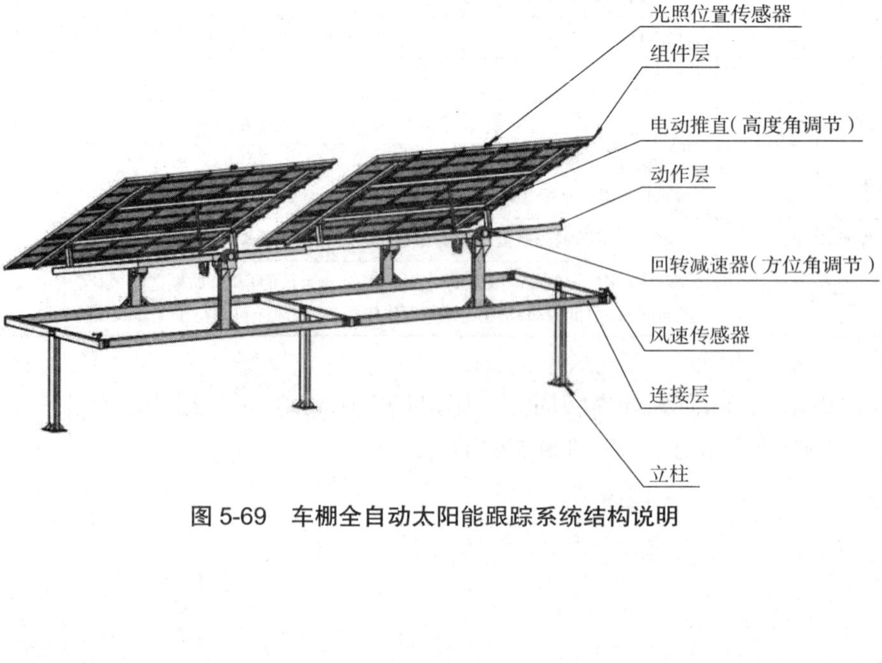

图 5-69 车棚全自动太阳能跟踪系统结构说明

Ⅱ . 储能系统

储能系统主要功能是具有稳定控制功能的双向变流器，是整个微电网系统中的关键设备，在微电网孤网运行时，该设备作为微电网系统的标准源，保证微电网在孤网运行和模式切换过程中的系统稳定性。储能系统部分主要包括：储能 DC/AC 双向变流器（PCS）、双向 DC/DC 变流器、磷酸铁锂电池组、电池管理系统（BMS）。

（1）储能 DC/AC 双向变流器（PCS）：储能逆变器系统采用 30 kW 双向变流器，配备 600 V/40 A·h 电池组，标称容量为 24 kW·h。PCS 原理如图 5-70 所示。

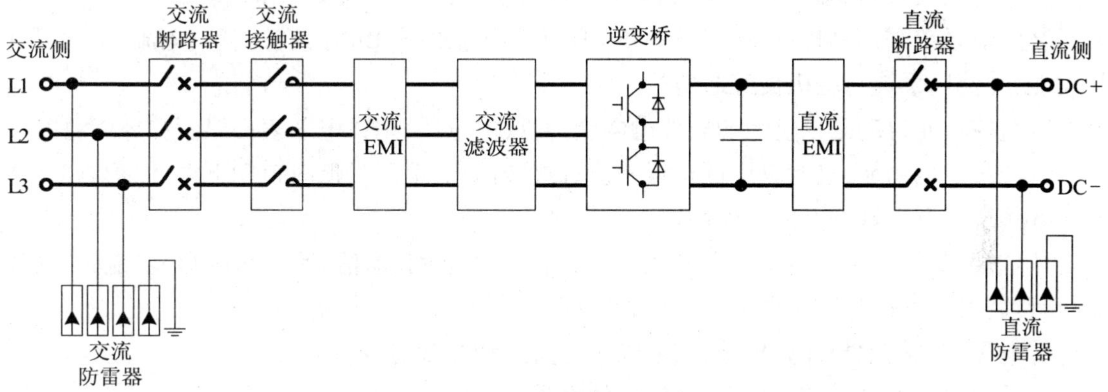

图 5-70　PCS 原理图

PCS 的特点如下。

①正常运行状态下的功率跟踪：实现微电网正常运行状态下的功率跟踪，实现电池的充放电管理及指定的微电网与主网的功率交换。

②孤岛运行方式下的标准源：微电网由并网转为孤岛运行方式下，支撑系统能够提供参考电压和频率，实现各电源间的功率平衡分配，保证孤岛系统的稳定运行，提供抗短时冲击能力，平滑供电，储能，削峰填谷，支持不间断并网到孤网模式转换。

③同期并网：微电网由孤网转为并网时，支撑单元能够跟踪主网电压与频率，带动微电网系统无缝并入主电网。

④可根据当地负载对逆变器进行相应的实时控制，直流软起功能，保证储能装置的稳定运行，恒功率放电和恒流、恒压充电策略。

⑤可以工作在并网逆变运行模式，亦可工作在储能充电工作模式，能够根据微电网控制系统的指令输出有功和无功功率。

⑥当公共电网恢复正常时且接到孤网转并网指令后，自身完成由孤网运行模式向并网运行模式的转换，转换过程造成的脱网时间≤ 20 ms；当公共电网掉电或者异常时，自动切换至孤网运行模式，完成由并网运行模式向孤网运行模式的转换，该模式转换时间≤ 20 ms。

⑦工作模式可以通过有线通信、面板操作等方式设定，切换时间不大于 20 ms。

⑧能够与电池管理系统协同工作完成对电池的充放电管理功能。

⑨具有大尺寸液晶屏幕,可以通过面板上的按键,查询显示微电网智能稳定控制器工作情况、设定工作状态等。

⑩具有 RS485、CAN 以及以太网通信接口。

⑪具有完善的保护功能:电压保护、电流保护、电池保护、通信故障保护等。

⑫具有报警功能:出现故障时,能通过指示灯、接点信号、通信方式输出报警信号。

(2)磷酸铁锂电池模组:由 8 组 48 V 50 A・h 锂电池模组组成,1 组由 8 个 48 V 50 A・h 模块串联,共 24 kW·h,直流电压 500 V。其特点如下。

①电池正极采用 磷酸亚铁锂($LiFePO_4$)材料制作,安全性能好、循环寿命长。

②电池系统采用高性能的专用 BMS 电池管理模块,该 BMS 具备电压、电流、温度等保护功能,并使用系统与主机良好通信。

③监控单元自动测量电池的充放电电流、充放电电压、单体电芯表面温度和环境温度。

④二次下电功能,电池电压低于报警值有报警信息,电压过低时自动下电,保护电池。

⑤系统具有良好的电磁兼容性。

⑥全智能设计,配置有集中监控模块,具有四要(遥测、遥信、遥控和遥调)功能,实现计算机管理,可以通过与远端中央监控中心通信。

⑦电源控制技术与计算机结合,可以实时监测和控制各种参数及状态。

⑧采用自冷方式,整个系统具有极低的噪声。

(3)电池管理系统: 电池管理系统(BMS)主要就是为了能够提高电池的利用率,防止电池出现过度充电和过度放电,延长电池的使用寿命,监控电池的状态,同时将电池组的各种检测数据传输给 PCS,供 PCS 策略调度时参考。技术参数、指标如下。

①检测母线电压、母线电流,电池组电量等基本信息。

②电池系统运行报警功能;在电池系统运行出现过压、欠压、过流、通信异常、异常等状态时,可上报报警信息。

③电池系统保护功能:在电池系统运行时,如果电池的电压、电流,出现超过安全保护门限的紧急情况时,可切断电路,保护电池。

④与 PCS 通信交互。

2)系统方案组成

系统中主要包括 20 kW 光伏发电系统、10 kW 风力发电系统、24 kW・h 锂电池储能系统、7 kW 交流充电桩 3 台、20 kW 直流桩 1 台、10 kW 三相逆变器 5 台、50 kW 的 PCS 一套等。光伏组件布置为 10 个阵列,转化的电能流进 40 kW 汇流箱中,经逆变器逆变后并入交流母线。风力发电系统包括 2 台 5 kW 小型风机,分别经交流并网柜后并入交流母线。锂电池储能系统主要起到能量均衡调节作用,并在孤网模式下作为系统的支撑电源。设备清单参考表 5-15。(详细参数和方案原理可扫描二维码查看)

表 5-15　系统设备参考清单

序号	名称	装置名称	型号参数	单位	数量	说明
1	储能变流器	储能变流器（PCS）	PCS30	台	1	含并离网切换开关
2	电池柜	锂电池	24 kW·h	套	1	
		BMS 系统		套	1	
		储能柜体		台	1	
3	微电网能量管理系统（EMS）	工业服务器	PC-610H	台	1	1. 实现系统并离网潮流稳定控制； 2. 多种并网运行模式；实现风、光互补运行； 3. 含授时系统
		显示器、键盘、鼠标	24 in	套	1	
		通信管理机	WTX-811	台	1	
		交换机	ZYJ806E	台	1	
		能量管理系统软件平台	EMS-C100	套	1	
		柜体及其附件		套	1	
4	微电网显示系统	显示屏		套	1	
5	室外风力机	5 kW 直驱风力发电系统	WT5-DD	套	2	
6	室外光伏发电系统	多晶硅组件	5 kW	套	4	
		汇流箱	50 kW	套	1	
		光伏支架		套	4	
		双轴跟踪		套	4	
7	光伏逆变器	光伏逆变器	SI5kW	台	2	
		柜体		面	1	
8	交流负载柜	交流模拟负荷	10 kW	台	1	
9	备用电源系统	在线式不间断电源（含电池）	5 kW	套	1	UPS
		柜体及其附件		面	1	
10	操作员工作站	监控主机（含键盘、鼠标）	台式机：7010	套	1	监控客户端
		显示器	24 in	台	2	
		操作台	WJT-202E	套	1	
11	交流并网柜	塑壳断路器（含电操）	AC 380 V	套	2	风电光伏各 1 套
		回路负荷控制装置	AC 380 V	套	2	
		电流互感器	AC 5 A	套	2	
		智能电表		套	2	
12	环境监测仪	环境监测仪	JLV-QX1	套	1	
13	电网模拟器	电网模拟器		套	1	
14	电缆	10 mm^2		m	200	
		4 mm^2		m	500	
		1.5 mm^2		m	1 000	
15	工作桌椅			套	4	
16	视频监控系统	S-6061SE+DVR-9314LV		套	1	
17	智能充电桩	交直流充电		套	4	可实现信息上传
18	安装 / 调试 / 服务				1	

充电桩安装案例请扫描二维码查看。

问题与思考

1. 充电站整体系统由哪几部分组成？
2. 简述风光储充电站系统的基本组成。
3. 简述充电服务管理系统结构与功能。
4. 电动公交充电站建设的注意事项有哪些？
5. 停车场充电站建设的注意事项有哪些？
6. 城市充电网络包含哪些形式？
7. 充电站选址规范要求是什么？
8. 充电站标识系统规范要求是什么？
9. 充电站用电负荷如何计算？负荷等级如何划分？
10. 充电站采用的无功功率补偿装置具有的特点是什么？